司法学研究丛书

主编：曹文泽　崔永东

少年司法论：传统土壤与近代萌生

THE TRADITIONAL CULTURE SOIL AND MODERN INITIATION OF CHINESE JUVENILE JUSTICE

牛传勇 / 著

人民出版社

司法学研究丛书编委会名单

序　一

少年司法是当代各国和各地区都很重视的司法领域，因为其关涉广大未成年人的健康成长与权益保护，不少国家和地区都创立了专门处理少年违法犯罪案件的司法程序和司法制度，形成了很多有特色的少年司法理念和工作原则。我国进入改革开放以后，未成年人违法犯罪随之出现了不断增长的现象，引发了社会各界的高度关注。为加强对未成年人的司法保护，建立中国特色的少年司法制度，人民法院从20世纪80年代初就开始了实践探索。1984年11月，上海市长宁区人民法院建立了第一个专门审理未成年人刑事案件的合议庭，开创了我国少年司法审判专业化的先河。一些基层法院也根据形势发展和保护未成年人的需要，相继建立了未成年人刑事案件合议庭、未成年人案件综合合议庭乃至未成年人案件综合审判庭。30多年来，我国少年司法制度不断发展进步，取得了令人瞩目的成就：一是形成了教育为主、惩罚为辅、特殊保护、优先保护和积极、亲和等独具特色的少年司法理念和原则；二是未成年人保护法和预防未成年人犯罪法等法律陆续出台，实现了未成年人权益保护的法治化；三是2012

年修改的刑事诉讼法专门设立了未成年人刑事案件诉讼程序及附条件不起诉、轻罪记录封存等制度；四是形成了公检法机关共同预防青少年犯罪的“政法一条龙”和公检法机关与共青妇等部门共同预防青少年犯罪的“社会一条龙”，充分发挥了中国特色社会主义制度预防青少年犯罪的巨大优势；五是人民法院在少年审判实践中创立了社会调查报告、未成年人心理干预、圆桌审判等一系列工作制度；六是公检法机关逐步形成了一支有经验、高素质的少年司法工作队伍；七是从2009年以来，我国未成年人犯罪案件实现了连续8年下降，教育挽救了一大批失足未成年人，有力保障了涉诉未成年人的合法权益①。少年司法取得的这些巨大成就，不仅得到了社会各界和人民群众的充分肯定，也在国际社会树立了中国重视保护未成年人权益的良好形象。

当然，我国建立少年司法制度毕竟起步较晚，未成年人保护方面还存在一些不尽人意之处，尤其是农村留守儿童的权益保护，农民工子弟进城后经济社会文化权利的平等保障、在校学生安全保护和打击拐卖儿童等领域，还面临很多挑战。少年司法保护制度总体上还处于探索、创新阶段，与建立科学、完善的少年司法制度还有不小距离。在党的十八届四中全会对全面依法治国作出战略部署，新一轮司法改革如火如荼向前推进的时代背景下，中国少年司法如何在更高层次上实现新发展、新突破，不断

① 从全国法院2014—2016年审理的未成年人犯罪案件数及刑事案件占比数来看，2014年全国法院共审理未成年人罪犯50415人，占全部刑事罪犯的4.26%；2015年是43839人，占比3.56%；2016年是35743人，占比2.93%，罪犯人数及占比呈双下降趋势。

满足人民群众对少年司法保护的新期待、新要求，特别是在树立中国特色少年司法制度自信、形成中国特色少年司法文化重大问题上，我们还有很长的路要走。

令人欣喜的是，山东省青岛市中级人民法院刑一庭副庭长牛传勇博士循着器物—制度—文化的基本逻辑，在其专著《少年司法论：传统土壤与近代萌生》中，首次提出中国少年司法需要从注重制度构建到加强文化培育的跨越。通过加强少年司法历史文化的研究，尤其是中国传统少年司法历史文化的发掘，营造一种社会各界均能理解、认同、支持少年司法的文化氛围，培育一种适于少年司法茁壮成长的文化土壤，从而破解当前少年司法的现实困境，实现少年司法的新跨越。据我了解，该选题具有相当的时代敏感性和前瞻性。这是目前国内为数不多的对少年司法文化史进行专题研究的著作。文中不仅有先秦至明清典籍记载及历代律例中关于传统少年司法——幼小犯罪赦宥制度的梳理及承袭流变分析，更有古代判例判牍中关于幼小犯罪判例的悉心整理与评判，这种通史性质的研究，再加上法律文本分析与判例实证分析相结合的研究方法，让我们看到更加全面、真实、鲜活的古代少年司法图景。同时，作者在构建古代少年司法史实的同时，以司法思想、司法制度与司法实践三维对照，对古代少年司法的文化进行了深入的剖析，让读者对中国古代少年司法的理想、现实与内在运作机理有了系统、深入的认识。在此基础上，书中还专章对现代少年司法的诞生地美国的少年司法文化进行了探源，对西法东渐背景下晚清少年司法的萌生过程进行了清晰的勾画，并用比较研究的方法，指出了中西少年司法文化的融合与冲突。

立足于上述史论，作者对培育中国特色的少年司法文化作出了展望，其提出的“四个转变”颇有见地，对于做好当下少年司法改革具有一定的参考性和启发性。总之，这是一本很具有时代感的少年司法文化史著作，无论是少年司法实务工作者还是少年司法理论研究者，都值得一读。

牛传勇博士在山东省青岛市中级人民法院从事少年法庭工作多年，被评为山东省少年审判工作先进个人，曾在2006年借调到最高人民法院少年法庭指导小组办公室工作，期间参与了未成年人案件综合审判庭试点改革，这位年轻法官对少年司法工作表现出很高的热情，也有较深的思考，受到大家一致认可。之后，牛传勇又先后于2008年、2009年、2012年多次被借调参与最高人民法院少年法庭指导小组办公室的工作。尤其是在2012年，他直接参与了全国法院第六次少年法庭工作会议重要材料的起草，充分展现了他在少年司法领域的工作水平，对会议的圆满召开作出了贡献。在后来攻读中国政法大学博士期间，牛传勇虽然调到刑事审判庭工作，但他的博士论文仍以少年司法文化史为研究方向，足见他对少年司法工作的深厚感情。正是凭着这种深厚的感情和坚持不辍的研究，他向大家呈现了本书的成果。我对他始终关注、探索少年司法制度的精神和情怀，感到非常高兴和敬佩。

毋庸讳言，牛传勇博士的著作并非完美，尚有进一步修订、完善之处。比如，书中虽然指出并分析了中国传统文化与现代少年司法文化的暗合之处，但对于如何以高度的文化自觉与文化自信，进一步深入发掘中国传统文化与少年司法文化的契合之点，并作为中国特色少年司法文化的原点予以发扬光大，为当前少年司法实践中的困境解局，其书中相关论述还显得较为单薄。而我认为，这恰恰是中国传统少年司法文化的研究中应当重点着墨之处。希望牛传勇博士能够对此问题发挥锲而不舍之精神，在今后的工作和研究中继续深入思考，不断推出新的成果。希望牛传勇博士的这本著作能够起到“引玉”之效，也希望更多的法官和专家学者关注少年司法制度、司法文化等重要问题，共同为中国特色的少年司法之路厚筑制度和文化根基。

值本书即将出版之际，受牛传勇博士之邀并受其启发写下一点感想，是为序。

最高人民法院大法官　法学教授　胡云腾

2017 年 7 月于北京

序　二

牛传勇博士的学位论文——《少年司法论：传统土壤与近代萌生》即将付梓出版，嘱余为序。我作为他的指导教师，深知年届不惑、肩担事业与家庭的同时，还要读书当学生、做学问的不易。在求学期间，传勇博士凭着山东人踏实肯干的特质，不仅出色地完成了学位论文的撰写，顺利通过答辩获得法学博士学位，还因选题的独到、材料的翔实及论证的充分，从开题伊始就广获好评。这对初习理工，后精研文法的传勇博士而言尤为可贵。

牛传勇博士长期在青岛市中级人民法院刑庭工作，其学问具有深厚的实务根柢。他敏学慎思，以“少年司法”为切入点对司法问题进行了深入系统的研究，探幽抉微，颇有所得。纵览本书，其最大特色在于，将少年司法在传统中国的自我发展与少年司法在域外的发展这两条主线统合在西法东渐的时代背景下。同时，注入思想与制度融贯阐释的研究方法，揭示少年司法在近代中国跌宕起伏的发展历程。力求通过此种历史文化向度上的研究，为当下少年司法“中国话语”和“中国理论”的形成提供烛照和借鉴。传勇博士通过个案研究与文化阐释有机结合的方法得出了较有说服力的结论：一是传统司法之“赦宥”体现了“仁政”思想，然而缺乏制度确定的“幼小”犯罪“赦宥”易流于皇帝的随性而为；二是西法东渐过程中域外少年司法制度的引介与既有的传统社会对少年的认知产生冲突，看待和调适冲突是社会更生的艰难历程；三是民国时期的少年司法活动，由于社会的变动，始终未能脱离“徘徊的发展”；四是从“犯罪”到“少年”的转变，仍是中国少年司法尚未完成的重要课题，而探究中国传统文化的现代转化与践行乃是解决这一课题的不二法门。

正如作者指出的，该书写作的目的在于发掘根植于中国历史之中而又影响现今的，关于少年以及司法的思想文化观念，探寻真正影响中国少年司法成长的文化土壤，对人的观念主宰着法律的全部思维。整个研究是以少年的观念为主线，以法律和司法的功能定位为辅线开展的。而关于少年观念的探究，则重点关注少年与社会和国家的关系，重点关注少年在国家与社会中的角色定位，重点关注少年在社会主流思想文化中的定位和作用。因为这些都从根本上决定着成人社会对于少年的态度，以及司法上的处置。研究的时间段从西周延续到晚清，具有通史的性质。以鸦片战争国门洞开为界，在这以前的历史作为一个整体，代表着中国传统历史文化，而鸦片战争以来的晚清，代表着中国传统文化开始向近代转型。处于转型期的晚清，在中西文化的交汇与碰撞中，出现了国体变革、修律变法等影响中国后期发展的系列政治重大活动，对于研究思想文化观念的变化，具有重要的标本意义；此外，少年司法制度作为源于西方的制度产物，有自己独特的秉性，其背后还有独特的文化底蕴。如果仅研究中国少年司法的文化传统，我们就无法真正理解现代性的少年司法制度，更无法理解当其移植到中国后，它与中国传统文化的暗合与冲突之处，也就无法真正厘清对培育少年司法文化的种种要求。所以，对于少年司法在西方诞生的历史、特点及其背后的系列思想文化观念，该书也设专章进行了深入发掘。通过对中西少年司法文化的发掘与展示比较，试图达到“知己知彼”的状态，在此基础上，我们就可以进一步检视中国文化，改造少年司法，并针对性地培育中国特色的少年司法文化。上述见解是深刻的。

另外，作者也指出，少年司法的诞生与发展，是建立在日益清晰的儿童观念与儿童权利之上。在生物学、心理学、社会学等诸多学科的支撑下，身心不成熟理论的精细解释、践习许可与发展机会的观念、标签理论等，都为认知成长中的少年、理解少年越轨行为提供了有效的理论工具。也就是说，少年司法的成立与运作，建立在对少年科学认识、深刻理解的基础上。而对少年科学认识、深刻理解的前提下，对其越轨行为加诸刑事处罚，就不再仅仅是一种感性层面上的恶害，而变成一种理性层面上的不当之举。换句话说，在能够对少年科学认识、深刻理解的情况下，当其有越轨行为时，就不应再对其处以不适当的刑罚，而应在科学理论的指导下，予以最个性化的诊断和康复矫正措施。这从少年的角度来讲，免遭不当的刑罚伤害，获得及时有效的康复矫正措施，就变成了一种正当的权益。少年司法正是为维护少年正当权益而生，维护好少年的正当权益，是少年司法者的法定责任，是一种严肃谨慎的义不容辞之举。上述见解也是中的之论。

特别值得一提的是，在牛传勇博士学位论文的写作过程中，因身处司法一线，加之近年来法院的工作压力有增无减，用于写作的时间不如在校博士生那般充裕。面对重重压力，他在资料收集与论证分析的过程中反而愈加刻苦勤奋，我至今还清楚地记得，他在2014年盛夏，不断从凉爽的青岛跑到如火的京城，为检索史料穿梭于国家图书馆、首都图书馆及学校图书馆之间，并常常备足“干粮”，在图书馆终日查阅资料。也正是凭着这样一种坚持，他从卷帙浩繁的《刑案汇览》、《驳案汇编》、《刑部比照加减成案》等古代判例判牍中，将涉及幼小犯罪的案例逐一检出；检索了晚清民初的报刊中关于少年及少年司法的大量新闻及研究文章；阅遍了全部88册民国《司法公报》，将涉及少年司法的资料逐一摘录，并在论文中加以分析阐述。仅此行动，就足以使许多专以“读书为业”的年轻博士汗颜。这也是牛传勇博士作为一名在职学生，能够在三年内如期答辩并获答辩组全票通过的原因。学术的道路是艰辛漫长的，又往往是孤寂的，只有付出超常的努力，保有专心、专攻、专注的精神和干劲，才能真正作出优秀扎实的“好学问”。

毕业后，牛传勇博士于紧张的司法实务工作之余，仍坚持利用点滴时间收集和梳理材料，对学位论文进行全面的修订。付出很多不为人知的辛苦，但也收获颇多，即将与读者见面的本书就是对作者付出的肯定与回报。当然，学术研究中不存在“十全十美”的文章，本书也不是完美无瑕的，如我所知，由于时间关系，民国时期少年司法的发展未能全面展开论述，传勇博士已经收集在手的相关材料还有诸多待“发掘”整理的空间，在书中现有的史料运用和理论阐发方面也有进一步完善的空间，等等。希望传勇博士不以此为止步，能继续在与工作并行的学术研究中保有原初的热情，持之以恒，百尺竿头、更进一步！

是为序。

华东政法大学司法学研究院

院长　法学教授　崔永东

2017 年 5 月 23 日于上海

目　录

绪　论　少年司法亟须的跨越

——从制度到文化

“每一个新生儿降临人间，人类的希望与梦想又重新点燃。儿童是我们共同未来的寄托，一个前所未有的、实实在在的未来。”① 生命的传承、家庭的梦想、民族的未来、国家的希望、人类的寄托，一切一切，无不与那些活泼可爱、充满人性灵光而又不时表现出顽劣与不恭的孩子有关。重视孩子、理解孩子、尊重孩子、关爱孩子、呵护孩子，已成为近现代以来人类社会的普遍共识。在新千年之际，联合国前任秘书长科菲·安南在第55届联合国大会上指出，“没有什么信任比这个世界给孩子的信任更神圣，没有什么责任比确保孩子的权利得到尊重、确保孩子的幸福得到保护、确保孩子的生活免遭恐惧和匮乏更重要的了，人类进步的传承根植于对孩子权利的实现。”② 联合国《儿童权利

---

① “全球儿童运动”的口号，转引自姚建龙：《长大成人：少年司法制度的建构》，中国人民公安大学出版社2003年版，前言第3页。

② 金林祥：《20世纪中国教育学科的发展与反思》，上海教育出版社2000年版，第10页。

公约》第3条第1款明确规定，“关于儿童的一切行为，不论是由公私社会福利机构、法院、行政当局或立法机构执行，均应以儿童的最大利益为一种首要考虑。”

专以少年儿童为处遇对象的现代性少年司法，于1899年成立于美国伊利诺伊州，并迅速扩展到全美、欧洲乃至全世界。美国著名法学家庞德对少年司法的诞生高度评价，赞誉其为自1215年英国大宪章签署以来，英美司法制度最重大之进展。① 少年司法自诞生以来，由于其坚持以少年健康成长和最大利益为本，理念先进，制度创新，使司法充满了人性的光辉，所以，其又成为整个司法领域革新的“先行军”与“探路者”，俨然成为先进司法理念与先进司法制度的代言人。中国台湾学者林纪东指出，“少年法之理论，与传统之刑事法理论（包括刑法、刑事诉讼法及监狱法理论），虽多距离，然对旧日之刑事法，正有推陈出新之作用，刑事法之改正，将于少年法始肇其端。”② 1950年召开于海牙的第12次国际监狱会议，将“由犯罪青年处遇之经验，所得之某种成果，是否可扩张于成年人之处遇？”作为一个专门议题进行讨论，并在最终的决议中指出，“本会认为：若干国家对于少年适用之处置，似可适用于多数之成年人。年轻男女，法律上虽已达成年年龄，仍不能认为不适于教益训练与改善，而仅能予以监禁。本会认为：在少年犯罪之分野上，由于个案调查书之作成、保护观察、假释及裁判上赦免等制度，所得的

---

① 姚建龙：《超越刑事司法——美国少年司法史纲》，法律出版社2009年版，第81页。

② 林纪东：《少年法概论》，“台湾国立编译馆”1972年版，第15页。

经验，在成年犯的领域上，亦可利用。”① 自少年司法制度诞生以来，诸多先进的司法理念与司法制度，诸如社会调查、缓刑、假释等已从少年司法领域辐射或直接移植到成人司法，少年司法之于整个司法制度的革新，起到了“发动机”和“推进器”的作用。我国著名的青少年法学专家徐建教授认为，“少年司法制度是法学皇冠上的一颗明珠，国际社会往往以此作为衡量一个国家法制建设发展水平、完善程度、科学性的标志之一。”②

由此可见，无论是少年儿童，还是少年司法制度，对于家庭、对于社会、对于国家，都具有极其重要的意义，而以少年司法制度为对象的理论研究，其价值也就无须赘言。

一、中国少年司法正遭遇实践与理论的双重瓶颈

就在美国成立世界上第一个少年法庭的次年，也就是1900年，梁启超先生发表了著名的《少年中国说》。③ 自此，“少年智则国智，少年强则国强”便广为流传，成为国人妇孺皆知的关于少年与国家关系的基本观念。中国少年与中国命运紧密相连，少年群体以及少年问题，得到了国家与社会前所未有的关注。如何对犯罪少年进行司法处置，渐成晚清社会关注的热点问题，西方及东瀛现代性的少年司法理念与制度，通过报纸杂志等

① 林纪东：《少年法概论》，“台湾国立编译馆”1972年版，第28—29页。

② 姚建龙：《长大成人：少年司法制度的建构》，中国人民公安大学出版社2003年版，序言第1页。

③ 《清议报》1900年第35期。

渠道在晚清陆续被介绍到国内。在中西文化与制度的比较中，古代中国传统的司法模式得以反思，源自西方的少年司法理念与制度渐受追捧，并影响了晚清修律，成为清末“礼法之争”的重要内容。最终，少年入罪的年龄被《大清新刑律》确定为十二岁，惩治教育的理念得以确立，幼年审判庭与感化院亦得以试办，中国少年司法进入了最初的萌芽时期。民国时期，少年问题得以继续关注，少年司法得以继续探索，感化教育渐被落实，保安处分被立法引进，少年监狱得以成立，但终因战乱频仍等原因，少年立法并未完成，独立的少年审判机构亦未能成立。1949年中华人民共和国成立以后，民国的法统被宣布废除，少年司法先是经历了一段坎坷之路，后在改革开放后得以快速发展。以1984年11月上海长宁区法院成立第一个少年刑事案件合议庭为标志，中国大陆的少年司法走过了30余年。“30年来，人民法院少年法庭工作不断发展进步，取得了令人瞩目的成就，创造和积累了丰富的经验。少年法庭从最初的合议庭发展到独立建制的审判庭，从只审理未成年人刑事案件发展到综合审理未成年人刑事、民事、行政案件，从只在基层法院设置到在基层和中级、高级法院设置，组织机构不断健全。目前，全国四级法院均已建立少年审判专门机构或者指定专人审理，共设立少年法庭2 253个，合议庭1 246个，少年刑事审判庭405个，综合审判庭598个。全国法院共有7 200多名法官专门从事少年法庭审判工作。”①

① 最高人民法院院长周强在2014年11月25日“全国法院少年法庭工作三十年座谈会暨第三届少年审判论坛”上的讲话，见2014年11月26日《人民法院报》第1版。

尽管如此，中国的少年司法仍面临着诸多挑战：除了“未成年人犯罪日趋成人化和低龄化，性侵害、家庭暴力等侵犯未成年人权益的案件易发多发，保护未成年人权益的呼声日益强烈，少年法庭工作的责任更加重大，任务更加繁重”[①] 之外，少年司法自身的发展也面临着诸多困难，比如缺乏独立的少年法体系，机构建置混乱，受案范围混乱，专业人员缺乏社会学、心理学等方面的训练等。[②] 尤为紧要的是，由于法律体系的不完善，导致了整个少年司法体系的不稳定，比如全国虽有 598 个综合审判庭，但其设置的合法性，其实仅由最高人民法院一纸试点文件来支撑，始终面临着被撤并的危险。“少年司法机构就像一个总也长不大的孩子，法律上没有地位，职能上难以健全，甚至其存在都受到了威胁”[③]，这份十多年前出自地方少年司法实践者的感叹，至今仍是困扰少年司法发展的重要问题。所以，最高人民法院院长周强 2014 年 11 月在对今后一个时期少年法庭工作进行部署时，“努力建立、完善职责明确、运行规范、人员齐备的少年法庭工作机构”、“抓紧配足配强少年法庭法官，加大教育培训力度”、“制定科学合理的考核指标”、“完善公、检、法、司相互配合、相互制约、相互衔接的工作机制和工、青、妇、教等部

① 最高人民法院院长周强在 2014 年 11 月 25 日“全国法院少年法庭工作三十年座谈会暨第三届少年审判论坛”上的讲话，见 2014 年 11 月 26 日《人民法院报》第 1 版。

② 康树华、施琦、杜立：《青少年保护 · 立法与少年司法》，人民日报出版社 2013 年版，第 252—256 页。

③ 田幸：《建立少年法院的几点设想》，载《青少年犯罪问题》2001 年第 4 期。

门积极参与的‘社会一条龙’工作机制”、“运用各类媒体尤其是新媒体广泛宣传少年法庭工作”① 等，仍然成为当下及今后一个时期的工作重点。这说明，少年司法经过30年的发展，其面临的任务和困难仍然是机构设置、人员配备、辅助体系建设、寻求社会理解支持等最基础性的问题。而从世界少年司法发展的基本规律看，这些问题都是少年司法发展初创期所面临的问题。也就是说，30年来，虽然少年司法在中国大陆取得了一系列了不起的成就，但总的来讲，30年来，少年司法仍然停留在最基础的初创阶段。当前少年司法的环境虽较以前有了较大改观，但其面临的困难和存在的问题，与30年前并没有多少本质的不同。由此我们可以判断，中国少年司法经过30年的发展，正遭遇瓶颈期，在全面依法治国的背景下，少年司法无论是法律体系还是机构体系，抑或是辅助体系，都亟须有新的突破。

理论源于实践，又用于指导实践。当前少年司法的发展现状，与少年司法的研究情况密切相关。自晚清时代将少年司法理念与制度引进中国，相关的理论研究亦随之展开。只不过晚清到民国，相关的研究以译介为主，“近代中国的少年司法研究尚处于初萌阶段，并未能发展成为犯罪学和刑事法学研究领域的独立议题。但这种以译介和倡导制度移植为主要内容的研究仍然在促进中国少年司法制度的初步发育上发挥了十分难得的影响力。”②

---

① 最高人民法院院长周强在2014年11月25日“全国法院少年法庭工作三十年座谈会暨第三届少年审判论坛”上的讲话，见2014年11月26日《人民法院报》第1版。

② 姚建龙主编：《中国少年司法研究综述》，中国检察出版社2009年版，第2页。

中华人民共和国成立之后，受打破旧法统思路的影响，之前关于少年司法研究的成果几乎尽被抛弃，相关研究回到原点且在1960年代后基本中断，直到1979年后才逐渐恢复，在20世纪90年代后逐渐成为犯罪学界独立的议题，2000年后逐步成为犯罪学界热点议题，并出现了少年司法一体化的研究趋势。①

近一百余年来，尤其是近30年来，中国少年司法的研究取得了丰硕成果，但综而观之，少年司法的研究尚有明显的不足：首先，研究力量及成果数量的薄弱。尽管少年司法的研究近几年来逐渐升温，渐成为一个研究热点，但无论是参与研究的队伍还是最终的研究成果，与刑法、刑诉法等相比，仍然属于“小儿科”，用圈内人的话讲，当前国内以少年司法为主要研究方向的专家如果召集一次聚会，基本上“一桌饭就齐了”。其次，少年司法的研究缺乏相应的独立性，相关的研究仍然归并于犯罪学、刑法学、刑事诉讼法学等部门法领域，且在相应的部门法领域中，亦属于相对边缘的地位，少年法与少年司法，还没有成为一个完全独立的学科和研究领域。最后，少年司法的研究视阈，虽然可以分为基础理论的研究、立法的研究、程序规则的研究、实体规则的研究、组织机构的研究等几个方面②，但总的来看，这些研究均基本停留在制度的层面，即对国外相关制度的介绍、国内制度建构及其基本原理与该当性的分析论证，尤其是少年法庭机构设

① 姚建龙主编：《中国少年司法研究综述》，中国检察出版社2009年版，第3—9页。

② 姚建龙主编：《中国少年司法研究综述》，中国检察出版社2009年版，第10—15页。

置、审判模式、工作机制、诉讼程序及法律适用等方面。即便是被归类为“基础理论研究”的部分，其主要研究方向也集中在少年司法制度的界定、少年司法制度的构成、少年司法权理论、少年司法制度的理念以及建立和完善我国少年司法制度等方面①，从历史学、社会学、心理学、文化学等视角切入的研究相当稀少，甚至可以说寥寥无几。少年司法理论研究相对薄弱的现状，也在一定程度上制约了少年司法的进一步发展。所以，当下，在中国少年司法亟须突破瓶颈的同时，少年司法的理论研究，亦迫切需要开阔视野，走向纵深，以理念研究的提升带动司法实践的跨越。

二、从制度构建到文化培育是突破瓶颈的必然跨越

毋庸讳言，中国的少年司法制度，无论是晚清与民国时期的初创，还是共和国时期的新发展，都无法摆脱从国外移植、借鉴的渠道。同样不可避讳的是，任何制度的移植与借鉴，都会面临着“南橘北枳”的考验，少年司法亦不例外。诞生于美国、盛行于欧洲大陆的少年司法制度，其背后有着独特的文化土壤，我们在移植借鉴时，是否对这些文化土壤给予了充分的注意，并在移植后在国内予以精心的培育？而器物—制度—文化逐步递进的学习借鉴规律，也决定了任何一种制度移植，都很难同时将文化土壤一并营造。文化营造相对制度移植的滞后性是必然的，因为

① 姚建龙主编：《中国少年司法研究综述》，中国检察出版社 2009 年版，第 10—11 页。

它符合人们认识和追求真善美的基本理论和逻辑规律。“比较、判断真善美与假恶丑需要过程，需要时间。三者之中，真与假相比，标准容易统一，客观成分最大，主观成分最小，因此，判断真假所需要时间最短，最容易取得双方共识，所以在器物方面科学技术的吸收借鉴最快。而善美恶丑的差别，标准较难统一，主观成分较大，受人们的文化素养、历史背景影响较大，所需要时间较长，难度自然也大。中国吸收西学的步伐之所以沿着物质文化、制度文化、精神文化的阶梯拾级而上，就是因为这三类文化的可比性越来越低，比较鉴别所需要的时间越来越长”。①

回顾中国少年司法发展的历史，尤其是近 30 年历史，我们不难发现，我们的少年司法，仍然停留在制度的引进、建设与完善方面。前文的论述已经表明，当前的少年司法，无论是理论体系，还是法律体系，抑或是机构体系和辅助体系，都还处于“努力建立、完善”之中。也就是说，对于少年司法的引进，制度层面的任务尚未完成，而制度背后的文化培育，更遑论成功。这一方面构成了中国大陆少年司法的现状，表现为少年司法发展面临的困境；另一方面，文化培育的滞后，又成为当前少年司法困境的根本原因。无须说社会上诸多对少年法庭工作的不理解，也不须说体制内对法院少年法庭工作的不配合②，而仅就法院内部来讲，少年法庭工作“说起来重要，忙起来不要”的情况还

① 熊月之：《西学东渐与晚清社会》，中国人民大学出版社 2011 年版，第 597—598 页。

② 这两个方面的困境，实际上就是最高人民法院院长周强部署今后工作时，要求“广泛宣传”与完善公、检、法、司配合机制和“社会一条龙”机制建设的潜台词。

普遍存在，在案多人少的压力下，别说没有独立建制的少年法庭，就是已设独立建制少年法庭的法院，少年法庭法官被抽调、“挪用”的现象也大量存在，再加上以案件数量为纲的考核制度让少年法庭法官在评优晋升中“吃亏”，不少热爱少年法庭工作的法官也不得不离开。[①] 而这一切外在的表现，无非都在表明，无论在法院内部，还是在政法系统，或者整个社会上，还普遍缺乏一种从根本上理解、认同、支持少年司法的文化氛围，缺乏一种适于少年司法健康成长的文化土壤。缺乏从文化上的根本认同，少年司法诸多工作必然会浮在表面，停留在会议、文件和口号中，其在机构设置、人员配备、辅助体系建设等方面的困难，也就无法从根本上得到解决，从而导致了30余年来少年司法面临的问题，一直“年年岁岁花相似”，在几个基础性的问题上徘徊而无法取得根本突破，无法在现实中真正扎根，茁壮成长。培育少年司法的文化，实现从制度到文化的跨越，已是当前中国大陆少年司法面临的迫切性、根本性问题。

三、探究弘扬少年司法历史文化是实现跨越的津梁

与少年司法实践的跨越需求相应，关于少年司法的理论研究，也需要从对制度的构建论证，向对文化的探究发掘转身。惟有此，理论研究才能跟上时代的步伐，满足引领实践发展的需要。过去

① 这是最高人民法院院长周强要求“制定科学合理的考核指标”和加强少年法庭人员配备的现实动因。

继续引导着现在。在少年司法文化的研究中，少年司法史的研究极其重要。“每个时代都要编写它自己的历史。不是因为早先的历史编写得不对，而是因为每个时代都会面对新的问题，产生新的疑问，探求新的答案。这在变化速度呈指数级增长的今天是不言自明的，因此，我们迫切需要一部提出新的疑问并给出新的答案的新历史。”① 面对中国少年司法发展的现实困境，我们需要研究中国少年司法的历史，需要能够关注少年司法现实困境并对之予以积极回应的少年司法史。如前文所言，中国少年司法需要从制度向文化迈进，相应地，中国少年司法史的研究，在关注制度性演变的同时，需要对历史中的少年司法文化予以特别的关注。此外，因为少年司法制度具有移植性，所以，对其历史文化的关注必然又是双重的，既有少年司法“原生地”的历史文化，又有少年司法“移植地”的历史文化，且要对两者的融合点与冲突点进行仔细的比较、分析和辨别，从而在摸清少年司法的基本秉性，掌握其成长发展基本规律的基础上，培育满足少年司法成长条件的新的文化土壤，为少年司法突破瓶颈快速发展奠定文化基础。

四、少年司法文化史是法律史学和司法学的整合与拓展

前文已经述及，当前中国少年司法领域的研究，基本停留在

---

① ［美］斯塔夫里阿诺斯：《全球通史：从史前史到 21 世纪》（第七版修订版·上册），吴象婴、梁赤民、董书慧、王昶译，北京大学出版社 2005 年版，序第 9 页。

对少年司法制度构建的层面，对少年司法史的研究相当稀少。而在为数不多的少年司法史研究成果中，却又主要集中在对古代少年司法制度与政策的描述，从文化学、社会学的角度开展的研究基本阙如。从笔者所搜集到的文献资料来看，十余年前武汉大学法学院马婷婷发表在《河南公安高等专科学校学报》上的《中国古代少年司法制度》，属于引用率较高的一篇。[①] 这篇仅有3000余字的短文，从“中国古代少年司法制度简介”与“中国古代少年司法制度之评价”两个方面展开。制度简介部分讲了古代刑事责任年龄与刑事程序处遇，主要谈了古代法律尤其是唐律的相关规定。至于评价部分，则仅以思辨层面对法律规定功能进行阐发，如“为统治者捞取仁德、宽厚之美名”、“有利于收复民心、巩固政权”、“缓和社会矛盾”等，既缺乏基本的史料支撑，也缺乏有力的论证逻辑。总之，这篇难得的中国少年司法史专题文章，过于简短和浅显，难以达到深入揭示中国古代少年司法文化的目的。其他的专题文章数量不多，包括《我国古代未成年人犯罪刑事政策初探》[②]，《“仁政”思想与我国古代未成年人犯罪刑事政策》[③]，《我国古代少年司法与少年刑事政策初探》[④]，以及西南政法大学硕士学位论文《中国古代未成年人保

① 马婷婷：《中国古代少年司法制度》，载《河南公安高等专科学校学报》2005年第4期。

② 雷海锋：《我国古代未成年人犯罪刑事政策初探》，载《青少年犯罪问题》2005年第4期。

③ 张利兆：《“仁政”思想与我国古代未成年人犯罪刑事政策》，载《青少年犯罪问题》2005年第11期。

④ 赵若辉、张鸿巍：《我国古代少年司法与少年刑事政策初探》，载《广西政法干部管理学院学报》2008年第3期。

护制度研究》[1]，苏州大学硕士学位论文《唐律未成年人犯罪制度初探——以现代刑法学为视野》[2]，复旦大学硕士学位论文《唐代未成年人保护制度探析》[3]，青岛大学硕士学位论文《中国古代宽宥制度研究》[4] 等。另有一些关于中国古代少年司法史的研究，则主要“潜藏”于少年司法相关的作品中，作为一个章节或知识铺垫，比如，姚建龙所著《长大成人：少年司法制度的建构》[5]，将“新中国成立以前少年司法概况”作为第二章第一节中的一个问题来简要介绍；张鸿巍著的《少年司法通论》[6] 中，绪论中的第三节“我国未成年保护与少年司法的历史回顾”，也是用一个小节中的部分篇幅对此作一简略介绍。中国政法大学于国旦的博士论文《少年司法制度研究》[7]，张璇的博士学位论文《中国少年司法制度建构的相关问题探讨——以美国少年司法制度为借鉴》[8]，都是将新中国成立以前少年司法作为章节中的一个小问题来谈。

---

① 钱燕：《中国古代未成年人保护制度研究》，西南政法大学 2008 年硕士学位论文。

② 孙宏亮：《唐律未成年人犯罪制度初探——以现代刑法学为视野》，苏州大学 2010 年硕士学位论文。

③ 张叶航：《唐代未成年人保护制度探析》，复旦大学 2012 年硕士学位论文。

④ 葛敬静：《中国古代宽宥制度研究》，青岛大学 2012 年硕士学位论文。

⑤ 姚建龙：《长大成人：少年司法制度的建构》，中国人民公安大学出版社 2003 年版。

⑥ 张鸿巍：《少年司法通论》，人民出版社 2008 年版。

⑦ 于国旦：《少年司法制度研究》，中国政法大学 2004 年博士学位论文。

⑧ 张璇：《中国少年司法制度建构的相关问题探讨——以美国少年司法制度为借鉴》，中国政法大学 2011 年博士学位论文。

综观上述关于中国少年司法史的研究，具有以下两个共同的特点：一是基本以对古代关于少年的法律制度介绍描述为主，其主要史料是古代律例及相关文献对律例规定的记载，对于这些规定具体实施的情况如何，则鲜有涉及。也就是说，上述研究基本是对古代法条的静态性研究，对于法条落实于实践的动态性情况如何，未能深究。二是关于古代少年司法思想的探究，基本以先秦诸子等圣贤言论为基础进行阐发，属于一种纯思辨性的论述，对于这种思想对现实生活及司法活动的影响，也基本未能深入探讨，更缺乏扎实的史料支撑。这实际上引发了一个基本的问题——上述法条的记载及先贤的思想，是否就是真实的古代社会对少年司法处置的状态？是否真正体现了中国古代关于少年司法的文化？毕竟，作为一种基本常识，我们都知道，无论中外还是古今，思想与行动，立法与司法之间，都是存在着不小的差距的。尤其在古代中国，“条文的规定是一回事，法律的实施又是一回事。某一法律不一定能执行，成为具文。社会现实与法律条文之间，往往存在着一定的差距。”① “对比浩瀚的正史野史、律条判词，以及民间说辞，我们能够清楚地发现，古代司法审判制度始终存在着理念与制度条规、制度条规与实际操作层面立意的严重矛盾和脱节。自西周以来，在一些政治、知识精英中形成并加以传播的某些司法观念与实在的司法活动塑就的朝野对司法的实际认识，存在着巨大的反差。生成相对久远的‘慎刑’、‘轻刑’的刑罚观与近世愈演愈烈的‘酷刑’、‘滥刑’的司法真相，

① 瞿同祖：《中国法律与中国社会》，中华书局2003年版，导论第2页。

使前者在很大程度上成为一种虚构和幻象。”①

所以，当前关于少年司法史的研究状况，要求我们创新方法，摆脱简单对法条的描述，从司法判例以及社会学和思想史等角度，展示真实的古代少年司法图景，揭示蕴含在真实司法活动中的司法文化。本书以古代司法判例为基础史料，以少年司法文化史为主线开展研究，就是对这种创新要求的一种努力和尝试。

而另从法律史学的角度来看，对于少年司法史的研究，也具有一定的创新性和开拓性。在中国法律史的研究领域中，法律制度与法律思想是较为成熟的两端研究，随着法律史研究的不断推进，整合制度研究与思想研究这两端，使两者相互补充相互融合，避免两者割裂的要求也不断提出并在具体研究中得到尝试。而司法既有对法律制度、法律规定的执行，也有对法律思想、法律理念的展现，以司法为研究对象的司法史研究，恰是对法律制度史与思想史的整合。当前，关于司法史研究，已经推进到司法制度史、司法思想史、审判制度史等层面，并有系列的著作出版，如1984年陈光中等著有《中国古代司法制度》（群众出版社），1986年熊先觉著有《中国司法制度简史》（山西人民出版社），2001年程维荣著有《中国审判制度史》（上海教育出版社），2004年张晋藩主编的《中国司法制度史》（人民法院出版社），2005年张兆凯主编的《中国古代司法制度史》（岳麓书社），2009年中国台湾学者那思陆著有《中国审判制度史》（上

① 方立新：《传统与超越——中国司法变革源流》，法律出版社2006年版，第61—62页。

海三联书店)，2010年陈光中著有《中国司法制度的基础理论问题研究》(经济科学出版社)，2012年崔永东著有《中国传统司法思想史论》(人民出版社)，等等。除以上通史性的著作外，还有一些从断代史角度对司法制度的研究，比如2013年尤志安著有《晚清刑事司法改革整体性研究》(中国政法大学出版社)。

上述的研究成果有两个显著的特点：一是基本上将司法作为一个整体来研究，对于司法内部，还未进行进一步切分，比如以业务类别为标准分为刑事司法、民事司法、行政司法，以司法对象为类别分为少年司法、成人司法、老年人司法、妇女司法等，尤志安教授以刑事司法为对象的研究，算是为数不多的司法史下一个层面的专题著作。二是研究基本集中司法制度史方面，司法思想、司法文化史方面著作较少。崔永东教授对传统司法思想史的研究是近年来司法思想史方面为数不多的著作。所以，本书以少年司法文化史为重点进行研究，从学科体系上来讲，属于司法史研究的下一个层级，是对司法史研究的进一步深化、细化，具有些许开拓的意味；从研究方向上来看，以少年司法思想和司法文化为重点的研究，对于既有成果多以制度史为重点的研究现状来讲，也具有一定的补白性质。

五、研究思路、方法、主要文献及用语界定

作为以少年司法文化史为重点的研究，本书的核心目的在于发掘根植于中国历史之中而又影响现今的，关于少年以及司法的思想文化观念，探寻真正影响中国少年司法成长的文化土壤。人

的观念主宰着法律的全部思维。整个研究是以少年的观念为主线，以法律和司法的功能定位为辅线开展的。而关于少年观念的探究，则重点关注少年与社会和国家的关系，重点关注少年在国家与社会中的角色定位，重点关注少年在社会主流思想文化中的定位和作用。因为这些都从根本上决定着成人社会对于少年的态度，以及司法上的处置。研究的时间段从西周延续到晚清，具有通史的性质。关于研究历史的方法，梁启超认为，文物专史“是不能拿断代体来做的；要满足读者的要求，最好是把人生的活动事项纵剖，依其性质，分类叙述”①。在笔者看来，只有对中国少年司法历史进行通观，方能对其文化特征予以全面的审视和把握。这期间，以鸦片战争国门洞开为界，在这以前的历史作为一个整体，代表着中国传统历史文化，而鸦片战争以来的晚清，代表着中国传统文化开始向近代转型。处于转型期的晚清，在中西文化的交汇与碰撞中，出现了国体变革、修律变法等影响中国后期发展的系列政治重大活动，对于研究思想文化观念的变化，具有重要的标本意义，所以，对于晚清是单独作为一个特殊的历史阶段来剖析的。此外，少年司法制度作为源于西方的制度产物，有自己独特的秉性，其背后还有独特的文化底蕴。如果仅研究中国少年司法的文化传统，我们就无法真正理解现代性的少年司法制度，更无法理解当其移植到中国后，其与中国传统文化的暗合与冲突之处，也就无法真正厘清对培育少年司法文化的种种要求。所以，对于少年司法在西方诞生的历史、特点及其背后

① 梁启超：《中国历史研究法补编》，中华书局2010年版，第148页。

的系列思想文化观念，本书也专章进行了深入发掘。通过对中西少年司法文化的发掘与展示比较，试图达到“知己知彼”的状态，在此基础上，我们就可以进一步检视中国文化，改造少年司法，并针对性地培育中国特色的少年司法文化。

在研究方法与史料文献运用上，本书特别注意了两个结合：一是文本分析与实证分析相结合；二是司法制度与司法思想研究相结合，将法律条文、制度规定与相应的司法判例及司法实践活动相结合，对法条与判例间的差异进行解读，努力探寻少年司法文化的真实面貌。此外，笔者还特别注意社会学与法学视角的双重运用，将少年司法问题以法学和社会学的双重视角，放在整个中国文化的大背景下来解读，以期对少年司法中的种种表现有更深层次的理解和认识。由于少年司法的移植性，笔者还特别注意中外少年司法文化的对比，将少年司法问题放在中国与世界的双重视野中来审视，力争对少年司法文化有着更为宏观、全面的把握。在清代以前中国少年司法的传统部分，主要以传世的历代律例和判例判牍为史料，古代律例部分的主要史料包括《中国历代刑法志注译》①、中国法律出版社 1999 年版的点校本“中华传世法典”系列，包括《唐律疏义》、《宋刑统》、《大元通制条格》、《大明律》、《大清律例》。古代判例判牍则以学界公认的最系统、最全面的编纂书目——清代的《刑案汇览》、《驳案汇编》、《刑部比照加减成案》为基础。何勤华教授评价：“有清一代，说得更宽泛一点，在整个中国古代，大部头多卷本的判案汇

① 高潮、马建石主编：《中国历代刑法志注译》，吉林人民出版社 1994 年版。

编共有三种，一是《刑案汇览》，二是《刑部比照加减成案》；三《驳案汇编》。"[①] 此外，还有《古代判词三百篇》[②]、《名公书判清明集》[③] 作为补充。在晚清由传统到近代的过渡时期，史料收集的重点一是晚清报刊，通过对晚清报刊中与少年司法相关文章的梳理，解读当时人们的儿童观念，以及刚刚引进的少年司法制度和理念，显然，这更多是一种社会学的方法和视野。而对于官方的态度与活动，则以《大清刑律草案》的起草、讨论为重点，尤其是"礼法之争"中双方观点的交锋，生动地体现转型时期人们的思想纠结。这一部分，高汉成主编的《〈大清新刑律〉立法资料汇编》[④] 是核心史料。民国时期的少年司法史研究虽不是本书的研究重点，但出于对全文的把握和对后期展望的需要，仍然以社会观念与官方活动为两条主线收集了相关史料。完整记录官方司法活动的《司法公报》[⑤] 是厘清官方活动的主要线索，而民国报刊则是研究社会心态的重要史料来源。此外，民国时期的司法计划书、司法工作纪要、司法会议文件、司法统计、司法判例，都为观察其少年司法活动，体验其少年司法思想，提供了更为细节和微观的角度。对于国外少年司法的研究，则以美

---

① （清）全士潮、张道源等纂辑：《驳案汇编》，何勤华、张伯元、陈重业点校，法律出版社 2009 年版，出版说明。

② 陈重业辑注：《古代判词三百篇》，上海古籍出版社 2009 年版。

③ 《名公书判清明集》，中国社会科学院宋辽金元史研究室点校，中华书局 1987 年版。

④ 高汉成主编：《〈大清新刑律〉立法资料汇编》，社会科学文献出版社 2013 年版。

⑤ 民国司法部公报处、司法院秘书处等编：《司法公报》（共 88 册），国家图书馆出版社 2013 年版。

国为样本。由于语言能力方面的原因，相关的史料主要以译为中文的外国文献为主，包括《少年司法的一个世纪》[①]、《美国少年司法》[②]、《少年司法制度》[③]，对于国内学者研究外国少年司法史的成果，如《超越刑事司法——美国少年司法史纲》[④]，本书亦予以了充分的关注。需要特别指出的是，瞿同祖先生的《中国法律与中国社会》[⑤]、葛兆光先生的《中国思想史》[⑥] 作为国内法律史研究和思想史研究的经典著作，都为作者提供了一种特别的视角与分析工具，对本书论点及思想主线的形成，都起到了极其重要的启发作用。

少年司法作为本书的研究对象，需要予以必要的界定和说明。第一，需要说明的是，文中的少年司法，是少年司法制度的简称，两者的意义是基本等同的。第二，关于少年司法制度的起源，虽然国内学者具有争论，概括起来大致具有五种不同的观点[⑦]，但其基本共识是明显的，那就是，少年司法制度是一项近现代的司法制度，其诞生于 1899 年，标志事件就是 1899 年 7 月

---

① ［美］玛格丽特·K. 罗森海姆、富兰克林·E. 齐姆林、戴维·S. 坦嫩豪斯、伯纳德·多恩编：《少年司法的一个世纪》，高维俭译，商务印书馆 2008 年版。

② ［美］富兰克林·E. 齐姆林：《美国少年司法》，高维俭译，中国人民公安大学出版社 2010 年版。

③ ［美］巴里·C. 菲尔德：《少年司法制度》，高维俭、蔡伟文、任延峰译，中国人民公安大学出版社 2011 年版。

④ 姚建龙：《超越刑事司法——美国少年司法史纲》，法律出版社 2009 年版。

⑤ 瞿同祖：《中国法律与中国社会》，中华书局 2003 年版。

⑥ 葛兆光：《中国思想史》（三卷本），复旦大学出版社 2013 年版。

⑦ 姚建龙主编：《中国少年司法研究综述》，中国检察出版社 2009 年版，第 21—25 页。

1 日美国伊利诺伊州《少年法院法》的生效及少年法院的成立，至今只有 110 余年的历史。关于促使少年司法制度产生的历史原因，虽然学者有不同看法，但概括起来，不外乎以下三个主要方面：即儿童观念的更新，刑罚观念的变革，以及少年违法犯罪现象的增加。对于前两个方面的因素，如果往前追溯，实际上可归结为文艺复兴与启蒙运动的影响，在于对人的价值和尊严的发现，在于人道主义的广泛传播。而后一个因素的背后，则是蒸汽机发明以来席卷欧美的工业化与城市化运动。第三，关于少年司法制度的定义，虽然学者争论较大，概括起来大致有十三种观点之多①，但其基本共性也是明显的，那就是各观点均强调少年司法是一种与成人司法制度殊异的司法制度，少年司法制度以强调少年与成人的差异性为基础，是一个专门以少年为处遇对象，以保护和促进少年健康成长为目标的，与成人司法完全不同的“独立王国”——特殊的司法理念、独立的组织机构、经过专门训练有专业知识的司法人员、不同于刑罚的特殊处置措施等。中国台湾学者林纪东在论述少年司法特征时，对少年司法与成人司法之不同，有过较为全面的总结：“（一）审理之机关不同：少年事件，由特设之少年法院或家庭法院审理之。（二）审理之方式不同：审理时应出以恳切和平之态度，且不公开。（三）处罚之方法不同：尽可能不用刑罚，而用保护观察，送交特设机构教养等处分，如不得已而用刑罚，亦尽量讲求刑罚经济，不处重刑；且与成年犯绝对隔离，并宽大其假释条件，以贯彻教育刑之

① 姚建龙主编：《中国少年司法研究综述》，中国检察出版社 2009 年版，第 25—28 页。

理论。（四）调查之方法不同：特别置重少年性格及环境之调查，以期发现病源，对症下药，犯罪事实之调查，尚在其次。（五）审理之对象不同：依照该法审理者，不仅为构成刑法上犯罪，应受刑事制裁之少年，且包括并未构成刑法上犯罪，惟按其素行观察，有犯罪之虞（即学说上所谓虞犯），或虽构成刑法上犯罪，因无责任能力，不应受刑罚制裁之少年。盖少年法志在保护，而非处罚，故不必拘泥罪刑法定主义之形式，而惟有利于少年是归。（六）报纸杂志登载之禁止：即报纸杂志对于家庭法院审判中之少年，不得刊载姓名年龄职业容貌等，足以推知其人之记事或照相，以爱惜其名誉，培育其廉耻。"① 本书关于少年司法的界定，就是建立在上述学界共识之上，将之作为一项近现代的司法制度，一种与成人司法不同的，专以少年为处遇对象，具有独特的司法理念、机构与处遇措施的司法制度。第四，关于少年司法所涵盖的业务范围，有学者提出不仅包括违法犯罪为内容的刑事司法制度，还应包括民事司法制度和行政司法制度②，尤其是近年来，国际上家事法院的兴起，以及中国自 2006 年起大力推行的未成年人案件综合审判庭，已将涉及少年的民事案件、行政案件全部纳入少年庭审理，少年司法制度已渐成为内容广泛的司法制度。但本书对少年司法文化史的研究，因所关注的是少年司法制度的诞生及其早期发展阶段，故文中所称的少年司法制度是以少年犯罪案件为主，而对涉及少年的民事与行政案件不予

① 林纪东：《少年法概论》，"台湾国立编译馆" 1972 年版，第 53 页。

② 姚建龙主编：《中国少年司法研究综述》，中国检察出版社 2009 年版，第 27 页。

论及。因美国少年司法制度自诞生起所具有的福利性，其少年法院自成立起的受案范围既包括罪错少年，也包括无人抚养、疏于管教的少年。本书对少年司法制度概念的使用，当然包括其上述业务范围。

在对少年司法作出上述说明和界定后，就面临着如何界定中国古代对于幼年犯罪的处置制度问题。中国作为一个历史悠久的文明古国，具有矜老恤幼的文化传统，对犯罪幼年的处置早在西周时期就见之于“三赦、三宥”之法，“司刺掌三刺、三宥、三赦之法，以赞司寇听狱讼。壹刺曰讯群臣，再刺曰讯群吏，三刺曰讯万民。壹宥曰不识，再宥曰过失，三宥曰遗忘。壹赦曰幼弱，再赦曰老旄，三赦曰蠢愚。以此三法者求民情，断民中，而施上服、下服之罪，然后刑杀。”[①] 在这里，“三赦”、“三宥”作为司刺赞司寇听狱讼的“法”，实则是今天所讲的一种法律制度，其中，“赦幼弱”就是幼小犯罪的制度。这种古老的关于幼年犯罪的制度一直延续到清代，构成了中国少年司法传统文化的核心。然而，古代中国关于幼年犯罪的制度可否使用少年司法制度来表述呢？或者说可否将其表述为是中国古代的少年司法制度呢？这实际上取决于对少年司法的定义。如果将少年司法作最为广义的定义，所有关于少年的司法处置制度都可称为少年司法，那么古代中国的赦幼制度就可称为古代中国的少年司法。前文所提及的《中国古代少年司法制度》等文章，就是在最广义的概念上使用的。但是，如果将少年司法定义为一个具有特定历史渊

---

① 《周礼·秋官·司刺》。

源、具有特定内涵和基本特征的近现代司法制度，则古代中国关于幼年犯罪的赦宥之法，则不能用少年司法制度来称谓。对此，林纪东先生有着非常到位的解释，“古代关于少年犯罪矜恕之规定，盖本于人道观念，有所不忍者也。……盖当时所置重者，仍在‘犯罪’二字，而非‘少年’二字，偶有少年犯罪之规定，亦以犯罪为主，以少年为从，与今日之置重少年者不同。……故于少年犯罪，除偶有减免规定外，未及其他，如谓昔时已有少年法，亦仅止于少年刑法而已，而无少年刑事诉讼法，少年刑法与少年保护法，与今日最狭义之少年法，亦不相同。”① 鉴于本书对少年司法制度的基本界定，以及古代中国关于幼年犯罪的赦宥制度与之具有较大的差异，客观地讲，古代中国实际上是没有近现代意义上的少年司法制度的。如果将古代中国对幼小犯罪的司法处置亦用少年司法来表述，一方面会显得牵强，另一方面也会引起用语上的混乱。所以，古代中国关于幼年犯罪的司法处置，本书用更加符合中国传统文化语境的“幼小犯罪赦宥制度”来表达。

书中出现了少年、儿童、未成年人、孩子、幼小、卑幼等不同的概念，对此亦予以特别的说明。总的来讲，这些词汇都是作为少年司法的对象来出现的，只是在或古或今、或中或外不同的语境中使用而已，他们之间并没有特别严格的区分。比如，少年、儿童、未成年人，更多的是近现代的词汇，而幼小、卑幼则属于中国晚清以前传统社会的表述。少年、儿童的用语，更具有

① 林纪东：《少年法概论》，“台湾国立编译馆”1972 年版，第 46—47 页。

国际性，而幼小、卑幼则体现了中国的传统文化特点，未成年人则更多属于当代中国大陆的表述。孩子这一词汇，则具有古今中外的相通性，是相对成人或家长角度的一个称谓，更多的是一个社会性的概念，较少有法学的属性。对于各个词汇间代表群体的年龄界限及其差异，不是本书关注的重点，在这里也不做具体辨析。[①] 不过，需要说明的是，与“司法”相连时，只能用“少年”一词，因为，少年司法已是中国以及国际认同的称谓。

另外需要说明的是，关于文化一词，在本书中主要是在器物—制度—文化的基本逻辑和语境下使用的。也就是说，这里的文化是一个相对狭义的概念，它与器物、制度相对应，从逻辑上讲，它是器物与制度的再发展，从内涵上讲，它主要指器物、制度背后的思想、理念及价值选择。在本书中，文化更多地与司法和法律相连使用，指法律及司法领域的文化，具体讲，指立法或司法的基本理念与价值取向。文中的司法传统以及传统土壤，则指的是古代社会的司法文化，也主要是从观念与价值取向上来讲的。

---

① 姚建龙教授在其《少年刑法与刑法变革》一书中，曾有“少年之辩”专节，对各个概念的不同进行了详尽考证与分辨，详见姚建龙：《少年刑法与刑法变革》，中国人民公安大学出版社 2005 年版，第 27—36 页。

第一章　少年司法的中国传统
——幼小犯罪赦宥制度

少年司法作为一项近现代性的司法制度，虽然诞生于西方，但中国作为一个历史悠久的文明古国，在其古代法律文化中，向有对犯罪幼小矜恤之传统，并形成了历史悠久的幼小犯罪赦宥制度。鉴于中外学界对少年司法制度近现代性的普遍共识，以及该制度“与生俱来”的诸多特征与古代司法具有较大的差异，我们不便将古代中国的幼小犯罪赦宥制度称之为古代中国少年司法制度，更不能以西学中源的思维，为了古国颜面而硬说少年司法制度起源于中国。[①] 但毋庸置疑的是，在少年司法制度诞生之前，在古代中国历史上，早就存在着对幼小犯罪的特别司法处置，并形成了历史悠久的制度与文化传统。虽然中国古代的幼小犯罪制度与近现代的少年司法制度是“两股道上跑的车”，产生

① 当然，如果用最为广义的少年司法制度来定义，所有以少年为对象的司法都可称为少年司法，那么古代中国的幼小犯罪赦宥制度也可称为古代中国的少年司法制度。不过，在最为广义的语境下，少年司法已经变成一个丧失基本个性与特定内涵的词汇，专门研究的价值已经大大降低。故本书采用学界通识，对少年司法是在特别界定的情况下使用的。详见绪论部分。

于美国的少年司法与中国的幼小犯罪赦宥制度不具有直接的历史承袭性，但如果说，古代中国的幼小犯罪赦宥制度与少年司法制度具有历史的对应性，这应当是客观的，也是符合基本的历史意识要求的。如果进一步将话题的语境限定在中国，则可以说，中国的少年司法萌生与幼小犯罪赦宥制度具有文化上的历史连续性与承袭性——中国少年司法制度脱胎于幼小犯罪赦宥制度，而幼小犯罪赦宥制度代表着中国少年司法的历史传统。正是基于上述认识，探究中国少年司法的传统土壤，就要研究中国古代的幼小犯罪赦宥制度。

概括说来，中国古代的幼小犯罪赦宥制度主要包括“赦”与“宥”两个方面的内容：一是“虽有罪不加刑”的赦免制度，划定最低入罪的年龄，对低于这一年龄的犯罪幼小予以赦免，不予追究；或对一定年龄段内的幼小所犯的轻罪予以赦免，不予追究。二是“减等、收赎”的矜宥制度，确定幼小用刑的矜宥原则，同样罪行幼小相比成人可以减等处罚，并可收赎抵刑。除以上两个方面内容外，还有幼小“不合拷讯”、“不得为证”等相关规定，以体现对幼小之矜恤。据史料记载，幼小犯罪赦宥制度滥觞于西周，发展于秦汉，成熟于唐宋，绵延至明清，虽历时三千年，其基本内容却未发生根本性改变，体现了中华法系“辗转相承，绵延不绝”[①] 的特点，成为古代中国关于幼小犯罪法律文化的主要表征。

---

① 张晋藩：《中国法律的传统与近代转型》，法律出版社2009年版，前言第1页。

第一节　幼小犯罪赦宥制度之历史源流

一、秦代之前的典籍与史料记载

古代中国关于幼小犯罪的规定，先秦典籍中较为完备的相关记载主要有二：一是《礼记》。根据《礼记》之记载，古代中国依据年龄把人生划分为不同的阶段，不同年龄阶段的人不仅有着不同的称谓，还承担着不同的任务，遵循着不同的礼。“人生十年曰幼，学。二十曰弱，冠。三十曰壮，有室。四十曰强，而仕。五十曰艾，服官政。六十曰耆，指使。七十曰老，而传。八十九十曰耄。七年曰悼。悼与耄，虽有罪，不加刑焉。百年曰期，颐。”[①] 这对人生百年的划分与称谓，出于礼“辨等列，顺少长”的需要，是懂礼、循礼之人应当遵照执行的，也是其后几千年来中国人称呼和判别不同年龄人的基准。根据这一基准，“幼弱”之年相当于今天的青少年阶段，而“悼”则指七岁以下的低幼儿童。而“悼与耄，虽有罪，不加刑焉”之规定，等于从礼的角度圈定了可以免受法律追究的两个群体——耄与悼，划定了两个不加刑的年龄线，相当于今天所讲的刑事责任年龄。二是《周礼》。“凡年七十以上及未龀者，并不为奴。”[②] 未龀者，指没有换牙的孩子，一般在七岁左右。这里表达的也是矜老恤幼之礼。“司刺掌三刺、三宥、三赦之法，以赞司寇听狱讼。壹刺曰讯群臣，再刺曰讯群吏，三刺曰讯万民。壹宥曰不识，再宥曰

---

① 《礼记·曲礼上》。
② 《周礼·秋官·司历》。

过失，三宥曰遗忘。壹赦曰幼弱，再赦曰老旄，三赦曰蠢愚。以此三法者求民情，断民中，而施上服、下服之罪，然后刑杀。"① 在这里，"三赦"、"三宥" 作为司刺赞司寇听狱讼的 "法"，实则是今天所讲的一种法律制度，系幼小犯罪赦宥制度的渊源。后续的中国法律史表明，《礼记》、《周礼》关于幼弱及赦宥制度的规定，实为其后各朝关于老小犯罪政策的基本依据。

秦代法典未能传世，然从史料可知，"至于秦始皇，兼吞战国，遂毁先王之法，灭礼谊之官，专任刑罚。"② 秦代法律呈现严密而残酷的特征，以至于 "赭衣塞路，囹圄成市"③。在如此严酷的法律环境下，体现矜恤精神的幼小犯罪赦宥制度是否有容身之地呢？考古学相关发现与研究证明，历史的延续有着我们难以想象的力量。秦代如此严酷的法律环境，并未造成幼小犯罪赦宥制度罚的消失或中断，只不过秦代舍弃了《礼记》中的年龄标准，另行创设了一种以身高为标准的幼小识别法，并对相应的幼小予以赦宥。《睡虎地秦墓竹简》中《仓律》规定："隶臣、城旦高不盈六尺五寸，隶妾、舂高不盈六尺二寸，皆为小。"④ 这里，隶臣指男子，隶妾指女子。依据秦律，男子和女子分别以六尺五寸、六尺二寸身高为标准，不满这一身高的即为 "小"。

---

① 《周礼·秋官·司刺》。

② 高潮、马建石主编：《中国历代刑法志注译》之《汉书·刑法志》，吉林人民出版社 1994 年版，第 25 页。

③ 高潮、马建石主编：《中国历代刑法志注译》之《汉书·刑法志》，吉林人民出版社 1994 年版，第 25 页。

④ 睡虎地秦墓竹简整理小组：《睡虎地秦墓竹简》，文物出版社 1990 年版，第 52 页。

秦简《法律答问》载："甲小未盈六尺，有马一匹自牧之，今马为人败，食人稼一石，问当论不当？不当论其偿稼。"[①]"甲谋遣乙盗杀人，受分十钱，问乙高未盈六尺，甲可（何）论？当磔"。[②]"甲盗牛，盗牛时高六尺，系一岁复丈，高六尺七寸，问甲何论？当完城旦。"[③] 以上三个案例至少从三个方面反映了秦代关于幼小犯罪制度的基本面貌：一是秦朝对身高不满六尺的犯罪幼小不追究责任，这本身证明了赦宥制度的存在；二是犯罪幼小的赦免标准与认定为"小"的标准不同，是在"小"的基础上更为严格的标准，是"小"的范围内更小的一个群体，这与礼记中"十年曰幼，七年曰悼，悼虽有罪不加刑"的逻辑基本一致；三是秦朝幼小的身高标准是以实施犯罪行为时为准，这一点显然是对幼小有利的规定，体现着对幼小矜恤的理念。秦代以犯罪时为准认定"小"的做法，为秦后各朝乃至当今所沿用，体现了一种非常先进的幼小犯罪法律文化。

二、汉代之后的律例承袭与流变

汉代吸取秦朝教训，法律力求宽简。其关于犯罪幼小的规定，则直接将《周礼》中的三宥、三赦制度作为论证依据并努力实践。据《汉书·刑法志》记载，"《周官》有五听、八议、

---

① 睡虎地秦墓竹简整理小组：《睡虎地秦墓竹简》，文物出版社 1990 年版，第 65 页。

② 睡虎地秦墓竹简整理小组：《睡虎地秦墓竹简》，文物出版社 1990 年版，第 109 页。

③ 睡虎地秦墓竹简整理小组：《睡虎地秦墓竹简》，文物出版社 1990 年版，第 95 页。

三刺、三宥、三赦之法。……（后元）三年（景帝）复下诏曰：‘高年老长，人所尊敬也；鳏寡不属逮者，人所哀怜也。其著令：年八十以上，八岁以下，及孕者未乳，师、朱儒当鞠系者，颂系之’。……至成帝鸿嘉元年，定令：‘年未满七岁，贼斗杀人或犯殊死者，上请廷尉以闻，得减死。’合于三赦细弱老旄之人。此皆法令稍定，近古而便民者也。”① 其对三赦制度的引用及对所颁诏令“近古而便民”的评价，充分表露汉代关于犯罪幼小立法的价值取向。上述史志表明，汉代对于犯罪幼小，承袭了《周礼》与《礼记》的法律思想，恢复了以年龄判定幼小的标准，七岁以下孩童如果犯了故意杀人罪、斗殴杀人罪或应处斩首之刑的罪，虽不能完全赦免“不加刑”，但可以通过上报廷尉，然后奏明皇帝，得以减免死刑。不满八岁经审讯应当关押入狱的，在狱中免去身上的刑具，以体现矜恤。实际上，汉代关于犯罪幼小之规定一直随着时代不停变动，其内容也远不止刑法志所载。张家山汉墓出土的竹简，让我们看到了其他更丰富的内容。“吏、民有罪当笞，谒罚金一两以当笞者，许之。有罪年不盈十岁，除；其杀人，完为城旦舂。”② 这一出自具律的规定表明，官吏、平民有罪应当笞的，缴纳罚金一两抵挡笞刑的，应当允许。有罪的人年纪不满十岁，免除其刑罚。但不满十岁的人杀人的，则处以完城旦舂的刑罚。这里，十岁成为赦免轻罪的年龄

---

① 高潮、马建石主编：《中国历代刑法志注译》之《汉书·刑法志》，吉林人民出版社 1994 年版，第 39 页。

② 张家山 247 号墓竹简整理小组：《张家山汉墓竹简》（释文修订本），文物出版社 2006 年版，第 21 页。

线，相当于今天我们所讲的相对刑事责任年龄。“公士、公士妻及□□行年七十以上，若年不盈十七岁，有罪当刑者，皆完之。”[①] 意思是说，爵位是公士或公士之妻的，以及行年七十以上，或者年龄不满十七的，犯罪应当施加肉刑的，都不施以肉刑。这一规定体现的，是矜恤精神下对处于幼弱年龄之间未成年人的特殊关照。

正如瞿同祖先生所指出的，汉代至清代两千余年间的法律，并没有重大的变化，是可以作为一个整体来研究分析的。[②] 关于犯罪幼小相关法律制度，也是如此。汉代以后直到清代各朝关于犯罪幼小的赦宥制度，虽然具体规定各有差异，但都可以称为“烦琐的差异”，而其法律的基本精神与主要特征，则均没有超出《周礼》与《礼记》的框架之外。比如，晋代法律“轻过误老少女人，当罚金杖罚者皆令半之”[③]，体现的是对轻罪犯罪幼小的一种减等处罚；“十岁，不得告言人”[④] 是晋律对幼小行为能力的限制。魏律“大逆不道腰斩，诛其同籍，年十四以下腐刑”，“年十四已下，降刑之半，八十及九岁，非杀人不坐”[⑤]，

---

① 张家山 247 号墓竹简整理小组：《张家山汉墓竹简》（释文修订本），文物出版社 2006 年版，第 20 页。

② 瞿同祖：《中国法律与中国社会》，中华书局 2003 年版，导论第 2 页。

③ 高潮、马建石主编：《中国历代刑法志注译》之《晋书·刑法志》，吉林人民出版社 1994 年版，第 88 页。

④ 高潮、马建石主编：《中国历代刑法志注译》之《晋书·刑法志》，吉林人民出版社 1994 年版，第 98 页。

⑤ 高潮、马建石主编：《中国历代刑法志注译》之《魏书·刑法志》，吉林人民出版社 1994 年版，第 148 页。

以及“八十已上，八岁以下，杀伤论坐者上请”[①] 等规定；隋律“老小于律令得鞭杖罚者，皆半之。其应得法鞭、杖者，以熟靼鞭、小杖。过五十者，稍行之”[②]，“耐罪囚人八十已上，十岁以下，及孕者、盲者、侏儒当械系者，……并颂系之”[③]，以及“罪应质作，若年有老小者，可停将送”[④] 等规定，都与汉律大同小异，体现的都是“重罪宥减，轻罪赦免，行刑宽缓”的法律思想，所不同的只是具体年岁上的差异，以及体现矜恤手段上的差别。不过有一点需要注意的变化是，隋律对于因谋反等罪特别严酷，展现出一种杀无赦的思想。“其谋反、降叛、大逆以上皆斩。父子同产男，无少长，皆弃市。”这一规定无疑排除了幼小犯罪赦宥制度在此类犯罪中的适用，对缘坐幼小既无赦免亦无宥减，与魏律中对十四岁以下缘坐者处以“腐刑”相比，在严酷的方向上走得更远。需要说明的是，隋律在维护皇权、父权与矜老恤幼传统发生冲突时，坚定选择皇权、父权而放弃幼小的做法，对中国后续的幼小犯罪法律文化传统产生了深远影响。隋律规定背后的理念与法律思想，留待后面将进行专门的分析。

唐律作为中华法系走向成熟的代表，在中国法律发展史上具有承前启后的特殊地位。幼小犯罪赦宥制度，也经唐律走向系统

---

① 高潮、马建石主编：《中国历代刑法志注译》之《魏书·刑法志》，吉林人民出版社 1994 年版，第 172 页。

② 高潮、马建石主编：《中国历代刑法志注译》之《隋书·刑法志》，吉林人民出版社 1994 年版，第 197 页。

③ 高潮、马建石主编：《中国历代刑法志注译》之《隋书·刑法志》，吉林人民出版社 1994 年版，第 198 页。

④ 高潮、马建石主编：《中国历代刑法志注译》之《隋书·刑法志》，吉林人民出版社 1994 年版，第 201 页。

和规范。其主要内容集中规定在名例律的“老小及疾有犯”与“犯时未成疾”两条，包括：“诸年七十以上、十五以下及废疾，犯流罪以下，收赎；八十以上十岁以下及笃疾，犯反、逆、杀人应死者，上请；盗及伤人者，亦收赎；余皆勿论。九十以上，七岁以下，虽有死罪不加刑；即有人教令，坐其教令者；若有赃应备，受赃者备之。犯罪时幼小，事发时长大，依幼小论。”① 此外，在断狱律“议请减老小疾不合拷讯”条中规定，“诸应议、请、减，若年七十以上，十五以下及废疾者，并不合拷讯，皆据众证定罪，违者以故失论。若证不足，告者不反坐。其于律得相容隐，即年八十以上，十岁以下及若笃疾，皆不得令其为证，违者罪人罪三等。”② 上述内容可以看出，唐律关于犯罪幼小的规定，已经非常精密，形成了一个较为完整的制度体系。该制度的核心内容部分，是以年龄为主线，附以罪行为条件，清晰地界定了幼小犯罪赦宥制度的范围、条件与标准。七岁、十岁、十五岁三条年龄线，首先将幼小的范围划定在十五岁以下，其次将幼小进一步细化切分为三个群体，每个群体视罪行不同分别予以不同的政策：七岁以下者予以赦免，虽有死罪不加刑，相当于今天所讲的完全不负刑事责任的群体；七岁至十岁者，轻罪赦免，重罪宥减，但对重罪的宥减是弹性条款，附设以上请的程序条件，具体是否减等，需要经程序上请皇帝裁定；十岁至十五岁者适度宥减，只对流罪以下罪行收赎。上述规定范围明确，层次清晰，依年龄大小与罪行轻重设计了赦宥的梯次性，年龄越小，赦宥幅度

---

① 刘俊文点校：《唐律疏义》，法律出版社 1999 年版，第 89—94 页。

② 刘俊文点校：《唐律疏义》，法律出版社 1999 年版，第 590 页。

越大；罪行越轻，赦宥幅度越大，既体现了矜恤幼小的法律思想，展示出唐律对“礼”融入与贯彻，又体现了依法赦宥、区别对待的“法”的理性，展示出唐律立法的科学性和高超水平。

除上述核心内容外，还需要注意另外三条补充性规定：一是明确了判定幼小以犯罪时为准，“犯罪时幼小，事发时长大，依幼小论。”这解决了因犯罪与事发存在时间间隔的情况下，判定幼小可能存在的分歧问题，使幼小犯罪赦宥制度的适用范围更加明确；二是规定所有十五岁以下的幼小“不合考讯，皆据众证定罪”，以及“于律得相容隐者若十岁以下不得为证”，使矜恤幼小的法律精神，在审讯等其他诉讼环节中得以贯彻，从而与赦宥制度有效配合，形成对幼小的全面司法保护；三是规定严厉惩处教唆幼小犯罪，“即有人教令，坐其教令者；若有赃应备，受赃者备之”，防止他人对幼小犯罪赦宥制度的恶意利用。上述三条，可谓从里里外外对幼小犯罪赦宥制度设置了“防火墙”，以保证该制度能够得到正确的理解与执行。即使在今天看来，唐律之立法用意不可谓不深远，其立法技术不可谓不高超，实在不能不令人叹服。

唐代卓越的立法成就，影响深远。以至于其后宋元明清各朝，莫不承袭唐律，犯罪幼小的赦宥制度再未有重大创新和根本性改变。且不说紧随唐律的宋刑统基本原文照录唐律关于幼小犯罪赦宥制度的规定①，即使是末代王朝的大清律例，其与唐律相比，也可判定系属删改个别字句的抄袭。唯有值得注意的变化

---

① 薛梅卿点校：《宋刑统》，法律出版社1999年版，第64—68页。

是，清代在十岁以下犯死罪应死者上请的罪名中，删除了唐律中规定的反、逆二罪，只剩下杀人罪①，也就是说，在清代，十岁以下幼小犯反、逆二罪应死者，不在上请之列，曹司可直接判处死刑。这说明，清代与唐代相比，在立法上进一步缩减了可以对幼小宥减的罪名，若从刑法逐步从严酷走向宽缓的历史发展趋势来说，这无疑是一种历史的倒退。清律的这种历史退步不独在幼小犯罪赦宥制度上有所体现，其他如恢复凌迟、戮尸等酷刑更是为后人所指，是清代法律一个令人遗憾的特点。

然而，如果从历史的发展过程作一客观的评价，这种倒退的责任还不能完全加在清朝头上，因为对幼小赦宥罪名的缩减以及凌迟等酷刑的恢复，从明朝已经开始，清朝只不过是承袭明律而已。据《大明律》规定，“凡年七十以上、十五以下及废疾，犯流罪以下，收赎。若造畜蛊毒、採生拆割人、杀一家三人，家口会赦犹流者，不用此律。八十以上十岁以下及笃疾，犯杀人应死者，议拟奏闻，取自上裁。”② 可见，大明律对十岁以下犯罪幼小应死者得以上请的罪名中，已经删去反、逆二罪，以示对十恶之罪的严惩，虽老幼亦均不予赦宥的机会。再看唐律，其以《周礼》为据，对包括反逆在内的幼小死罪报请上裁立法本意进行了说明：“周礼‘三赦’之法：一曰幼弱，二曰老耄，三曰戆愚。今十岁合于‘幼弱’，八十是为‘老耄’，笃疾‘戆愚’之类，并合‘三赦’之法。有不可赦者，年虽老小，情状虽原，

① 田涛、郑秦点校：《大清律例》，法律出版社 1999 年版，第 106—108 页。
② 怀效锋点校：《大明律》，法律出版社 1999 年版，第 11 页。

故反、逆及杀人，准律应合死者，曹司不断，依上请之式，奏听敕裁。”[①] 显然，唐律虽知反逆之罪重，但立法最终以周礼为依循，给了老小应死者一个上请的机会，而到了明朝，立法主旨的天平已明显倾斜于遏制反、逆，此类犯罪者不论老幼一律处死已是定论，不再需要报请上裁了。

若细究其历史流变，明朝对十五岁以下幼小收赎罪名的限制，要分为两个部分来看：一是家口“会赦犹流”的情形，实则沿袭唐律，不是明朝才有的变化。只不过唐律对此规定未在正条中明示，而是以“注”的方式出现并以“疏”议来解释的。查唐律本条注：“犯加役流、反逆缘坐流、会赦犹流者，不用此律；至配所，免居作。”[②] “疏”议曰：“加役流者，本是死刑，元无赎例，故不许赎。反逆缘坐流者，逆人至亲，义同休戚，处以缘坐，重累其心，此虽老疾，亦不许赎。会赦犹流者，为害深重，虽会大恩，犹从流配。此三等流，特重常法，故统不许收赎。至配所免居作者，矜其老小，不堪役身，故免居作。”[③] 也就是说，唐律对于十五岁以下的幼小所犯流罪，本来就不是全部准予收赎的，大明律只是承袭这一规定并将这列为正条而已。二是关于“造畜蛊毒、採生拆割人、杀一家三人”三个罪名，均属于十恶之中的“不道”，其中採生拆割人系从明朝创立，为唐宋律所无。唐宋对幼小犯上述三罪应流者，准许收赎，而明代起开始对这三类罪名限制，排除在准许收赎之外，算是自明朝才有

---

① 刘俊文点校：《唐律疏义》，法律出版社 1999 年版，第 90 页。
② 刘俊文点校：《唐律疏义》，法律出版社 1999 年版，第 89 页。
③ 刘俊文点校：《唐律疏义》，法律出版社 1999 年版，第 89 页。

的一个变化。到了清代，则在此基础上更进一步，将“犯谋反、叛逆缘坐应流”亦加入不准收赎之列[①]，使对十五岁以下幼小收赎的罪名范围进一步限制，只不过这些限制都以“注释难明之意，解达未足之语气”[②] 的律内小字形式出现，未列入律条正文罢了。

另一个需要注意的变化是元朝。元朝虽为蒙古人统治，其刑法尤其是对犯罪幼小方面，却表现比其他朝代少有的宽容。比如：“诸十五以下小儿，过失杀人者，免罪，徵烧埋银。诸十五以下小儿，因争毁伤人致死者，听赎，徵烧埋银给苦主。诸幼小自相作戏，误伤致死者，不坐。诸戏伤人命，自愿休和者听。诸两人作戏争物，一人放手，一人失势跌死，放者不坐。”[③] 这种对过失致人死亡、戏争致人死亡的命案，刑事上作无罪处理但承担民事赔偿责任的规定，是其他朝代律例所不见的。[④] 并且，因戏伤人命的案件，准许当事人私下和解，这在今天看来仍属于较为先进的理念。但元代作为异族统治，其刑法并未得到明朝认可，认为“元制，取所行一时之例为条格而已”[⑤]，明太祖采纳丞相李善长等人建议，直接因袭唐律。所以，元代关于幼小犯罪

---

① 田涛、郑秦点校：《大清律例》，法律出版社 1999 年版，第 106 页。

② 田涛、郑秦点校：《大清律例》，法律出版社 1999 年版，第 27 页。

③ 高潮、马建石主编：《中国历代刑法志注译》之《元史·刑法志》，吉林人民出版社 1994 年版，第 747 页。

④ 唐、宋律均将戏杀、过失杀分二条规定，戏杀减等处理，过失杀收赎；明、清律均将戏杀、误杀、过失杀伤人列为一条，对戏杀、误杀均以斗杀、伤论，过失杀准斗杀、伤罪，依律收赎。

⑤ 高潮、马建石主编：《中国历代刑法志注译》之《明史·刑法志》，吉林人民出版社 1994 年版，第 843 页。

之变化虽然可喜，顺应了逐渐宽缓的历史潮流，但因其统治时间较短，且未被后朝所承袭，其历史影响也就极其有限了。

总之，从历史的整体发展脉络看，从唐至清关于幼小犯罪赦宥制度并未发生重大变化，在各朝的个别调整都可算是“烦琐的差异”。由此可以说，幼小犯罪赦宥制度萌生于西周，在唐朝成型并达到古代中国的顶峰，宋朝完全承袭唐制基本无变化，而明清则在承袭唐宋的基础上有所退缩。至此，我们从立法层面上粗略看到了古代中国幼小犯罪赦宥制度的概貌，大致掌握了其自周至清三千年间的基本源流。

第二节　幼小犯罪赦宥制度之实践样态

“研究法律自离不开条文的分析，这是研究的根据。但仅仅研究条文是不够的，我们也应注意法律的实效问题。条文的规定是一回事，法律的实施又是一回事。某一法律不一定能执行，成为具文。社会现实与法律条文之间，往往存在着一定的差距。如果只注重条文，而不注意实施情况，只能说是条文的、形式的、表面的研究，而不是活动的、功能的研究。我们应该知道法律在社会上的实况，是否有效，推行的程度如何，对人民的生活有什么影响，等等。”① 从上述意义来说，来自司法实践的判决才是鲜活的法律，反映着法律与社会生活的真实样态。所以，在了解幼小犯罪赦宥制度的条文之后，接下来就要关注其司法实践。

---

① 瞿同祖：《中国法律与中国社会》，中华书局 2003 年版，导论第 2 页。

古代中国的判词类的书籍中，学界公认的最系统、最全面的编纂书目是清代的《刑案汇览》、《驳案汇编》、《刑部比照加减成案》。对此，何勤华教授评价道："有清一代，说得更宽泛一点，在整个中国古代，大部头多卷本的判案汇编共有三种，一是《刑案汇览》，二是《刑部比照加减成案》；三《驳案汇编》。"① 所以，这里即以这三部判案汇编为基础史料。需要说明的是，虽然其只是清代的判案，但因从汉至清的法律制度并没有发生根本性重大变化，清代幼小犯罪赦宥制度也上承《周礼》，下袭《唐律》，所以，读清代判案，即可略知古代中国犯罪幼小司法之一斑了。当然，为了论证更加周延，史料更加翔实，本文在上述三种核心的史料外，还注重了其他判例类史料的运用，包括《名公书判清明集》，以及当代学者陈重业辑注的《古代判词三百篇》等。需要特别指出的是，在作者所查阅的古代关于幼小犯罪的判案中，虽不乏犯罪幼小被依法赦宥的案件，但其在可查阅的犯罪幼小案件中数量只占极少数，大部分案件的表现与法条规定相去甚远，再次印证了在法条之外研究判例的必要性，因此，这部分与法条规定冲突的案例是本文研究的重点。而是与法条相一致的判决因其系依法办理，且系极少数，不能反映司法判案的总体状况，故在本文中不再引用说明。

一、七岁以下幼小并非当然赦宥

从《礼记》"悼与耄，虽有罪，不加刑焉"之记载，到大清

① （清）全士潮、张道源等纂辑：《驳案汇编》，何勤华、张伯元、陈重业点校，法律出版社 2009 年版，出版说明。

律“七岁以下，虽有死罪不加刑”之规定，幼小犯罪赦宥制度中，对七岁以下低幼儿犯罪进行赦免，是三千年来一直所坚持的。按照“入罪举重以明轻”的基本逻辑，“虽有死罪不加刑”，意味着包括死罪在内的所有罪行都可以得到赦免。因为死罪已是至重之罪，死罪可以赦免，其他比其更轻的罪当然亦在赦免之列。若用今天的话来讲，七岁是古代刑法规定的最低刑事责任年龄，不满七岁者，无论其行为造成何种后果，无论其涉嫌何种罪名，一律不应追究刑事责任。该条规定列于名例律篇，相当于现代刑法的总则，其效力应当及于各分则篇目。然而从查阅的古代司法判案看，实践与法条之间还有不小的差距。

（一）七岁以下致毙人命仍应照例声请

判案：六岁致毙九岁题请免罪①

黑龙江将军咨：年甫六岁之哈尔呢都用刀戳伤九岁之玛勒塔玛勒身死一案。查律载：七岁以下虽有死罪不加刑。又例载：七岁以下致毙人命之案，准其依律声请免罪各等语。今哈尔呢都与玛勒塔玛勒顽耍起衅，将玛勒塔玛勒刃戳殒命。是该犯年止六岁，与七岁以下虽有死罪不加刑之律相符。该司将该犯依律免罪，恭候钦定，系属照例办理，应请照办。

---

① （清）祝庆祺、鲍书芸、潘文舫、何维楷编：《刑案汇览三编》，北京古籍出版社 2004 年版，第 118—119 页。

这是清嘉庆十七年奉天司说帖。此案至少说明了三个问题：一是从程序上讲，七岁以下幼小犯有致人毙命之案，并不能直接依照律文免予刑事追诉，而要应依律声请免罪，恭候钦定。二是声请免罪是处置七岁以下幼小致毙人命案的法定程序，而不仅仅是本案的个别处理方式。本案所引之例说明，清代对七岁以下幼小致毙人命案专门设“例”，是所有此类案件都应当遵循的，本案即属于“照例办理”。三是从实体处理结果上讲，声请免罪并不等于当然被赦免。本案并未载明钦定之结果，但从刑部奉天司的行文来看，其审核意见是“应请照办”，这种情况下皇帝一般会予以恩准，然而这仅仅是推测。客观地讲，存在法定声请免罪程序的情况下，涉案幼小在钦定免罪之前，其命运处于一种生死未决状态。因为从法律的基本逻辑来分析，既然是每案都要声请，并且作为定例，那么理论上就不能排除部分案件不予照准之情形。一方面，如果所有声请都能够一律获准，那么设立专门条例提出声请之要求就没有太多现实必要；另一方面，个案突破律例进行法外处置，在皇帝言出即法的环境下实属正常现象。此外，在声请免罪的过程中，涉案幼小是要被囚禁的，虽然其系“散禁”①，但获得圣裁前是不得自由的。总之，声请免罪程序的存在，既使法定的“不加刑”变得不确定，又使涉案幼小增加了程序之累。这实际上瓦解了“七岁以下虽有死罪不加刑”的适用效力，使之成为一个失去刚性、随时可能被突破的法条。

---

① 依“囚应禁而不禁”条内小字之解释，“老幼废疾，散禁”。参见田涛、郑秦点校：《大清律例》，法律出版社 1999 年版，第 559 页。

（二）七岁以下缘坐反逆不得赦免

七岁以下幼小因本人致毙人命需要声请免罪，但如果其本人没有犯罪行为，仅仅系因缘坐致罪，此种情况下可否得到赦免？查大清律例，“谋反大逆”律文规定：“凡谋反及大逆，但共谋者，不分首从，皆凌迟处死。祖父、父、子、孙、兄弟，及同居之人，不分异性；及伯叔父、兄弟之子，不限籍之异同，（男）年十六岁以上，不论笃疾、废疾，皆斩。其（男）十五以下，及母、女、妻妾、姊妹，若子之妻妾，给付功臣之家为奴。”① 仅从本条规定看，谋反大逆罪中，正犯之子、孙与兄弟之子，十五岁以下者，无一例外均应被追坐，给付功臣之家为奴。这一“分则”条文是否受“七岁以下虽死罪不加刑”之调整而将七岁以下者赦免？两个相关判案给了我们否定的回答。

判案一：逆犯七岁幼子俟十一岁阉割②

军机大臣奏：赵满仔系赵金陇幼子，年甫七岁，例应交值年旗酌给大臣为奴。惟伊父赵金陇罪大恶极，未便仍留孽种，赵满仔应在刑部牢固监禁，俟年届十一岁时送内务府阉割，另行奏请办理。

---

① 田涛、郑秦点校：《大清律例》，法律出版社 1999 年版，第 365 页。

② （清）祝庆祺、鲍书芸、潘文舫、何维楷编：《刑案汇览三编》，北京古籍出版社 2004 年版，第 436 页。

此案系清道光十二年邸抄。案中赵满仔年甫七岁，因其父谋逆而缘坐。此案中有两点信息需要注意：一是赵满仔“例应交值年旗酌给大臣为奴”，这说明，对因谋逆而缘坐致罪的七岁以下幼小处置是有例可循的，且依例处置的结果是“给大臣为奴”，这与律文规定的“给付功臣之家为奴”相符。这一律例相符的处置结果说明，因缘坐致罪的七岁以下幼小并不受“七岁以下虽有死罪不加刑”的保护而予赦免，换句话说，“七岁以下虽有死罪不加刑”在反、逆案中并不适用。二是“赵满仔应在刑部牢固监禁，俟年届十一岁时送内务府阉割”。这一处置非常令人惊愕。首先，这种处置非常残忍，将如此残忍的肉刑用于无辜缘坐的幼小，更加显出其残酷。其次，这种残酷完全是一种破例之举，是一种法外用刑，是司法对立法的僭越。赵满仔依律依例均应为奴，但却要先被牢固监禁，待十一岁时再行阉割。而这样做的原因是其父“罪大恶极”，这样做的目的就是不为其父“仍留孽种”。显然，这是一种斩草除根式的司法处置。需要注意的是，提出这一处置方案的是军机大臣，是处于国家权力中枢的朝廷要员。以其地位提出此等处置缘坐幼小之方案，可想见当朝对缘坐幼小司法处置的基本态度。在当时司法者眼中，缘坐之幼男并不因其幼小而予矜恤，相反，仅因其与反逆者血脉相连而被视为“孽种”，是有着其父一样反逆血统的“幼苗”，为防其长大之后再有反逆之举，必须在其年幼之时即斩草除根。可见，在处置谋逆案件中，在维护皇权面前，犯罪幼小之赦宥制度何其脆弱，其法可以不遵，其例可以不循。

判案二：逆回缘坐男女分别改拨择配①

陕西司查：逆回案内缘坐幼男，因其年太幼稚，故同母发遣至十三岁，再行改拨，自应俟改拨之时再行刺字。其缘坐妇女例内只准择配，不准释回之遣犯，如配所并无不准释回，遣犯无可择配，此等回妇俱系逆属，本系贷其一死，只可永依伊主服役。至男犯及岁时改拨给主之条，原因其幼小，不得不随母安插。有至长成，不便仍聚集一处，是以必须改拨。若孤身幼男，既非同母安插，及岁时自应毋庸改拨，相应咨覆该都统遵照办理。惟此等逆回案内缘坐男妇，各省俱有恐办理未能画一，应通行各省一体遵照。

本案系清道光十一年说帖，已通行。本案中虽未明确缘坐之幼男年龄，但从“因其年太幼稚”及“不得不随母安插”的表述可知，此幼男被缘坐之时定在七岁以下，应为尚未离怀、生活尚难自理之低幼儿。对于此等完全懵懂无知之幼儿，司法者亦未因其幼小而予以赦宥，相反，为严格执行缘坐之法，先变通让其随母安插，并以极大的耐心等待其长大，待其十三岁之时再行改拨并行刺字。改拨之原因是其与母“不便聚集一处”。且不论十三岁时必须改拨与母分离之残酷，仅其在缘坐之时虽“年太幼稚”而仍不予赦免一条，已足见“七岁以下虽有死罪不加刑”

① （清）祝庆祺、鲍书芸、潘文舫、何维楷编：《刑案汇览三编》，北京古籍出版社 2004 年版，第 436 页。

之效力并非及于此类罪行，它并不是所有七岁以下幼小免罪的“护身符”。需要说明的是，本案作为“各省一体遵照”之通行，虽是个案但不是孤证，其反映的对幼小缘坐的司法处置具有普遍性，能够代表当时对缘坐幼小司法的基本样态。

（三）七岁以下缘坐不道可斩立决

除了反逆罪之外，杀一家三人、采生折割人、造畜蛊毒杀人等不道罪中，均有对正犯亲属缘坐之规定。如杀一家三人有例规定，“凡发遣当差为奴之犯人，若杀死伊管主一家三人，并三人以上者，除正犯凌迟处死外，其知情之子孙，拟斩立决；不知情者，拟斩监候。其子孙年未及岁，并该犯之妻妾俱发宁古塔等处，入披甲之人为奴。如已发宁古塔等处者，转发西安、成都等处，给驻防兵丁为奴。”① 采生折割人、造畜蛊毒杀人律文中均规定，“妻子及同居家口，虽不知情，并流二千里安置。”② 这些关于缘坐之规定，都有可能涉及七岁以下之幼小，使“七岁以下虽死罪不加刑”之规定再开例外之门。

《驳案汇编》中所载发生于山东的“杀一家六命”案，不仅印证了上述推断之确实存在，其对缘坐幼小之处置方式更是超出我们想象，其以超越上述律文规定并以立为新例之方式直接对上述律文进行了修改：“嗣后如杀一家四命以上、致令绝嗣者，凶犯拟以凌迟处死，将凶犯之子无论年岁大小概拟以斩立决，妻女改发伊犁给厄鲁特为奴。若死者尚有子嗣，即将凶犯之子俱拟斩

① 田涛、郑秦点校：《大清律例》，法律出版社 1999 年版，第 428 页。
② 田涛、郑秦点校：《大清律例》，法律出版社 1999 年版，第 429 页。

监候，秋后处决，该犯妻女与死者之家为奴。……死者之家情愿收领者，即赏给为奴；如自揣不能管养、不愿收领者，亦即改发伊犁给厄鲁特为奴。”① 该案于清乾隆四十一年九月二十八日奉旨载入例册，成为嗣后处理类似案件之依据。其中，不管是“凶犯之子无论年岁大小概拟以斩立决”，还是“凶犯之子俱拟斩监候”之规定，所透露的乃是“同态复仇”式的刑事司法理念——如果被害人家绝嗣，被告人家也要绝后。以此理念下，包括幼小在内的每个人都被看作复仇的价码，已经完全物化并抽象为相抵之用的“命”，其年龄大小，年长与年幼，以及个人特征和在案件中责任大小等因素，均不在考虑之内。在复仇式司法理念下，等于宣告了“七岁以下虽有死罪不加刑”在此类案件中没有任何效力，其不但不能赦免七岁以下幼小之罪，就连对其减等免死的机会也不存在了。

二、犯罪时幼小并非获得矜宥之实质条件

依照通常之理解，幼小犯罪赦宥制度显然是相对成人而言的。法律将幼小视为犯罪的特殊群体，予以特殊的处置。同样之犯罪行为，仅因行为人尚属幼小，就能获得相比成人宽宥之司法处置。也就是说，犯罪人幼小系其获得宥减的核心因素。无须其他条件，只要具备犯罪时幼小这一条，就可以成立对其宽宥之充分条件。然而，司法判案显示，司法者对于犯罪幼小主体之特殊性关注的并不够，在论证可否对行为人宽宥处置时，幼小并未被

① （清）全士潮、张道源等纂辑：《驳案汇编》，何勤华、张伯元、陈重业等点校，法律出版社 2009 年版，第 278—281 页。

摆放在重要的位置去思考，更未作为充分条件来使用，甚至在个别案件中，幼小反倒成为从重处罚之理由。

（一）人命至重不宜第因幼稚遽为矜宥

判案：十岁以下幼童殴毙人命拟绞①

据四川总督文绶疏称，缘刘縻子与李子相年俱九岁，素识无嫌。乾隆四十三年四月十日，均在河坝牧羊。李子相扯取自己地内葫豆令李润用火烧食。刘縻子见而向讨，李润给豆一颗。刘縻子复向讨取，李子相不给，出言詈骂。刘縻子回詈，李子相手推刘縻子胸膛。刘縻子用拳回殴李子相左肋，推跌倒地，被石垫伤右腰眼，旋即殒命。报验屡审，供认不讳。究系衅起一时，并无谋故别情，将刘縻子依律拟绞监候，并声明刘縻子年仅九岁，援例奏闻等因具题前来。

应如该督所题，刘縻子合依“斗殴杀人者，不问手足、他物、金刃，并绞监候”律应拟绞监候，秋后处决。再查《名例》内载“十岁以下犯杀人应死者，议拟奏闻，取自上裁”等语，此案刘縻子年仅九岁，因向李子相索食葫豆不给，致相争詈。李子相手推刘縻子胸膛，刘縻子用拳回殴李子相左肋，跌地垫伤腰眼殒命。查与声请之例相符，相应照例奏闻，恭候钦定。倘蒙圣恩准其减等，臣部行文川

① （清）全士潮、张道源等纂辑：《驳案汇编》，何勤华、张伯元、陈重业等点校，法律出版社2009年版，第26—27页。

督将该犯杖一百、流三千里，照律收赎。仍追埋葬银二十两给付尸亲具领等因。乾隆四十四年三月十七日题，十九日奉旨："刑部进呈'殴伤李子相身死之刘縻子拟绞监候，声明年仅九岁，可否减等，请旨'一本，固属照例办理。但所指十岁以下犯杀人应死者或系被杀之人较伊年长，强弱不同，如丁乞三仔之案自可量从未诚。今刘縻子所殴之李子相同系九岁，且刘縻子因索讨葫豆不给，致将李子相殴跌，其理亦曲，若第因其年幼辄行免死，岂为情法之平？况九龄幼童即能殴毙人命，其赋性凶悍可知，尤不宜遽为矜宥。向因戏杀之案，曾谕令刑部将该犯监禁数年，再议减等，以消其桀骜不驯之气。此等幼童自当仿照办理。且拟以绞监候，原不入于'情实'，数年后仍可减等，何必亟于宽贷乎？嗣后遇有十岁以下殴毙之案，如死者长于该犯四岁以上者，仍照例声明双请。若所长止三岁以下，则年齿相若，不得谓死者之恃长欺凌。或齿小者转较性暴力强，亦情事所有，纵不令其实抵而监禁数年，亦不为过。著刑部将此例另行定拟具奏，刘縻子即照新例行。钦此。"抑见我皇上矜慎用刑之中，寓驯暴惩凶之至意。伏查《名例律》载"十岁以下犯杀人应死，议拟奏闻，取自上裁"等语，又雍正十年臣部议复丁乞三仔殴死丁狗仔一案，钦奉旨"以丁乞三仔年仅十四，为已死丁狗仔欺凌，拾土回掷，适伤殒命。丁乞三仔情有可原，从宽减等发落"。钦遵在案，嗣于乾隆十年定例："十五岁以下杀人之犯，声明实与丁乞三仔情罪相等者，方准援照，声请通行。”遵照各在案，臣部向来核议幼童殴死人命之案，年在十岁以下引用名例。若凶犯年在十五以下而被杀之人实有恃强凌弱情节，则援照丁乞三仔成案办理。此案刘縻子年在十岁以下，与名例声请之律相符，是以照拟核复。但人命至重，死者与凶手理有曲直，年齿长幼相去亦递有差等，岂宜第因幼稚，辄行免抵？诚如圣谕，幼童殴毙人命，其赋性悍凶，尤不宜遽为矜宥，自应监禁数年，以消其桀骜不驯之气。臣等遵旨公同酌议，应请“嗣后十岁以下斗殴毙命之案，如死者长于该犯四岁以上，准其依律声明；若所长止三岁以下，一例拟绞监候，不得概行双请。至十五岁以下被长欺侮殴毙人命之案，并请确查死者年岁亦系长于凶犯四岁以上，而又理曲或系无心戏杀者，方准照丁乞三仔之例。恭候钦定”。如此明立条例，庶可戢童年暴戾之气，而不致以姑息滋患矣。恭候命下，臣部载入例册，并通行直省各督抚，一体遵照办理。所有四川省刘縻子殴死李子相一案，即改照奏定之例，将刘縻子依斗殴杀人律，拟绞监候，秋后处决，毋庸声明双请等因。乾隆四十四年三月二十四日奏，奉旨：“依议。钦此。”

本案系清乾隆四十四年定为新例之案，在幼童殴死人命之案中颇具有代表性。尤其是其中关于年幼因素在判案中如何考量之论述，因其来自乾隆皇帝圣旨，代表着当时关于这个问题最权威的司法思想。

本案犯罪人刘縻子与被害人李子相均年九岁，二人同在河坝放羊期间因争食葫豆而争执推打，李子相被打跌倒恰被石头垫伤腰部而死。地方审判后将刘縻子依律拟绞监候，因刘縻子年仅九岁，援例声请。刑部复核后认为符合律例，应予矜宥，并建议减等免死，杖一百、流三千里，照律收赎。然而此意见上奏后被乾隆皇帝否定，“著刑部将此例另行定拟具奏”，并发表了自己对此案的看法。乾隆帝针对地方及刑部减等免死之建议，首先以“若第因其年幼辄行免死，岂为情法之平?”发问，这一问，清晰表达了乾隆帝对仅因年幼即可赦宥的质疑和否定。这一质疑与否定，实为对将幼小作为特殊犯罪群体予以特殊政策的否定，也是对幼小犯罪赦宥制度及其核心精神的质疑与否定。换句话说，在乾隆帝看来，年幼并不能成为矜宥的充分理由，幼小并不当然成为犯罪的特殊群体，仅因年幼就对其特殊宽宥，有违情法之平。其在“情法之平”的概念下，以暗含的“公平”与“人人平等”的理念，否定了特殊犯罪群体的存在，进而也否定了幼小这一犯罪群体的特殊性。其次，乾隆帝以“九龄幼童即能殴毙人命，其赋性凶悍可知，尤不宜遽为矜宥”之言，正面表达了自己对犯罪幼小的看法。这里，乾隆帝在消解了犯罪幼小当然享有的特殊政策，将其放在与成人同样的起点之上后，反过来又以年龄因素推断犯罪幼小的特殊性。在乾隆帝看来，如此年幼即可杀人，成年后又不知为害几何？所以，年幼不仅不能成为宽宥之原因，反而是幼童“赋性凶悍”之明证。对如此“赋性凶悍”之幼童，当然要“戢童年暴戾之气，而不致以姑息滋患”，“纵不令其实抵而监禁数年，亦不为过”。接下来，乾隆帝顺理成章地说出了其对本案的处理意见，刑部领旨后将其“依斗殴杀人律，拟绞监候，秋后处决，毋庸声明双请”，得到了皇帝的批准，并将之拟定为新例。至此，一桩原本奏请对幼小矜宥减等处罚的案件，最后变成了对幼小惩治教训的成例。

在刑部看来，这一案件体现了乾隆帝“矜慎用刑之中，寓驯暴惩凶之至意”，然而在我们今天看来，这一案件实在是对幼小犯罪赦宥制度釜底抽薪之举。因为它直接否定了因年幼获得矜宥的正当性，否定了犯罪幼小群体的特殊性，而这两点，恰恰是幼小犯罪赦宥制度的根基与灵魂。所以，如果我们以此出发进行推论，认为古代中国的幼小犯罪赦宥制度宣示意义和形式意义大于实质意义，这也不能算是过于偏激的结论。

（二）恃长欺凌系宽宥被欺幼小之实质条件

判案：死者殴近戏谑并无逞凶欺侮①

江西抚题陈枚太致伤钟壬新身死一案。查例载：十五岁以下被长欺侮，殴毙人命之案，确查死者年岁长于凶犯四岁以上，而又理曲逞凶，或无心戏杀者，方准援照丁乞三仔之例声请等语。推原例意，十五岁以下殴死年长四岁以上之人，必须死者理曲逞凶，实与丁乞三仔之案相似者，方可援照声请。是以例内指载丁乞三仔之名，以便问刑衙

① （清）祝庆祺、鲍书芸、潘文舫、何维楷编：《刑案汇览三编》，北京古籍出版社 2004 年版，第 113 页。

门得以查照引用。检查雍正十年江西巡抚题丁乞三仔殴死无服族兄丁狗仔一案，奉旨：丁乞三仔年仅十四，与丁狗仔一处挑土，丁狗仔欺伊年幼，令其挑运重筐，又将土块掷打，丁乞三仔拾土回掷，适中丁狗仔小腹殒命。丁乞三仔情有可原，着从宽免死，照例减等发落，仍追埋葬银两给付死者之家。钦此。恭纂为例，历久遵行。此案陈枚太年仅十四，已死钟壬新年已二十一岁，虽长于凶犯四岁以上，惟钟壬新向伊讨食甘蔗不给，事起细微，钟壬新戏打该犯左臂，迹近戏谑，并非欺侮向殴。迨该犯斥骂，钟壬新仅止回詈，亦无逞凶情状，该犯辄用小刀戳伤其额颅殒命，核与丁乞三仔之案轻重悬殊。查历年各省似此情节有误，引丁乞三仔之案声请者，均经本部照例驳改，以归画一。今陈枚太一犯，该省依斗杀律拟绞监候，与例相符，应请照覆。

这是嘉庆十九年说帖，实际包括了两个案件。除了说帖直接讨论评判的陈枚太案之外，还援引了已立为例的丁乞三仔案。这一说帖通过两起案件的解读与对比，十分清楚地说明了十五岁以下幼小殴毙人命案件对幼小赦宥减免处罚的条件。概括地讲，其条件有三个：一是殴毙人命者系十五岁以下之幼小；二是被殴毙者需长于幼小四岁以上；三是被殴毙者存在恃长欺凌、理曲逞凶之情形，或者属于无心戏杀。这三个条件必须全部齐备，殴毙人命者才算“情有可原”，才能“从宽免死，照例减等发落”，否则，只能以命相抵。这已清晰地表明，十五岁以下只是获得宽宥的三个条件之一，仅有此条件显然不能减等免死。而结合上段所引的“刘縻子殴毙李子相”案，“十五岁以下”只是声请减等的最基础条件，其还必须加上“死者年长该犯四岁以上”这一条，才能“依律声明”。否则，仅有此条件连声请程序都启动不了，更遑论获得宥减了。从本说帖论述可以看出，三个条件之中，司法者最为看重的条件是死者恃长欺凌，理曲逞凶，这一类似于今天被害人严重过错甚至构成正当防卫之不当侵害的情节，是决定能否宽宥之实质条件。陈枚太案中，陈枚太符合十五岁以下以及死者年长四岁两个条件，且死者钟壬新对引发本案有一定责任，然而，终因其尚未达到理曲逞凶之状态，故对陈枚太之处罚不得减等，仍处绞刑。本案中，陈枚太尚属幼小这一因素在司法者适用刑罚时，基本没有多少考量，其在量刑体系中，尚不能构成法定应当予以宽宥的情节。这对于陈枚太们而言，幼小犯罪赦宥制度只具有形式性和宣告性的意义。需要说明的是，说帖中信息表明，“历年各省似此情节有误，引丁乞三仔之案声请者，均经本部照例驳改”的案件很多，这与《刑案汇览三编》及《驳案汇编》、《刑部比照加减成案》中犯罪幼小案件诸多被驳改而未得宽宥的情况相印证，基本反映了幼小犯罪赦宥制度实施情况的概貌。

（三）奴仆犯尊虽幼小亦情无可悯

判案：卢幅因疯砍伤家长蔡鸣等一案[①]

苏抚题：卢幅因疯砍伤家长蔡鸣等一案，并殴死家长

① （清）许梿、熊莪纂辑：《刑部比照加减成案》，何勤华、沈天水等点校，法律出版社2009年版，第215页。

期亲卑幼蔡喜姐等二命。该抚将卢幅依“婢殴家长期亲至死例”拟斩立决，声明疯狂无知，且年甫十四，情有可原，听候部议。查该犯系奴仆犯尊，殴死二命，又另伤三人，情无可悯。所有声请听候部议之处，应无庸议。

这是清嘉庆二十一年的案件。本案中，卢幅有两个可以赦宥之情节，一是年甫十四，二是疯狂无知。在地方司法者看来，这两个情节使卢幅伤人情有可原，应予宽宥。但在刑部看来，该犯奴仆犯尊，后果严重，情无可悯，苏抚所提两个情节，根本就“应无庸议”。也就是说，在刑部看来，无论是其年幼因素，还是疯狂发作不能自控之因素，在相比奴仆犯尊这一恶劣情节以及殴死二命另伤三人的严重后果来说，都不需要或不值得考虑。需要指出的是，本案是一成案，具有基本等同于例的效力，在律无明文规定之时是可以比照适用的。所以本案反映出的是一种当时可称为主流的司法思想。这一司法思想表明，“犯罪时幼小”尚不足以为赦宥提供支撑，其在整个司法量刑过程中，处于可有可无、非常边缘的地位。司法总体上所看重的是法律所维护的社会关系，其追求的是“以刑去刑”的震慑和“以牙还牙”式的平允。在此司法思想下，幼小犯罪赦宥制度恐怕多半停留在法条规定的层面，其在司法实践中的功效，便大打折扣了。

三、幼小犯罪的连锁反应与加重处罚

幼小犯罪之后，对于家长而言，其心情往往是复杂的。除了着急、心痛之外，还会感到愁闷、痛苦与难堪，这种复杂的忧忿

情感冲击，往往会让家长感到无颜或无法立足于世，从而会以自缢、服毒等方式自尽。对于这些连锁反应，古代法律认为与犯罪幼小有关，家长自尽的后果，也要由幼小承担，并成为对其加重处罚的重要理由。

判案：奸污幼女致犯母服毒改为绞决①

广东司

一起为奸污幼女事。会看得平远县民何长子奸污无服族叔何宗仁十岁养女何大妹，并何长子之母廖氏服毒图赖身死一案。

据广东巡抚钟音疏称，缘何长子年十五岁，何大妹年仅十岁，常相戏谑。乾隆三十二年二月初四日，何长子在松坪山割草，何大妹亦赴山牧牛，抛接石子戏赌胜负，赢者击输者掌心。先系何长子赌输，不允打手，何大妹斥骂，将何长子推倒骑压身上。后复接抛，何大妹赌输，何长子亦令何大妹卧地骑压身上。讵何长子顿起淫心，即称同作夫妻，何大妹应允，何长子随解下何大妹之裤行奸，何大妹疼痛哭喊，何长子畏惧而止。时有何潮康闻声趋视，何长子慌忙奔逸，遗下小帽、竹箕。何潮康将何大妹扶起，询知情由，令其回家。何大妹下体受伤流血，不能行走，何潮康随即下山。适何大妹伯母邱氏赴山种芋，何潮康令

① （清）全士潮、张道源等纂辑：《驳案汇编》，何勤华、张伯元、陈重业等点校，法律出版社2009年版，第524—525页。

其将何大妹背负回家，何潮康将小帽、竹箕并牛只牵回，交付何宗仁，投知保邻高森等，并往告何长子之祖何元庆。查问何长子，不敢回答，当经责打，何子长畏惧，初五日将实情告知伊母廖氏，潜出躲匿。廖氏先后向何元庆、保邻徐宗登等劝处免告，不允。何宗仁赴县呈控，值前署县梁震因公赴省，何宗仁转回。廖氏又向何宗仁赔礼恳求，何宗仁又不肯允。廖氏归告何元庆，欲与何宗仁拼命，经何元庆理阻。讵廖氏顿萌短见，于初六日早潜服毒草，欲赴何宗仁家抵赖。行至前角地方，毒发殒命。何宗仁赴州具控。饬委镇平县代验，讯认前情不讳。将何长子依"强奸十岁以上幼小虽和同强论"律拟绞监候等因具题前来。

查何长子因奸何宗仁十岁幼女何大妹，何宗仁欲行控告，何长子之母廖氏求和不允，服毒身死。是何长子奸淫幼女已干缳首之条，至因此致伊母情急自尽，其灭伦伤化尤属情罪重大。查定例"过失杀父母者，拟绞立决"。今何长子奸淫幼女，系属有心藐法，致伊母服毒戕生，实不可容留人世。应将何长子改为拟斩立决，以重伦常而维风化。该抚疏称"何大妹年幼无知，误听行奸，应请免议，血衣验明发回"等语，均应如该抚所题完结等因。乾隆三十四年四月二十九日题，五月初二日奉旨："何长子只应照'子孙过失杀父母'例科断，著改为绞决。嗣后有案情似此者，均照此问拟，著为令。其有应行分晰定例者，并著该部悉心详议具奏。钦此。"

此案中，何长子犯有奸淫幼女罪，广东巡抚依律拟其绞监候。然而，在刑部看来，其犯罪后母亲服毒自杀之事，“灭伦伤化尤属情罪重大”，是更应当重视的重罪。何长子之母廖氏虽系求和不成而欲身死抵赖何宗仁家，但刑部认为这都是由于何长子的犯罪引发，是其不孝行为导致母亲的死亡，何长子应为伊母之死承担责任，以过失杀父母罪论处。刑部上述司法思想与办案逻辑，有点类似今天的牵连犯理论中对牵连犯罪择一重罪处罚的意味。但实际上，其与今天的牵连犯罪理论根本不合，并有牵强附会之意。在刑部看来，何长子犯罪致母亲自尽，“实不可容留人世”，为“重伦常而维风化”，彰显重罚之态度，仅择一重罪处罚是不够的，还需要在法定刑罚的基础上再次加重用刑，将法定的“绞立决”改拟为“斩立决。”由此可以看出，当时执掌生死大权的刑部，其司法思想中唯以伦常风化为重，至于对犯罪幼小矜宥制度，根本就不在考虑范围之内。好在，本案经奏请乾隆皇帝，最后仍得以坚持依律问拟，按照过失杀父母罪改为绞决。这才算遏制了刑部的“愤怒”与冲动。此案按乾隆圣旨，议为定例：“凡子孙因奸因盗以致祖父母、父母忧忿戕生或畏累自尽者，均照过失杀例治罪；若罪犯应死及谋故杀人事情败露致其祖父母父母自尽者，即照各本犯罪名拟以立决。”①

何长子案既为定例，即可知此类案件在实践中定是多见，代表了幼小犯罪后，家庭的连锁反应与官方的评判态度。对此问题，瞿同祖先生对清代情况有过细致的研究：“子孙罪犯应死及

① （清）全士潮、张道源等纂辑：《驳案汇编》，何勤华、张伯元、陈重业等点校，法律出版社 2009 年版，第 525 页。

谋故杀人，事情败露，祖父母、父母自尽即照各本犯罪名拟斩立决。子孙犯奸盗则分别祖父母、父母是否事先纵容或教令子孙为非。如祖父母、父母并非纵容，犯案后自尽或被人殴死及谋故杀害者，犯案子孙均拟绞立决。如祖父母、父母纵容袒护，后经发觉，畏罪自尽者，子孙发云、贵、两广极边烟瘴充军。如祖父母、父母因此被人殴死或谋故杀害者，则拟绞候。若子孙犯盗出于祖父母、父母教令，发现后，祖父母、父母畏罪自尽者，则子孙处罚轻，止杖一百徒三年，如祖父母、父母因此被人殴死或谋故杀害者，则杖一百流三千里。"① 由此可见，卑幼犯罪无论对于家长还是对于国家，其评价处于否定与排斥状态，缺乏基本的理解成分。尤其是官方反应，将后续连锁反应的后果都计在幼小头上并让其承担责任，实将幼小犯罪定义为不孝之举，使之于国于家均不能容。在此社会背景下，幼小犯罪赦宥制度的空间显然是十分有限的。

四、准予收赎难以惠及所有犯罪幼小

对犯罪幼小之赦宥制度中，准予收赎是体现赦宥的重要手段，这从《唐律》至《大清律例》的规定即可看出，且从大明律起，直接将该制度规定在"老小废疾收赎"条下。同时，为体现矜老恤幼之精神，在笞、杖、徒、流、死五刑相对赎银的折算数额上，老幼收赎的赎银数额也较其他人低很多。比如：笞二十，对于普通人而言，有力者赎银五钱，如纳米一石，如谷二

---

① 瞿同祖：《中国法律与中国社会》，中华书局2003年版，第38页注③。

石；稍有力者则赎银四钱五分，而对于老幼而言，笞二十只赎银一分五厘，不到前者的一个零头。相应地，老幼对于流三千里的重刑，赎银数额才是四钱五分，与稍有力者笞二十赎银相同。[①]这种大幅度地降低赎银数额的规定，有利于老幼及时交纳赎银，落实对其宽宥之规定。

然而，将准予收赎作为落实赦宥的手段，毕竟是一种附条件的赦宥，法律向犯罪幼小提供的，并不是最终的可以直接落地的成果，也只是间接的以赎易刑的方案。尽管律例已经降低了赎银的数额，增加了满足这一条件的现实可能性，但仍然会有人因为贫困而无力交纳赎银，从而无法得到宽宥处理，只能按无力者“照律的决发落”。[②] 这种情况下，犯罪幼小会因家庭经济状况的不同而受到法律上不同对待，富者幸免，贫者受刑。这一点，也是一直以来收赎制度为人所批评的。[③] 对于贫困者而言，收赎只是一种可望而不可即的恩典。这既违背了法律的公平性，也显示了以收赎体现赦宥制度的局限性。一名犯罪幼小，也许经过层层上报声请，经上裁恩准收赎，最终却因家境无力而无法实现，这便使得前面的所有程序变得徒劳，其实际意义也会大打折扣。

综而述之，从司法判决与实践的角度看，古代中国关于幼小犯罪赦宥制度立法与司法实践的差距还是明显的，其实效的局限性还是较为明显的。首先，在是否入罪问题上，缺乏一个刚性的

---

① 田涛、郑秦点校：《大清律例》，法律出版社 1999 年版，第 47 页。

② 田涛、郑秦点校：《大清律例》，法律出版社 1999 年版，第 83 页。

③ （清）沈家本：《历代刑法考》（上册），商务印书馆 2011 年版，第 386 页。

最低法定刑事责任年龄。也就是在此最低责任年龄之下，无论具有什么样的行为和后果，都不会受到刑事责任的追究。“七岁以下虽有死罪不加刑”之规定，虽然具有类似的性质，但由于有诸多例外情况，尚不能完全成为七岁以下幼小免被问刑的依据。完全幼稚无知之幼儿被坐罪，凸显了刑法的残酷和赦宥制度的不足。其次，在是否宽宥问题上，年龄因素在司法裁量中缺乏足够的分量。也就是幼小本身没有成为赦宥的当然理由。虽然“十五以下犯流罪以下收赎，十岁以下犯杀人应死者，议拟奏闻，取自上裁；盗及伤人亦收赎”之规定突出了年龄的作用，但在具体司法操作中，在个案的司法考量中，幼小这一因素往往被有意无意地忽略了，更有甚者，幼小反成为主观恶性深应予严管和重罚的理由。以幼小为由施以重罚，既反映出司法者对幼小群体身心特殊性的无知，亦体现出幼小犯罪赦宥制度之局限。再次，在赦宥的手段上，没有犯罪幼小排除适用的刑罚种类。虽然条文中有幼小“不合考讯”等规定，但其实际执行状况不容乐观。“何长子奸幼致母服毒案”中，“查问何长子，不敢回答，当经责打”的记载，说明讯问幼小时的责打与拷问是客观存在的。更重要的是，在刑罚适用时，幼小可适用的刑罚种类与成人完全相同，死刑对犯罪幼小不能排除适用，甚至还会有针对幼小的“阉割”等肉刑。最后，在能否实现赦宥问题上，收赎制度缺乏相应的普惠性。也就是准予收赎并不能使每个人获得最后真正的赦宥。准予收赎只是提供了获得赦宥的机会，还不等于最终的赦宥。至于能否把握住这个机会，将之变成真正的赦宥，取决于犯罪者各自的家境。家境富裕者可以纳赎免罚，贫寒而无力纳赎者只能的决发落。这种因犯罪者个人家境不同而予以不同处置的司法，既反映出其不公平性，又反映出以收赎为主要手段的赦宥制度的局限性。

第三节 幼小犯罪赦宥制度之文化背景

“法律是社会产物，是社会制度之一，是社会规范之一。它与风俗习惯有密切的关系，它维护现存的制度和道德、伦理等价值观念，它反映某一时期、某一社会的社会结构，法律与社会的关系极为密切。因此，我们不能像分析学派那样将法律看成一种孤立的存在，而忽略其与社会的关系。任何社会的法律都是为了维护并巩固其社会制度和社会秩序而制定的，只有充分了解产生某一种法律的社会背景，才能了解这些法律的意义和作用。”① 在通过大量判案与法条的对比分析，我们初步看清了古代中国幼小犯罪赦宥制度“是什么样子”之后，我们接下来就要看一看其社会背景，尤其是思想文化背景，试图对“为什么是这个样子”作出解答。显然这是比描述更为复杂和困难的问题。为使这一复杂的问题尽可能简单和清晰，我们将“幼小犯罪赦宥”拆解为三，分别探讨古代中国关于“犯罪”、“幼小”和“赦宥”概念背后的社会背景与思想观念，从而从不同的角度和层次，了解幼小犯罪赦宥制度所根植的历史文化土壤。

---

① 瞿同祖：《中国法律与中国社会》，中华书局 2003 年版，导论第 1 页。

一、"犯罪"概念背后的秩序观念与刑法功能

客观地说，古代中国并没有犯罪学的专门研究，古代律学主要集中在以对现行法律注释为核心的狭义刑法学。[①] 所以，对于犯罪，古代中国并没有发展出严格而精确的概念。罪与刑相连，刑又与礼相关。所谓"出礼入刑"，可以说是古代中国关于犯罪的基本描述，其核心意思是指，犯罪就是对礼及由礼所确定秩序的违反，需要用刑来惩罚和规诫。所以，分析"犯罪"概念背后的思想文化，就不能不了解古代中国以礼为核心的秩序观，以及对刑法功能的认识。这两点决定了对犯罪的认识，包括犯罪圈大小的范围划定，以及对犯罪的反应。

（一）"秩序为本"是古代中国的主流思想

瞿同祖先生认为，从中国法律的形成和发展历史看，儒法两家的影响最深[②]，并在探讨儒家思想与法家思想时，开门见山就说，"儒家法家都以维持社会秩序为目的，其分别只在于他们对于社会秩序的看法和达到这种理想的方法。"[③] 这种看法，可谓洞见。当代学者葛兆光从思想史的角度，对先秦儒法两家在追求

---

① 从狭义上讲，刑法学是指刑法解释学，即对现行刑法进行解释所形成的学说。从广义上讲，刑法学则包括刑法理论（刑法哲学）、刑法史学与比较刑法学。刑法理论是指对犯罪与刑罚的意义进行哲学探讨的学说；刑法史学是指对刑法的历史发展过程进行研究的学说；比较刑法学指对各国刑法进行对比说明的学说。最广义的刑法学，还包括刑事学、犯罪学与犯罪对策学。参见张明楷：《外国刑法纲要》，清华大学出版社 2007 年版，第 8—9 页。

② 瞿同祖：《中国法律与中国社会》，中华书局 2003 年版，导论第 1 页。

③ 瞿同祖：《中国法律与中国社会》，中华书局 2003 年版，第 292 页。

秩序方面的趋同，也有着非常精彩的论述："我们并不认为儒法之间有不可逾越的鸿沟，相反，可以认为从'礼'到'法'是当时关于社会秩序重建的思路的自然延伸，自觉的'礼'不足以惩戒人心，整顿社会，就自然要用强制性的'法'，表面上看来，儒者多属于礼制主义，而实际进入社会治理的所谓'法家'多属法制主义，其实他们的思路往往是一致的，都是关注社会秩序，都基于对'人性'的基本估计，只不过前者多从人性善的角度，后者多取人性恶的立场，前者多从人文主义的思想家视角，后者多从实用主义的政治家眼光，只要秩序混乱到了无法依靠人心自觉来整顿，道德崩溃到了无法凭借礼仪象征来维持的地步，只要坐而论道的前者真正进入了实际管理的后者的行列，他就容易改变自己的立场。"①

实际上，不仅是儒法两家，在"战国时代的思想史上，'秩序'是一个很中心的话题，因为这出自建立新的、统一的政治意识形态的需要的刺激"。② 即使是普遍认为逍遥出世的道家而言，其思想产生也是出于对当时社会秩序混乱的不满意，"当他们追根究底追问历史时，发现秩序只不过是一个人为的、历史的东西，是更早的自然秩序被破坏之后的产物，于是习惯在历史中寻找依据的思想家认定现行秩序是没有天然合理性的，倒是早在历史起源处的混沌朴素秩序才是合理的。《庄子·应帝王》中所

① 葛兆光：《中国思想史》（第一卷），复旦大学出版社 2013 年版，第 155 页。

② 葛兆光：《中国思想史》（第一卷），复旦大学出版社 2013 年版，第 163 页。

谓‘泰氏’和‘混沌’的传说，暗示的就是这种社会秩序，它与稍早的《老子》所谓‘小国寡民’和后来的《鹖冠子》所谓‘民犹赤子’的理想世界传说，构成了关于社会秩序讨论的另一种声音。”① “从《老子》、《庄子》的时代以来，一直到《鹖冠子》的时代，那种失望与追忆，伴随着对于无秩序的秩序的期待，已经绵延了几百年了。”②“不过，正是在这些颓废的绝望的声音中，又潜藏了一种很入世的理路。倚仗法律控制和权势操纵来整顿社会秩序的想法很容易从这里滋生。特别是在战国晚期，就出现了所谓‘道法转关’的现象。”③

先秦诸子奠定基础的古代中国主流思想，在其后的发展历史中，虽然面对的不再是春秋战国时期那个秩序混乱的社会，但其以秩序为中心的思路一直未曾改变。汉儒董仲舒为代表的思想家们，以儒家为经杂糅道法、方术等各家学说，以宇宙与社会、人类同源同构互感的“天人感应”为论证前提，提出的以“阴阳五行”与“三纲五常”为主要内容的理论，其最终目的也是以顺应天意和以天秩为标准，建立人间社会的秩序。这套学说在东汉构建完成之后，“由于有宇宙自然法则为依据，君主制度作为推行的力量，循吏为代表的行政系统的教育与灌输，加上便于推广与普及的数字化、简约化的语词系统，本来就重视亲情并以之

① 葛兆光:《中国思想史》（第一卷），复旦大学出版社 2013 年版，第 157 页。

② 葛兆光:《中国思想史》（第一卷），复旦大学出版社 2013 年版，第 161 页。

③ 葛兆光:《中国思想史》（第一卷），复旦大学出版社 2013 年版，第 161 页。

作为社会认同基础的古代中国人很容易接纳这一套思想。”① 这一思想影响了中国两千年，直到晚清受到西方的宇宙观冲击之前，未曾有任何根本性动摇。

这期间，虽有来自印度的佛教文化进入且对中国文化造成深远的影响，但“在中国这个拥有相当长的历史传统的文明区域中生存，佛教不能不适应中国：在专制的中国政权势力的统治下，他们只能无条件地承认政权的天经地义，承认宗教应该在皇权之下存在，在传统悠久的中国伦理的笼罩下，他们只能首先确认传统的合理，并在这种合理性范围内调整佛教的伦理规则，在中国的汉民族本位立场极其强烈的情势中，佛教也常常需要委婉地说明佛教与中国的因缘，用种种比附的或比喻的理由回避民族情绪的强烈对抗，于是，到了七世纪的中国，其实佛教已经相当融入中国思想世界，其思想也相当汉化了”②。所以，佛教东传并没有改变以秩序为中心的主流思想。

至于后期的宋明理学，因其诞生背景就是中唐以来地方割据以及五代十国乱哄哄的现实，与春秋战国时期的乱世差不多，且二程、朱熹、王阳明等人均系以儒家经典为思想渊源，就决定了其以重建秩序为核心的思想理路。那句“被广泛引用的张载名言，即‘为天地立心，为生民立命，为往圣继绝学，为万世开太平’，不仅是一个表达宋儒远大理想的象征性话语，而且恰恰

① 葛兆光：《中国思想史》（第一卷），复旦大学出版社 2013 年版，第 253 页。

② 葛兆光：《中国思想史》（第一卷），复旦大学出版社 2013 年版，第 407 页。

也是宋代理学重建思想秩序的全面表述”[①]。实际上，宋儒之理想不仅在于思想世界的秩序，更在于现实世界的秩序，其以“为万世开太平”为落脚点，就是以秩序为本的最好说明。

以秩序为本的主流思想，对古代中国社会造成广泛而深刻的影响。“一般来说，着眼于社会秩序的思想家往往过于重视人在社会中的关系即人与人之间的等级定位与调适合作，而不太重视个体存在的自由与真实，用一句不太确切的话来说，他们习惯于以‘共性’为不言而喻的前提，而不习惯于以‘个性’为不容置疑的依据”。[②] 如果说社会秩序与个人自由是人类社会发展中的一对基本矛盾，那么在古代中国，社会秩序始终在这对矛盾中占据上风，人的个性与人的独立、自由，始终没能进入主流思想的核心话域。所以，在以秩序为依归的思想影响下，人被群体化，人的形象被模糊化，人总是作为一个集合的或者抽象的概念存在，或者说是以一种面目模糊不清的标准人的形象出现，缺乏个体的独特性和鲜活感。在这种思想语境下，别说单个的个体人之间的个性差别不能被尊重和彰显，仅幼小与成人两个群体之间的差别，也是不能予以充分注意和深究的，幼小与成人的区分，仅仅是停留在最基本的感觉层面。由此，我们可以说，在古代中国，幼小仅仅意味着身材的矮小和年龄的不足，除此之外，他们便是穿着小号衣服的成人。在秩序面前，他们

① 葛兆光：《中国思想史》（第二卷），复旦大学出版社 2013 年版，第 189 页。

② 葛兆光：《中国思想史》（第一卷），复旦大学出版社 2013 年版，第 166 页。

有着与成人基本相同的义务和担当，一旦涉及对秩序的违反与破坏，在维持秩序的需求面前，幼小与成人之间的细微差异也随之被忽略掉了。

（二）“伦理纲常”是古代中国的核心秩序

古代中国的理想秩序是基本按照儒家思想来构造的，而儒家从根本上否认社会是整齐平一的。孔子以“孝悌”为核心的“仁”的思想以及孟子“劳心者治人，劳力者治于人”的著名论述，为人在家族地位的差异与在社会上的不平等提供了理论支持。儒家认为，人在社会上应当有贵贱上下之等级，而在家族中应当有亲疏、尊卑、长幼之差别。儒家心中的社会秩序，即为上述这两种等级与差别总和，其主要内容就是君君、臣臣、父父、子子、兄兄、弟弟、夫夫、妇妇的五伦三纲，也就是说，儒家给每个人在家庭和社会中赋予了不同的名分和角色，每个角色都有自己的行为规范，每个人只要遵守好自己名分应当遵守的规范，做到名副其实，社会就自然形成良好的秩序。具体到上述五伦三纲为核心的秩序而言，良好秩序具体表现就是君臣有义，夫妇有别，长幼有序，朋友有信，每个名分下的具体要求则是君仁、臣忠、父慈、子孝、兄良、弟悌、夫义、妇听、长惠、幼顺。为实现上述理想，使贵贱、尊卑、长幼各有其行为规范，维持这一等级差别秩序，礼便是工具。礼实际上就是对上述等级差别原则的规范与确认，并通过一系列的理论解说，将之上升为一种“天经地义”式的、具有意识形态性质的规范，从而形成对每个人的心理威慑，达到人人自觉遵守的状态，以建立儒家理想的社会秩序。所以儒家之治称为礼治。①

“法家并不否认也不反对贵贱、尊卑、长幼、亲疏的分别及存在，但法家的兴趣并不在这些与治国无关，无足轻重，甚至与治国有妨碍的事物上，他所注意的是法律、政治秩序之维持，认为国之所以治，端在赏罚，一以劝善，一以止奸。有功必赏，有过必罚，何种行为应赏，何种行为应罚，完全是一种客观的绝对标准，不因人而异，必须有同一的法律，一赏一刑，才能使人人守法，而维持公平。若考虑贵贱、尊卑、长幼、亲疏的因素，则违背此种原则，不能达到一赏一刑的目的。所以法家并不是否认这种社会差异之存在，只是法的重要更重于此，法律为这些因素所影响，则为法家所坚决反对。”② 换句话说，法家承认人之地位应当有差异和分别，但这种差异和分别在治国的赏罚手段面前不应当起作用。

瞿同祖先生对儒法两家的上述概括，多为学界所赞同。从上述结论看，先秦儒法两家的争论，主要在于维持秩序的手段，而不在于理想秩序本身。尤其是法家对儒家所提倡的以“等级差别”为特征、“伦理纲常”为内容的基本秩序不持异议时，儒法两家可以说只是两套殊途同归的维持秩序的方案而已。“儒法本体之争在汉代已不存在。汉儒思想中实已杂有若干法家思想在内，不排斥法律，以刑辅教的论调在汉儒中实为普遍存在之事实。更重要的是魏以后儒者参与了制定法律的工作，因而儒家思

① 关于儒家礼治之详尽论述，参见瞿同祖：《中国法律与中国社会》，中华书局 2003 年版，第 292—302 页。

② 瞿同祖：《中国法律与中国社会》，中华书局 2003 年版，第 303 页。

想在法律上起了决定性的作用，产生深远的影响。除秦、汉律外，历代的法典都出于儒者的手笔，并不出于法家之手，这些人虽然不再坚持反对法治，但究是奉儒家为正统的，所以儒家的思想支配了一切古代法典，这是中国法系的一大特色。"① 受儒家思想支配的法典，当然要维护儒家所主张而法家也并不反对的秩序，于是，这种以"伦理纲常"为核心的秩序便成了一种官方主流意识形态认可并由国家权力维护的秩序，这种秩序经过两千年的实践，已经成为一种天经地义的秩序，具有了一种不容置疑的合理性，以至于晚清变法要引进西方观念改造这种秩序时，立即遭到传统卫道士的强烈反对。

（三）"维护伦常"是刑事司法的根本目的

儒法之争消弭，儒家在汉以后便成为官方意识形态，古代中国法律也从此走向了以礼入法、礼法融合之路，并在唐朝走向成熟，延续至晚清。"礼所容许的，认为对的，也就是法所容许的，认为合法的。礼所不容许的，禁为的，也就是法所禁为的，所制裁的。诚如汉廷尉陈宠疏中所云：'礼之所去，刑之所取，失礼则入刑，相为表里者也。'能守礼自不犯刑，所以古人常礼法并提，曰礼法，曰礼律。……除了法典的内容已为礼所掺入，已为儒家伦理思想所支配外，审判决狱受儒家思想的影响，也是可注意的事实。儒者为官既有司法的责任，于是他常于法律条文之外，更取决于儒家的思想。这样，儒家思想在法律上一跃而为

---

① 瞿同祖：《中国法律与中国社会》，中华书局 2003 年版，第 346 页。

最高的原则，与法理无异。”① 在儒家思想的最高原则指导下，无论是刑事立法还是刑事司法，维护伦理纲常都成为其根本的目的，也是其最核心的功能与价值取向。此种情况下，个体无疑会湮没于伦理纲常之中，无论是其生命、自由、尊严，还是其个体的身心特点，在司法中都无法被正视，更不是司法需要维护的目标。

判案：甲父乙与丙争言相斗判②

甲父乙与丙争言相斗，丙以佩刀刺乙，甲即以杖击丙，误伤乙。甲当何论？或曰：“殴父也，当枭首。”

议曰：臣愚以父子至亲也，闻其斗，莫不有怵怅之心。扶伏而救之，非所以欲诟父也。《春秋》之义，许止父病，进药于其父而卒。君子原心，赦而不诛。甲非律所殴父也，不当坐。

这是《春秋决狱》中的一案。本案对甲的两种处理意见，从“枭首”到“不当坐”，可谓天壤之别。但仔细分析其论证理由，其基本论说依据都是父子伦常，所不同的只是对甲的行为如何在伦常中进行解释和认定。原拟“枭首”的处理意见，是将甲之行为解释为“殴父”，显然这是对父子伦常的严重违反。因

---

① 瞿同祖：《中国法律与中国社会》，中华书局 2003 年版，第 349—350 页。

② 陈重业辑注：《古代判词三百篇》之《春秋决狱》，上海古籍出版社 2009 年版，第 4 页。

为父权是神圣不可侵犯的，对于父亲的任何不敬、不孝行为都是法律所严厉禁止的，殴父更为法律所不容。普通人之间的殴斗致伤，因未出现人命一般罪不致死，但子殴父，则要判处死刑且以枭首之死刑方法以示严惩，这里法律表达的是父子伦常的坚决维护。而董仲舒所议“不当坐”，是将甲之行为认定为“救父”，显然这是子对父行孝的表现，是父子伦常中大力提倡和褒奖的，所以，虽有致父受伤之后果，但因其符合伦常之要求，故不应坐罪。董仲舒所表达的，同样也是对父子伦常的维护。由此可以看出，无论是入罪还是出罪，伦理始终是唯一的判断标准，维护伦常始终是司法的根本目的。只不过，“枭首”的意见，重于客观行为，而董仲舒“不当坐”的意见，则重于内心。不管哪种意见，在伦理的照耀下，一个打人的刑事事件，被抽象为一个伦理事件，被害人与被告人，被相应地符号化为父与子，至于当事人个体的年龄大小、身心状况等特征，在司法过程都统统被剔除了。本章第二节提到的“何长子奸幼致母服毒案”，刑部官员之所以建议皇帝在法外施刑处何长子“斩立决”，其反复强调的，也正是对伦常之维护。在刑部那里，为了维护伦理纲常，不惜越法施刑，更无视何长子系年仅十五之幼小。显然，维护伦理的热血已经冲击到司法者的双眼，以至于其除了伦理之外，其他的什么也看不见了。

二、“幼小”概念背后的卑下地位与重重枷锁

古代中国，“幼”总是与“卑”相连的。“卑幼”作为古代中国的一个词语，与“尊长”相对应，指称的是“位卑者”与

“年幼者”两个群体。而对于“幼”而言，却总是与“卑”的身份相兼的，因为在一个家庭内部，成年人相对幼小而言，非长既尊，幼小在家庭内部是横竖也摆脱不了卑下地位的。关于卑幼之基本行为规范，孔子是早就定了调的：“君子务本，本立而道生，孝弟也者，其为仁之本欤。”① 在这里，孔子将“孝弟”既作为卑幼的基本行为规范，又将之作为“仁之本”来看待。在孔子看来，儿子爱父亲，弟弟爱哥哥，这种基于血缘亲情的爱是无可置疑的，并且从爱自己的父兄到爱其他人，这种血缘感情是可以从内到外层层推广的。“其为人也孝弟，而好犯上者鲜矣，不好犯上而好作乱者，未之有也。”② 于是，“孝弟”也就成为建立一个理性社会的心理基础，是“礼”的秩序得到自觉遵从，“名”的象征得以长久稳定的保证。③

孔子几句简短的表达，实际却暗含着理解卑幼地位的文化密码。稍作分析便可发现，“孝弟”作为卑幼的行为规范，具有如下三个鲜明的特点：一是具有不可置疑性。孔子将孝弟作为出自人之本性的情感，是基于血缘的亲情，这种亲情是自然而然的情感，是人之为人所都具有的，是一种常识，是不需要讨论为什么的。二是具有单向性。孝弟作为卑幼的行为规范，是卑幼对尊长应尽的基本义务，这种义务是不附设任何条件的，与尊长之间的权利义务是不对等的，既不与尊长对卑幼的慈爱作为交换，也不

---

① 《论语·学而》。

② 《论语·学而》。

③ 葛兆光：《中国思想史》（第一卷），复旦大学出版社 2013 年版，第 90 页。

以尊长的慈爱为前提。三是具有根本性或基础性。卑幼对尊长之孝弟，是仁的根，是礼的本，是善良与正义的源泉和依据，也是建立以仁爱为基础的社会秩序的基础。“盖仁具于心，只是恻怛慈爱的道理，施之爱亲敬长，固是此心。推之仁民爱物，亦是此心。人能孝弟，则亲吾之亲，可以及人之亲，长吾之长，可以及人之长，至于抚安万民，养育万物，都从此充拓出来。”① 所以，孝弟作为卑幼之基本行为规范，不仅是其做人的基本秉性，不容讨论，更是其为人的基本义务，义不容辞。如果孝弟不行，则仁将不存，礼将不在，而儒家以礼仁为核心构建的文化与社会秩序也将坍塌。由此，我们可以说，儒家构建的礼仁文化，建立在卑幼遵行孝弟的基础上。卑幼之孝弟既作为支撑儒家思想的文化假定，卑幼则在儒家文化中不可避免地承担起了奠基文化与构建秩序之重任，这更使其遵行孝弟成为必须。而孝弟在卑幼与尊长之间的不对等性，则决定了卑幼在家族中的低下地位和重重枷锁。因为孝弟本身就是尊长对卑幼的要求，是扬尊抑卑、以长压幼的文化。于是，在儒家文化下，卑幼注定成为“忍辱负重”的群体。随手翻看传统法律与司法判案便可知道，上述推断，绝非妄言。

（一）违反教令是幼小头顶的“达摩克利斯”之剑

听从家长教令，是幼小行孝之基本遵行。为维护家长之权威，确保幼小听从教令，从唐朝开始，“子孙违反教令”便作为

① （明）张居正：《张居正讲解〈论语〉》，中国华侨出版社 2009 年版，第 2 页。

一项独立的罪名被立法者写入律典，直到明清。唐律规定，“诸子孙违反教令及供养有阙者，徒二年。”[①] 到大明律与大清律例，才改为刑罚为“杖一百”。[②] 虽然本条规定注疏称违反教令是指“可从而违，堪供而阙”的情况，即教令“于事合宜”而故意违反，“家道堪供”而故意有阙的情况，但本罪的控告权在于家长，实践中，只要家长控告，官府便认定子孙违反教令，至于是否属于法律规定的故意违反，还是客观情况不得已而为之，子孙在公堂之上无从辩解的，官府一般也不会进行深入调查。这种父母擅告的案例并不鲜见。

判案：业师救徒判[③]

乔斤杰之母听信妹夫之教唆，赴县禀告忤逆。幸得奇杰之业师张孝廉以实情禀午桥，冤始昭雪。其判辞云：

讯得乔奇杰之母乔毛氏，守寡已八年，遗有二子：长曰奇英，次即奇杰，仅仅十五，均从孝廉张宝善读书。孝母敬师，乡里无闲言。有赵德海者，读书不就，改作书吏，以刀笔为生涯，恃教唆为衣食。与乔姓本无往来。自前年娶乔毛氏堂妹为继室，始以认新亲入门，认乔毛氏为大姐。德海素有烟瘾，毛氏每发肝气，德海总以鸦片医之。于是

① 刘俊文点校：《唐律疏义》，法律出版社 1999 年版，第 472 页。

② 分见于怀效锋点校：《大明律》，法律出版社 1999 年版，第 179 页；田涛、郑秦点校：《大清律例》，法律出版社 1999 年版，第 488 页。

③ 陈重业辑注：《古代判词三百篇》之《端午桥判牍》，上海古籍出版社 2009 年版，第 340 页。

一榻横陈，嫌疑无忌，又同往天竺、普渡等处进香。奇杰大不为善，屡向其母谏劝而不从，面斥德海而构怨。日在毛氏前进谗，离间骨肉。因之奇杰屡受其母之扑责。某日，奇杰被母打破鼻观，流血如注，即拟奔告业师。被赵德海从旁阻挡，并帮同其母将奇杰捆绑，由德海出手痛殴。呼痛之声，达于户外。业师张宝善闻声趋视，喝阻放绑。德海遂同毛氏赴县首告忤逆。韩令不加查察，但徇一面之辞，拟处奇杰监禁三年。业师张宝善不忍门生遭此沉冤，遂披沥详情，上诉前来。

今已集讯明确：赵德海托继室瓜葛之亲，入孤孀房帏之内，设计骗财，昧心构衅，推残骨肉，离间母子。其心毒如虺蝎，其残忍过于豺狼。奇杰如果不孝，何以两年前母子怡怡，邻里未闻有忤母责子之事？一自德海入门以后，毛氏幼子时遭挞伐。不为欺孀盗财之计，何用此刁唆帮打之为？

赵德海实属昧尽天良，刁恶已极。着即猛力鞭背一千，荷枷游街三日示众，以儆刁风而正人心。自后永远不准再入乔毛氏家。倘敢故违，准奇英、奇杰捆绑送县究治。

乔毛氏守节无亏，居心本善，一时误信谗言，致伤骨肉。今已自知悔悟。谕令奇杰开释回家，尽职孝养，以慰亲心，毋负本堂以孝治人之至意。

孝廉张宝善进呈直告，不愧黄衫侠客之称；他日为官，定列绣衣直指之选。深堪敬礼。奇杰应终身事师如事父，以答师恩之高厚。

奇杰当堂开释，德海枷押，乔毛氏具结完案。此判。

这是晚清著名的满洲才子端方所作之判词。本案完整地展示了乔奇杰与其母之间，由“母子怡怡”到“禀告忤逆”的过程，以及法官对父母告子忤逆的基本裁判情况。从判词可以看出，奇杰本来是“孝母敬师”的好孩子，当其母与赵德海之行为不得体之时，奇杰及时进行谏劝也实属应当，然只因斥责德海而被其怀恨，即挑唆其母以忤逆相告，奇杰被判处监禁三年。要不是其师仗义执言，且恰遇端方这样的清正之官，奇杰即便百般自辩，恐怕也难免牢狱之苦。因为判词中的信息表明：父母告子忤逆实际上是不需要什么客观理由的，只要父母认为孩子忤逆就可以去告，而法官裁判一般也不需要什么事实证据，只要听父母“一面之辞”，即可下判。所以，在此种法律制度设计下，幼小若不能让父母满意，其随时都可能被告官而身陷囹圄。像乔奇杰这样遇师相救又遇端方这样官员的，实在是可数的幸运儿。需要说明的是，家长告子忤逆之案，在古代案例中并不罕见①，这也从一个侧面说明了幼小在家庭生活中的状态。

（二）不孝列入十恶重罪严惩幼小对家长之冒犯

在将“子孙违反教令”单条入罪的同时，古代中国刑法对

① 《古代判词三百篇》之《樊山判牍》中，“唐瑞琳、张明福互控判”，即是与乔奇杰案相似案例。参见陈重业辑注：《古代判词三百篇》，上海古籍出版社2009年版，第352—353页。

于卑幼对家长的侵犯，更是坚决严惩。瞿同祖先生在《中国法律与中国社会》一书中对此有着深入而系统的研究："子孙本以恭谨孝顺为主，所以对父母有不逊侵犯的行为皆为社会和法律所不容，不孝在法律上是极重大的罪，处罚极重。《孝经》云五刑之属三千，罪莫大于不孝。《周礼》不孝为乡八刑之一。汉律不孝罪斩枭。北魏时代不逊父母律处髡刑，太和诏书犹以为太轻，令更详制。在上古时代的法律中，已可看出法律对不孝罪的重视，齐、隋以后不孝更成了十恶不赦的重罪，标明于卷首的名例中。我们只要留意，历代法律对于不孝罪的处置，便可以看出中国古代法律皆采同一原则——加重主义。例如骂人在常人不算一回事，但骂祖父母、父母便是绞罪，且列入不孝重罪，在十恶之内。至于骂以上的行为更是不能容忍的恶逆重罪了（亦在十恶以内），早已超过不孝的程度，法律上的处分更为严厉。汉律、宋律皆罪至枭首。唐宋明清律的处分皆为斩决，《清现行刑律》改为徒刑。我们应注意除元律殴伤祖父母、父母处死刑外，其他时代的法律都不问有伤无伤，伤轻伤重，只要有殴的行为便成立此罪。同时，也不分别故伤或误伤。若致父母于死，自又罪加一等，唐、宋死刑止斩绞二种，殴罪已至斩刑，故罪无可加，仍止于斩。元、明、清律则罪加至凌迟，凌迟本不见于五刑，为法外最残酷之极刑，非罪大恶极不用，惟用于谋反恶逆等罪，法律对逆伦案之重视，可以知之。"① 本章第二节"何长子奸幼致母服毒案"，可作为对上述规定的一个案例注解。何长子自身犯罪，

① 瞿同祖：《中国法律与中国社会》，中华书局 2003 年版，第 30—32 页。

其母本是图赖他人而服毒，这从逻辑上看，何长子对其母之死是没有什么过失可言的，但法律上重视客观的事实远过于主观的原因。母亲因其犯罪而服毒，这是客观的事实，就要依“过失致死父母”罪问拟。依今天看来，这种立法与司法，已经完全远离科学与逻辑，完全陷于伦常之中，只是一味地用最狠的刑罚来维护家长权威，生硬地诠释卑幼尽孝之不容置疑。

（三）卑幼面临被家长故杀、责打与抛弃之险

与卑幼对家长的绝对不可侵犯相比，家长相对卑幼，则具有诸多的特权。父或家长为一家之主，他的意思即命令，全家人口皆在其绝对的统治之下。“君之于臣，父之于子，都是有生杀权的，到了后来则只适用于君臣而不适用于父子间了，父亲只能扑责他的孩子，但断不能杀死他。”① 但这种法律的不许并不意味着社会上的不存在。相反，卑幼的生命在家长那里一直是可以支配和利用的。且不说大量家长大义灭亲铲除逆子的判案，“杀子孙及奴婢图赖人”在明、清两朝均有专条规定，足以证实此种现象在当时社会上的广泛存在。子孙及奴婢成为家长们用以斗争的工具和筹码，在斗争中施以阴谋图赖他人向他人栽赃时，甚至不惜杀掉自己子孙和奴婢，由此可见卑幼在古代家庭中的地位与凶险处境。“凡祖父母、父母故杀子孙，及家长故杀奴婢，图赖人者，杖七十、徒一年半”② 之规定，虽是刑罚方式对家长故杀子孙予以禁止，但极其低的刑罚设置，实际上等于对家长行为的

---

① 瞿同祖：《中国法律与中国社会》，中华书局 2003 年版，第 7 页。

② 田涛、郑秦点校：《大清律例》，法律出版社 1999 年版，第 435 页。

默许与纵容。其刑罚设置与卑幼打杀尊长相比，更是凸显法律对于尊长与卑幼之间的严重不平衡。这种不平衡在尊长与慈幼发生冲突时，更是明显。

判案：卖女葬母判①

壬卖七岁女子，法司断徒。诉云家贫，卖而葬母。

鬻良犯禁，因涉不慈，卜葬慎终，则先惟孝。志且隆于丧纪，罪盍宽于简书。壬也啜菽兴嗟，寝苫居苦，既切终堂之痛，将兴筮宅之谋。三寸铜棺，叹未谐于壤树；七岁孺子，因愿易于囊钱。庶展事于泉扃，遂割情于天性。胡为执宪必使服刑，且有无称家虑居，虽立于明诫；而丰俭中礼敛形，当尽于衔哀。苟窀穸之弗完，则嗣续而安在？故郭巨埋子，天尚闻而降祥；董永卖身，时未睹于加罪。欲明慈幼之道，先存送往之诚。必核是非，须详得失。苟或平居见售，宜称压贱之条；其如巨痛填膺，当放事亲之节。岂可委之沟壑，而欲笃其闺门？发喻风枝，既永伤于荼毒；未安蒿里，尚何爱于童蒙？固在原情，无烦置罚。

这是北宋余靖所撰判词。此判对于孝与慈之间发生矛盾时，其价值取舍的论述，堪称经典。在余靖看来，在尊长与慈幼之间不可兼得之时，当然要以尊压贱，弃慈而任孝。“欲明慈幼之

① 陈重业辑注：《古代判词三百篇》之《武溪集》，上海古籍出版社2009年版，第87—88页。

道，先存送往之诚”，“苟窀穸之弗完，则嗣续而安在?”“未安蒿里，尚何爱于童蒙?”，这一陈两问，清晰地表达了行孝优先于慈幼的思想。判词中引用“郭巨埋子”与“董永卖身”两个民间传颂的典故，进一步说明了上述思想系在民间普遍认可的思想，作为司法官，不应拘泥于“鬻良犯禁”之条，对壬因行孝而卖女之举无须追究。这一判决，对壬卖女之举非但没有依律治罪，反倒引经据典地对其行孝之举予以理解和褒奖。由此可知，在古代中国，尊老爱幼虽均系官方认可的家庭伦理，但老与幼，孝与慈，显然是有着不同的轻重分量。幼小在家中虽亦应被慈爱，但关键时刻，尤其是孝与慈发生冲突需要有所取舍时，幼小总是被抛弃的对象。在中国，二十四孝的故事代代流传，影响深远，并有“举孝廉”之行动，但在慈幼、恤幼问题上，却缺乏同样影响力的好故事。这一现状本身就是中国缺乏真正的慈幼文化的生动反映。

需要指出的是，幼小不仅在家庭之中是没有地位的，其在出门在外，在社会之上，仍然是一种弱势的群体。幼小待在家为卑幼，出门谋生则为人僮仆，僮仆在主人家中也是属于没有地位的，主人对僮仆盗窃等行为甚至可以动用私刑。“旧制，僮仆有犯，得私黥其面”①，一方面说明了僮仆在拥有私刑权的雇主面前的弱小地位，另一方面也说明了幼小受雇劳作的社会现实，反映了幼小在社会上的生存状况。宋真宗虽有宽减刑罚之意，但其所下诏对僮仆之刑罚在今天看来并不轻缓：“盗主财者，杖脊、

---

① 高潮、马建石主编:《中国历代刑法志注译》之《宋史·刑法志》，吉林人民出版社 1994 年版，第 508 页。

黥面、配牢城，勿私黥之。十贯以上，配五百里外；二十贯以上，奏裁。”① 可见，虽然真宗改私黥为官黥，剥夺了雇主对僮仆黥面的权力，但黥面之刑未改。黥面属于终身洗不去的耻辱之刑，对于年幼的僮仆来讲，未免过于残酷。盗窃财物十贯以上流配五百里，对于年幼的僮仆来讲，亦不轻松。

同时，幼小在社会上还面临着被盗杀的特殊危险。中国自古即有杀人祭鬼的事情，“直到宋代，湖南、江西、湖北等地还普遍存在杀人祭鬼风俗。‘每逢闰月之年，前期盗杀小儿，以祭淫祠，谓之采生。’淳熙十二年（1185 年）赵谧报告说，湖北‘用人祭鬼，每以小儿妇女，生剔眼目，截取耳鼻，埋之陷阱，汰之沸汤，糜烂肌肤，靡所不至’”。② 这种以幼小或妇女“采生”祭鬼的事情，虽经宋代严厉打击，但断不敢说其在后续历史上就已经绝迹。“采生拆割人”③ 作为一条罪名一直保留到清代，并列入十恶之“不道”，实际上从另一个角度证明了此类事件在社会上的大量存在，且达到必须采取法律干预的程度。

总之，上述史料与论述足以说明，幼小在古代中国的处境总体上讲是卑下而不幸的。其生活状态是谨小慎微且危险重重的。而这些，莫不与儒家对幼小的定位及其赋予他“孝弟”的重任

---

① 高潮、马建石主编：《中国历代刑法志注译》之《宋史·刑法志》，吉林人民出版社 1994 年版，第 508 页。

② 葛兆光：《中国思想史》（第二卷），复旦大学出版社 2013 年版，第 233 页。

③ 在大明律中写为“採生拆割人”，至大清律例为“採生折割人”，两者意义相同，均为取生人器官制成某种药物或用来进行祭祀活动，或杀人后肢解的行为。该罪单列以区别于普通杀人。

有关。需要指出的是，幼小除了对儒家主张的社会秩序承担着重任，对于家族来讲，还承担着延续香火的职责。所谓“不孝有三，无后为大”，说的就是这个道理。“对于祖先的重视和对于子嗣的关注，是传统中国一个极为重要的观念，甚至成为中国思想在价值判断上的一个来源，一个传统的中国人看见自己的祖先、自己、自己的子孙的血脉在流动，就有生命之流水永恒不息之感，他一想到自己就是这生命之流中的一环，他就不再是孤独的，而是有家的，他人觉得自己的生命在扩展，生命的意义在扩展，扩展成整个宇宙。”① 正是在这种观念下，男性幼小作为子嗣的存在，具有了特殊的意义，以至于这种意义在古代中国被视为不可缺少，在确实没有亲生儿子的情况下，借他人之子也要立嗣的立继制度便成为中国古代法律的一大特色。殊不知，立继制度的存在，已经将男性幼小的重要性形式化了。立继制度下，卑下的男性幼小，化身为一个可以替代的符号，成为家长们自我安慰与自我欺骗的道具。

三、“赦宥”概念背后的仁政思想与随意施行

（一）赦宥体现的是君子的恩仁与不忍

中国传统司法思想以儒家思想为主流，而儒家司法思想的基本价值取向是仁道。② 赦宥是一种司法仁道精神的表现，也是一

① 葛兆光：《中国思想史》（第一卷），复旦大学出版社 2013 年版，第 24 页。

② 崔永东：《中国传统司法思想史论》，人民出版社 2012 年版，第 190 页。

种善政的体现。“据孟子说，‘善’是人本身就有的天性，在《告子》、《梁惠王》、《公孙丑》、《离娄》各篇中有相当多的言语在强调这一思想，最著名的例子就是他曾经两次说到的，‘恻隐之心’、‘羞恶之心’、‘辞让之心’、‘是非之心’，他说这是‘赤子之心’中就已经具备了的良知良能，它使人自觉地有同情心、正义感、羞惭的自觉和礼让的态度。‘人皆有不忍之心’，这是人之为人的根本依据。”① 这种不忍之心可视为赦宥制度的心理基础和思想渊源。而赦宥作为一种制度，从源流上看则自始即与“君子”之“恩仁”相连。对赦宥制度与恩仁思想的关系，晚清的修律大臣、著名法学家沈家本在《历代刑法考》的《原赦》篇中有一段精彩论述：“《易·解卦》：象曰，雷雨作，解。君子以赦过宥罪。疏：‘赦谓放免，过谓误失，宥谓宽宥，罪谓故犯。过轻则赦，罪重则宥，皆解缓之义也。’程传：‘天地解散而成雷雨，故雷雨作而为解也。赦，释之。宥，宽之。过失则赦之可也，罪恶而赦之则非义也，故宽之而已。君子观雷雨之象，体其发育则施恩仁，体其解散则行宽释也。’”② 沈家本从对周易八卦的解读出发，以君子禀承天意的角度，对赦宥制度的内在思想进行了传神的解释，体现了他精于经学和文字学的深厚文化功底，着实令人信服。需要说明的是，赦宥制度与“君子”的“恩仁”思想的关系，不仅是一种学术解释，还是一种行之

① 葛兆光：《中国思想史》（第一卷），复旦大学出版社 2013 年版，第 147 页。

② （清）沈家本：《历代刑法考》（上册），商务印书馆 2011 年版，第 651 页。

于实践的鲜活的司法文化，这一点在古代判案中可得到佐证。

案例：君猎得麛判[1]

君猎得麛，使大夫持之以归。大夫道见其母随而鸣，感而纵之。君愠，议罪未定。君病恐死，欲托孤幼，乃觉之："大夫其仁乎？遇麛而恩，况人乎？"乃释之，以为子傅，于议何如？《淮南子》："孟孙猎得麛，使秦巴持归烹之。其母随而啼。巴不忍，去之。孟孙怒逐秦巴。西居一年，取为子傅。曰：'夫一麛，犹不忍，况人乎？'"

董仲舒曰：君子不麛不卵，大夫不谏，使持归，非也。然而中感母恩，虽废君命，徙之可也。

这是《春秋决狱》中的案例。此案例对"仁"、"善"、"不忍"、"君子"的关系，可谓是一种最为生动的解释。"不忍"在孟子那里是"善"的核心内容，在本案中，"不忍"是"君子"、"仁"的行为表现，所以，通过"不忍"，孔子所讲之"仁"与孟子所讲之"善"得到了贯通，也就是说，"仁"与"善"的重要标准就是"不忍"。而"不忍"的具体表现就是对幼小生灵的释放。董仲舒将"不麛不卵"作为君子践行仁的标准与体现，尽管他从"感母恩"的伦理角度去解释，但其所讲的"仁"之中暗含的是"不忍"伤害幼小的恤幼思想，"夫一

① 陈重业辑注：《古代判词三百篇》之《春秋决狱》，上海古籍出版社 2009 年版，第 3 页。

麛，犹不忍”说的就是对幼小的不忍。这种不忍伤害幼小的思想，可视为恤幼思想的理论起点，也可算是幼小犯罪赦宥制度的思想渊源。由此我们就可以说，幼小犯罪赦宥制度，其内在精神是一种“不忍”，体现的是一种仁政与善政的思想。

（二）基于恩仁的赦宥易流于随性之举

需要说明的是，这种基于“不忍”的赦宥制度，明显带有主体的指向性和方向性，“赦宥”与君子的“恩仁”相连，也就是说，这是从站在执政者的角度来讲的一项法律制度，不忍的主体是执掌法律的人，是立法者和司法官，赦宥是他们实施仁政的手段，是“一种‘仁道’司法理念的制度表达”①，是证明其君子之风的重要表现。进一步说，建立赦宥制度完全是出于君子的道德需要，而非基于幼小本身的正当需求。赦宥制度的运行对执政者具有强烈的依赖性，而犯罪幼小只具有客体地位，完全处于被动的角色，幼小本身的性质特点尚不足以启动赦宥之门。就如同本案中对纵麛之事的评价，幼小的麛鹿虽然可爱、爱怜，但其怜爱状并不足以让狩猎者将其释放，事情的关键在于君之“觉”与“不觉”，取决于其对“君子不麛不卵”的理解与行动。君“不觉”时，会“愠”并议大夫之罪，而君“乃觉之”时，方知大夫之仁并“以为子傅”。所以，这种建立在“仁”与“不忍”基础上的赦宥制度，天生就有运行的不稳定性和结果的不确定性的特点，赦宥制度完全是一种

---

① 崔永东：《中国传统司法思想史论》，人民出版社2012年版，第212页。

来自执政者的恩泽与施舍，给与不给，全赖执政者对君子之风的践行。

看了以下判案，就会发现，上文对于赦宥制度之推断，并非妄言。

判案：请不用赦判[①]

得乙上封，请求不用赦。大理云："废赦，何以使人自新？"乙云："数赦则奸生，恐弊转甚。"

刑乃天威，赦惟王泽，于以御下，存乎建中。上封以宥过利淫，幸门宜闭；大理以荡邪除旧，权道当行。皆推济国之诚，未达随时之义。何则？政包宽猛，法有弛张。习以生常，则起为奸之弊；废而不用，何成作解之恩？请思砭石之言，兼咏《蓼萧》之什。数则不可，无之亦难。

这是白居易作于唐贞元十八年（802 年）的判词。在此判中，白居易精准地说出了赦宥之性质以及运用赦宥之原则。"刑乃天威，赦惟王泽"，对刑与赦的性质进行了定位，刑罚是出于上天的威怒，而赦宥则出于君王的恩泽。"废而不用，何成作解之恩"则说明了赦宥的目的就是彰显圣恩。如前文所析，这一恩泽的心理根源在于仁和善，在于君子之风，在于不忍。正是基于这一定位，在白居易看来，对赦宥的运用就是一种"济国"

① 陈重业辑注：《古代判词三百篇》之《白氏长庆集》，上海古籍出版社 2009 年版，第 52—53 页。

的政治智慧，而不是项恒常运行的制度。对于赦宥既不能常用，也不能废止不用。因为“习以生常，则起为奸之弊”，赦宥太经常了，会让人们产生犯罪不受处罚的侥幸心理，变相鼓励其作奸犯科。而“废赦”则会带来“何以使人自新”和“何成作解之恩”的双重后果与疑问，犯罪人失去了自新的机会，皇帝也失去了施以恩泽的途径。所以，最好的办法是要采取中庸之道，既不废除，也不过多使用，顺应时势而灵活变通使用。

当然，白居易所讲的这种中庸之道与“随时之义”，是一种最为理想的状态，对于实践而言，这种对赦宥的把握恐怕会变成一种随性而为之举。如宋代，“徽宗在位二十五年，而大赦二十六，曲赦十四，德音三十七。而南渡之后，绍熙岁至四赦，盖刑政紊而恩益滥矣。”① 如此频繁的赦宥，显然是随性之举，其导致刑政紊乱是必然的。而元代这种赦宥更加随意和功利化，如“至大二年，以皇太后有疾，释大辟囚百人。皇庆三年，以作佛事，释囚徒二十九人。泰定元年，释笞罪以为两宫祈福”②。对囚犯之赦宥，竟然成了为太后治病，为两宫祈福的功用之事，成为作佛事的配合之举。其中所含的宗教与迷信色彩不说，但就其功利性而言，赦宥已经完全变成为皇帝随心所用，毫无章法的工具性手段了。如同一枚硬币的两面一样，与随意赦宥相对应的是，对赦宥制度随意执行，一定也包含着对依律应予赦宥者而不

① 高潮、马建石主编：《中国历代刑法志注译》之《宋史·刑法志》，吉林人民出版社 1994 年版，第 539 页。

② 高潮、马建石主编：《中国历代刑法志注译》之《新元史·刑法志》，吉林人民出版社 1994 年版，第 834—836 页。

予赦宥的情形。在司法随意的情况下，赦宥制度立法与司法实践中的巨大差异就可以得到解释，“七岁以下虽有死罪不加刑”的条文之下，司法者主张对缘坐幼小实施阉割甚至斩立决之举，也就可以理解。

至此，我们对于幼小犯罪赦宥制度所处的社会与文化背景，算是有了粗浅的勾画，对于制度立法与实践的差异，也有了进一步理解的途径：以秩序为核心的主流思想，漠视人的独立价值与个性特征，儒家过于理想化的人格要求，容易演变为对人不切实际的妄想，并在秩序为本的理念下导致司法的严苛与残酷。以等级差别为特征的社会秩序，以孝悌为仁之本的儒家思想，将幼小牢牢地置于差序社会结构的底层，卑下的幼小无论在家中还是在社会上，都是一个不让人重视的群体，其唯一引人注目之处就在于不容置疑的孝悌义务。以此背景下，成人世界对于幼小的要求甚至有“洁癖”之嫌，以至于幼小的任何错误都是不可原谅的，其稍有不慎，就可能以不孝之名被家长责打，或被官府监禁，甚至被斩立决乃至枭首、剉尸，古代中国成为不容幼小犯错的时代。而基于不忍之心的赦宥制度，虽是幼小的一个福音，为幼小幸免刑罚打开了一扇门，但赦宥与恩仁相连，自始便有施舍的性质，即使有尽显刚性的法律条文，赦宥也变成了一项不敢随意启动的救济。因为，在随意性的司法原则下，声请赦宥之途极有可能反变成加重处罚之旅，能有幸得赦宥者，绝对要“谢主龙恩”。

若究其原因，幼小犯罪赦宥制度的实际运行状况，显然是其背后的传统中国文化影响的结果。用马克思的话来评论，则要归责于专制的国家制度了。“专制制度唯一的原则就是轻视人类，使人不成其为人。……哪里君主制的原则占优势，哪里的人就占少数；哪里君主制的原则是天经地义的，哪里就根本没有人了。”[①] 自秦至清，古代中国的君主专制一直是当作天经地义之制来理解的，所以，古代中国人普遍受到轻视甚至“不成其为人”，便是一种普遍的历史存在。如此状态下，处于卑下地位之幼小，以罪人之名受到的司法对待，便可想而知了。

① 《马克思恩格斯全集》第1卷，人民出版社 1956 年版，第 411 页。

第二章　少年司法的文化探源
——在美国诞生之背景

在探寻了中国少年司法的历史文化传统之后，接下来就要对少年司法自身的历史及其文化进行回顾。唯有此，我们才能了解少年司法的基本秉性，知晓其对生存土壤的基本要求。在这样的前提下，我们才能对少年司法在清末时期引进中国进行全面的观察，以中外两个文化视野，梳理少年司法文化与中国传统文化的暗合与冲突，并对少年司法的中国化进行理性评估。

少年司法作为一项近现代的司法制度，已持续存在了一个多世纪。1899 年 4 月，美国伊利诺伊州议会通过世界第一部《少年法院法》，该法于当年 7 月 1 日生效的当日，美国历史上第一个，也是世界历史上第一个少年法院，在伊利诺伊州芝加哥市的库克郡成立。中外学者通常将此作为少年司法诞生的标志。①

---

① 《少年法院法》的英文全称为 An Act for the Treatment and Control of Dependent, Neglected and Delinquent Children，国内学者译法与看法略有差异。姚建龙译为《规范无人抚养、被遗弃和罪错儿童的处遇与控制法案》，并认为该法通过于 1899 年 4 月 21 日，生效于 1899 年 7 月 1 日；高维俭译为《无人照管、疏于管

芝加哥少年法院的成立影响深远。20世纪的前四分之一时期内，为儿童单独设置法院的思想迅速在其他州得以传播①，形成了席卷整个美国的旨在将少年司法从普通刑事司法中分离的"少年法院运动"。几乎是在伊利诺伊州成立少年法院的同时，1900年科罗拉多州也在丹佛成立了少年法院；随后纽约州于1901年，俄亥俄州和马里兰州于1902年建立了少年法院。到1912年，已有21个州制定了《少年法院法》，1928年时只剩下两个州缺少少年司法体制。1932年，全美国已经有超过600个独立的少年法院。1938年，联邦国会通过了联邦系统的《少年法院法案》，到1945年所有的州都通过了类似的法律；同年，最后一个州——怀俄明州也建立了少年法院。②

不仅如此，美国少年司法的影响是具有革命性和世界性的。"大多数的法律制度不以革命性为原则为基础，但少年法院却力

教以及罪错少年的处遇和监管法令》，该译著中原作者戴维·S. 坦嫩豪斯（David S. Tanenhaus）称该法通过于伊利诺伊州在19世纪最后一次立法会议的最后一天1899年4月14日；张鸿巍译为《安置生活不能自理、疏忽和不法少年条例》，张鸿巍还认为，该法与《少年法院法》（Illinois Juvenile Court of 1899）是两部法。本书基本认同姚建龙的译法，但认为其将Neglect译为"被遗弃"不当，且与"无人抚养"语义上有些重复，应采高维俭所译"疏于管教"较妥，并经比对相关资料认为该法即为《少年法院法》，即只有一部法。详见姚建龙：《超越刑事司法——美国少年司法史纲》，法律出版社2009年版，第81页；［美］玛格丽特·K. 罗森海姆、富兰克林·E. 齐姆林、戴维·S. 坦嫩豪斯、伯纳德·多恩编：《少年司法的一个世纪》，高维俭译，商务印书馆2008年版，第50页；张鸿巍：《少年司法通论》，人民出版社2008年版，第37页。

① ［美］巴里·C. 菲尔德：《少年司法制度》，高维俭、蔡伟文、任延峰译，中国人民公安大学出版社2011年版，第3页。

② 姚建龙：《超越刑事司法——美国少年司法史纲》，法律出版社2009年版，第91页。

图颠覆素有的法律传统，将儿童（需要政府监护、教养者，以及不服管教者、罪错者）的权益置于法律领域中的首要位置。儿童利益为先，是一种对普通法传统的激进背离，然而这却是美国历史上最为广远且迅速风行的法律改革运动。而且大多数的西方国家，包括通常对英美法系改革不予接受的民法法系（即所谓的大陆法系）国家在内，都在美国范例的激励下创立了少年法院。"[1] 欧洲、日本和英联邦国家所设立的相应机构，其在用语、程序和目的等方面，尽皆明确地模拟着美国少年法院的模式。少年司法自从在美国诞生以来，已经成为一种世界的现象。少年司法作为司法制度的一个重要组成部分，其发展状况则被公认为是衡量一个国家司法文明程度、现代化程度的重要标尺。在英美法的历史上，还没有哪一个法律制度在工业化民主国家的不同法律体系中获得了如此普遍的接受。[2] 为此，储怀植教授称伊利诺伊州的少年司法模式，为"全美国以至整个资本主义世界少年司法制度的蓝本"[3]。实际上还不仅仅在资本主义世界，包括我国在内的社会主义国家，以及其他建立少年司法制度的第三世界国家，无论是其少年司法的诞生还是发展，都或多或少、或直接或间接、或理念或制度方面，受到了来自美国的影响。从少年司法制度在晚清时期的萌生过程来看，近现代的少年司法制度

---

① ［美］玛格丽特·K. 罗森海姆、富兰克林·E. 齐姆林、戴维·S. 坦嫩豪斯、伯纳德·多恩编：《少年司法的一个世纪》，高维俭译，商务印书馆 2008 年版，绪言第 4 页。

② ［美］富兰克林·E. 齐姆林：《美国少年司法》，高维俭译，中国人民公安大学出版社 2010 年版，第 41 页。

③ 储槐植：《美国刑法》，北京大学出版社 1996 年版，第 93 页。

在晚清的初创，源于西法东渐的时代背景，其直接具体的推动因素，便是清廷派遣奉天高等审判厅厅函许世英等人赴美参加第八次万国监狱会议。许世英回国后在自己的管辖范围内首先拟章筹办的幼年审判庭，则直接表明因袭于美国。① 所以，研究少年司法的历史，尤其是对其诞生过程、基本特征以及社会文化背景的考察，莫不以美国为样本。本书当然亦不能例外。

第一节　少年司法诞生的简要历程与特征

美国少年司法萌芽、生成于19世纪末期至20世纪前期的“进步时代”（Progressive Era）②，是一系列“进步运动”（the Progressive Movement）中的“拯救儿童运动”（the Child-saving Movement）催生的结果。少年法院的创设者们认为，这一革新运动是19世纪人道主义运动的一部分，并且成功地将儿童从附属于父母的存在转变为需要国家保护的独立阶层，从而极大地改

① 详见本书第三章第三节中“二、幼年审判厅与少年感化院的拟章试办”部分。

② 在19世纪后期至20世纪早期，美国工业的迅速大发展，加之急剧的城镇化和汹涌的移民潮，美国社会产生了一系列的社会问题，如贫富分化严重，国民经济与国家政治受垄断集团左右，矿难等工业安全事故频发，劳工权益、妇女权益及儿童犯罪问题突出，等等，但由于美国人民、一大批有识之士以及像罗斯福总统这样的政治家的共同努力，一系列的被称之为“进步运动”的社会政治改革运动，包括废奴运动、禁酒运动、妇女权益运动、儿童权益运动、农场运动、反垄断运动等得以展开，使得美国在没有经过大的社会动荡的情况下完成了系列改革，摆脱了危机，走向世界头号强国。这一时期被历史学家称为“进步时代”。参见［美］富兰克林·E. 齐姆林：《美国少年司法》，高维俭译，中国人民公安大学出版社2010年版，第5页注。

善了儿童的地位。[①]

拯救儿童运动既源于当时的社会背景，更源于进步改革者的理想和信念。19 世纪的美国人，尤其是那些人道主义改革者们，受文艺复兴与启蒙运动的影响至深，他们相信：命运掌握在自己的手中，并对通过个人努力改变自身命运持积极乐观的态度。同时他们相信，个人失败会带来社会问题，而社会问题又反过来影响每个人的发展。这一观念使他们将每个人发展看成是密切相关的事，并以此产生了人们对陌生人命运的责任感。在此观念下，他们关注无人照管、不守法纪的困境儿童，反思既有的儿童福利政策，不断强化公共责任，并怀着极大热情不断革新，最终形成了包括少年司法、义务学校教育法、限制童工等在内的儿童福利体系的成立。

一、从注重规训到关注成长——少年司法与成人司法渐次分野

（一）从《贫困者法令》到儿童庇护所

美国在 19 世纪之前并没有专门针对儿童的福利措施，其对于贫困儿童、无人照管儿童的救济是依据英国的《贫困者法令》。[②] 该法

① ［美］玛格丽特·K. 罗森海姆、富兰克林·E. 齐姆林、戴维·S. 坦嫩豪斯、伯纳德·多恩编：《少年司法的一个世纪》，高维俭译，商务印书馆 2008 年版，第 54 页。

② 全称为《伊丽莎白女王贫困者法令》（the Elizabethan Poor Law of 1601），英国殖民地时期将之引入美国，并一直保持到新政时期。参见［美］玛格丽特·K. 罗森海姆、富兰克林·E. 齐姆林、戴维·S. 坦嫩豪斯、伯纳德·多恩编：《少年司法的一个世纪》，高维俭译，商务印书馆 2008 年版，第 15 页。

令强调父母及祖父母具有扶助儿孙的法定义务，强调家庭的责任，而对花纳税人钱的公共援助持限制性态度，从而导致了公共援助的紧张，其中儿童问题一直是最缺乏组织和倡导的。① 在《贫困者法令》原则之下，学徒制度成为一种关照贫困和孤儿的最佳选择。即贫困者和孤儿被附从于那些承诺养育他们并以此换取其力所能及之工作的人们。据社会学者研究，在公立学校及义务教育制度建立之前，学徒制是当时一种普遍的制度，做学徒也是儿童最普遍的生存状态。不仅贫困家庭的儿童及无人照管的孤儿去做学徒，即使富裕人家的孩子在 7 岁之后也要到别人家庭做学徒。只不过是富裕家庭孩子去做学徒是一种自愿，而贫困家庭孩子及孤儿去做学徒则是一种不得已的选择。由学徒制带来的不同年龄人群的混处，是从中世纪至 18 世纪这一时期社会的主要特征。② 学徒制实际上体现的还是对家庭的倚重，学徒与主人之间是依据契约拟制的一种类似于家庭的关系：主人系代理父母，学徒系家庭成员。在此构建中，学徒制度在各社会阶层中起着多样的社会功能，从道德教养、职业培训以至于缓解贫困。③

工业化的发展对学徒制度造成了很大冲击，以家庭为基础的学徒制度逐渐褪去其家庭的职能角色，渐变为一种类似于雇佣的

---

① ［美］玛格丽特·K. 罗森海姆、富兰克林·E. 齐姆林、戴维·S. 坦嫩豪斯、伯纳德·多恩编：《少年司法的一个世纪》，高维俭译，商务印书馆 2008 年版，第 14 页。

② ［法］菲利浦·阿利埃斯：《儿童的世纪：旧制度下的儿童和家庭生活》，沈坚、朱晓罕译，北京大学出版社 2013 年版，第 9 页。

③ ［美］玛格丽特·K. 罗森海姆、富兰克林·E. 齐姆林、戴维·S. 坦嫩豪斯、伯纳德·多恩编：《少年司法的一个世纪》，高维俭译，商务印书馆 2008 年版，第 19 页。

经济关系。这一变化对于自愿做学徒的人来讲，学徒主要成为一种职业培训，而对于非自愿的学徒者来讲，学徒成为不得已的获取救济的劳务。随着这一系列的改变，对儿童学徒的虐待不断发生，甚至一些地区贫困儿童不断被伙同另外一些乞丐拍卖。学徒制度产生了阶级分化、社会不公等系列的问题。正如历史学者马克斯韦尔·布卢姆菲尔德（Maxwell Bloomfield）总结的那样，直至19世纪40年代，学徒制度的意义便大打折扣，“不是为各个阶层的儿童提供有益的职业培训，学徒制度目前更多地起到了招收和剥削少年乞丐的作用”①。

与问题相伴而来的便是反思和革新。这些革新主要是制度方面的修改以及专门儿童机构的创立。其中，影响最大的便是公立学校对学徒制度的替代。与此同时，专门为家庭缺失的儿童建立的庇护所（House of Refuge，也有学者译为避难所）出现了。1824年，纽约市建立了第一个少年庇护所。其后，效仿者接踵而至。这些公众机构的产生源于三个方面：其一，人们日益增加的对不守法纪、无人照管的少年困境的关注；其二，将这些少年同其他乞丐一起托付给公立救济院所带来的不良后果——救济院中，他们经常受到虐待，且得不到学校教育；其三，对传统的户外救济和其他救助方式，如拍卖乞丐，人们的不满情绪日益增长。改革者坚信，这些新的儿童救助机构应当成为革新地，即为个人的革新提供必要的帮助和合适的环境，而不应当成为社会的

① ［美］玛格丽特·K. 罗森海姆、富兰克林·E. 齐姆林、戴维·S. 坦嫩豪斯、伯纳德·多恩编：《少年司法的一个世纪》，高维俭译，商务印书馆2008年版，第20页。

"垃圾堆积场"。庇护所的创立者们基于一种信念——结构化的环境可以重塑少年的人格，他们强调：严格的纪律、教育和劳动工作是矫正的主要方法。纽约庇护所为其受庇护者提供了"鼓励勤奋的就业"、"阅读、写作和算术"的基础教育，以及"对其道德和信仰责任本性"的教导。这在传统的《贫困者法令》体制中是不可能的。①

儿童庇护所花费昂贵，经营者在四处求助时，获得了政府的支持。因为在官员看来，与其自己建设并运营公立的救济机构，还不如资助私营的机构更为省心和经济。所以，庇护所不仅获得了政府资助，也获得了广泛的政策权力：允许将救济机构当作盈利企业运营，可以与私营商业部门签订合同为庇护所的儿童提供就业等；同时被赋予广泛的管辖权——犯罪的、流浪的、疏于管教的，甚至是不服管教的儿童均在其中，把无人照管、不守法纪的儿童全部汇集在一起，并与成人分开。庇护所将儿童福利与少年司法实践合二为一，成为游离于公共与私人领域界限之间的专门的儿童矫治机构，体现了那个时期美国儿童福利和少年司法之间日益增进的关系。

儿童庇护所影响深远。尽管其运营中存在这样那样的问题，在19世纪接下来的时期内，美国各州仍然继续进行着将儿童从救济院转移到专门矫治机构的做法。至1861年，当俄亥俄州通过第一个法令——要求对所有郡县救济院中的儿童进行强制性的

---

① ［美］玛格丽特·K. 罗森海姆、富兰克林·E. 齐姆林、戴维·S. 坦嫩豪斯、伯纳德·多恩编：《少年司法的一个世纪》，高维俭译，商务印书馆2008年版，第24页。

移交托管之时，美国大约有着 75 个彼此独立的儿童矫治机构。至 1890 年，可能有 600 个之多。① 需要指出的是，受私立儿童庇护所的影响，差不多自 1950 年代以来，政府慢慢地开始自己建立并运营少年救济和矫治机构，他们设置了少年教养学校（Reform School）、工业习艺学校（Industrial School，也有学者译为工读学校）、训导学校（Training School）等，这些由政府主办的各类学校与庇护所最大的区别在于其更加强调正式教育，并促使整个少年庇护体系向少年教养学校体系改变。② 但不管如何，这些可以统称为少年矫治机构的持续、大规模出现，并伴随着相应的一套独特的信仰观念和实践措施的形成，在美国逐渐生成了一个独特的儿童福利体系和专门针对少年的矫正体系，这个矫正体系与成人刑事司法有着根本的不同，为形成独立的少年司法奠定了坚实基础。鉴于此，历史学家将首批少年法院的诸多特征追溯至庇护所，称庇护所是第一个对少年予以正式的社会控制的专业机构，且于此，少年矫正机构的隔离先于其司法体系的分立。③ 我国学者姚建龙则将少年庇护所的建立及矫正体系的成立，称为少年司法与刑事司法的首次分野。④

---

① ［美］玛格丽特·K. 罗森海姆、富兰克林·E. 齐姆林、戴维·S. 坦嫩豪斯、伯纳德·多恩编：《少年司法的一个世纪》，高维俭译，商务印书馆 2008 年版，第 27 页。

② 姚建龙：《超越刑事司法——美国少年司法史纲》，法律出版社 2009 年版，第 56 页。

③ ［美］巴里·C. 菲尔德：《少年司法制度》，高维俭、蔡伟文、任延峰译，中国人民公安大学出版社 2011 年版，第 2 页。

④ 姚建龙：《超越刑事司法——美国少年司法史纲》，法律出版社 2009 年版，第 66 页。

（二）从少年矫治机构到少年法院

少年矫治机构的发展虽然一度非常兴盛，并被后人称之为少年矫正机构运动，但其发展也一直伴随着非议与批评。资金问题一直困扰着私立的矫正机构，允许其盈利并为庇护者与私立商业部门签订劳动合同的授权，也一直为人所诟病。在19世纪的中期，少年庇护所因为缺乏稳定的资金支持，场地无法扩建和改善，管理也因人手缺乏等因素无法到位，在严酷的现实面前，当初设想的对少年进行矫治的目标很难实现。鲜有证据可以显示，精心编制的日常生活规程达到了其对个人人格重塑的目标。[①] 1853年，布雷斯（Charles Loring Brace）创建的“纽约儿童援助协会”（the New York Children's Aid Society）发动的西部安置政策[②]，更是引起了民众的强烈反对。一些父母以诉讼的方式对将其孩子安置在少年矫治机构的做法发起了挑战。尽管法院多赞成庇护所的合宪性，认为其是学校而不是监狱，将少年送至庇护所的安置措施是矫治而不是惩罚，但不断的诉讼还是促进了人们对矫治机构监禁孩子并让其劳役等问题的反思。布雷斯的西部安置

① ［美］玛格丽特·K. 罗森海姆、富兰克林·E. 齐姆林、戴维·S. 坦嫩豪斯、伯纳德·多恩编：《少年司法的一个世纪》，高维俭译，商务印书馆2008年版，第26页。

② 布雷斯反对专门的儿童矫正机构，主张将都市儿童安置于乡村家庭，他希望通过这种环境能够将儿童从邪恶的街头挽回。实际上这是一种学徒理念的复兴版本。自1854年起，布雷斯以向西部农家输送儿童的方式践行其计划，之后的25年里，“孤儿列车”总共从纽约市转移了5万多名儿童。参见［美］玛格丽特·K. 罗森海姆、富兰克林·E. 齐姆林、戴维·S. 坦嫩豪斯、伯纳德·多恩编：《少年司法的一个世纪》，高维俭译，商务印书馆2008年版，第28页。

政策虽遭反对，但表达了那个时代对家庭养护的一种呼吁，这引起了人们对专门矫治机构与非专门矫治机构功效的比较与反复争论。同时，越来越多的都市美国人效仿布雷斯建立起了“儿童援助会”，表达对儿童问题的关注，儿童越来越清晰地成为美国社会中一个独特的个体，儿童问题日渐成为整个社会关注的议题中心。这一时代的新的社会认识导致了个体意识以及对不守法纪、无人照管儿童的群体道德责任感的拓展，并推进了众多人们的相应行动，他们使慈善事业成为儿童福利的中心。①

在诸多对少年矫正机构的质疑与挑战中，1870 年发生于芝加哥的丹尼尔·奥康尼案（O'Connell v. Turner）是一个值得关注的案件。尽管它在当时司法体系中并未引起足够的重视，但其在伊利诺伊州矫正机构的发展乃至后来少年法院的建立进程中，却是一件值得铭记的事。该案的基本案情是，芝加哥教养学校收容了一个名叫丹尼尔·奥康尼（Daniel O'Connell）小男孩，收容的原因并不是因为他犯罪，而只是因为他具有流落街头、成为乞丐的可能性。这一决定引起了孩子父亲迈克尔·奥康尼（Michael O'Connell）强烈不满，他向法院申请了旨在释放孩子的人身保护令。伊利诺伊州高级法院支持了这名父亲的请求，下令将孩子释放回家。桑顿（Thornton）法官在裁决中指出：“这个男孩被剥夺了父亲的照顾，被剥夺了家庭的影响；没有行动自由；被不确定期限地拘押；打上像罪犯一样的标志；被要求屈服

① ［美］玛格丽特·K. 罗森海姆、富兰克林·E. 齐姆林、戴维·S. 坦嫩豪斯、伯纳德·多恩编：《少年司法的一个世纪》，高维俭译，商务印书馆 2008 年版，第 18 页。

于别人的意志；让他感到他是一个奴隶。”① 显然，这份判决与此前支持矫正机构的判决相反，认为进教养学校对丹尼尔·奥康尼来讲不是帮助，而是惩罚。由于该判决不像以前那样只是从理念上或目的上对教养学校进行评判，而是注重教养学校的实际情况，这引起了人们对类似少年矫正机构实际运行情况的关注与反思。反思的结果是否定，1872 年，芝加哥关闭了教养学校。② 后来的发展表明，这一过激的关闭行为，导致了芝加哥儿童权益的恶化，也为改革者们进行更加彻底的改革提供了现实依据和口实，第一个少年法院产生于芝加哥而不是别处，不能说与这一关闭行为无关。

在对少年矫正机构进行反思与检讨的同时，儿童福利制度在工业化的美国获得了新的关注和一套新的认识。与 19 世纪早期相比，19 世纪末期的人们更多地注意到儿童的脆弱与特殊需求，更多地强调政府的作用，强调家庭与政府关系的重构。市民社会的扩张使妇女在社会运动中的作用凸显，慈善机构在公共政策的讨论与决策执行中，也越来越发挥重要的作用。同时，有组织的专家们，尤其是心理学家和社会工作者，基于其无私的专业主张，奠定了其在公共领域内的专业地位。③ 总之，继 19 世纪初

---

① People ex rel. O'Connell v. Turner，55lll. 287.(1870)，转引自姚建龙：《超越刑事司法——美国少年司法史纲》，法律出版社 2009 年版，第 63 页。

② 张鸿巍：《少年司法通论》，人民出版社 2008 年版，第 35 页；姚建龙：《超越刑事司法——美国少年司法史纲》，法律出版社 2009 年版，第 63 页。

③ ［美］玛格丽特·K. 罗森海姆、富兰克林·E. 齐姆林、戴维·S. 坦嫩豪斯、伯纳德·多恩编：《少年司法的一个世纪》，高维俭译，商务印书馆 2008 年版，第 32 页。

期的人道主义改革之后，在 19 世纪中期人道主义者掀起了第二次改革浪潮，一场以“拯救儿童”为目标的运动如火如荼地开展，将少年儿童福利制度的革新推向更为深入的层面。这期间，值得注意的事件与活动包括：1863 年马萨诸塞州慈善委员会（State Boards of Charities）成立，表达了政府对慈善事业的关注和改革者意图通过政府权威构建一个更加公正的社会的努力。1875 年纽约的改革者创立了第一个“预防残害儿童协会”（the Society for the Prevention of Cruelty to Children，简称 SPCC），一时间各州相继效仿。SPCC 促进了人们重新界定并聚焦于虐待儿童的概念，并使其成为美国儿童福利政策的恒久信念。SPCC 还第一个明确主张加强儿童对抗父母的权利，使美国儿童享有了一些连其父母都必须尊重的权利。而“反暴行运动”（the Anticruelty Movement）创立的半公半私的组织，赋予了社会私人代理者与警察合作，共同拘捕和控告实施虐待行为的父母的权力。[①] 毫无疑问，这等于将虐待儿童行为置于邻里的监视之下，从而使儿童得到更加全面、及时的保护。

而在芝加哥市，被称为“少年法院之母”的露西·弗劳尔（Lucy Flower）于 1873 年随丈夫移居至此，随即投身于拯救儿童的慈善事业，并于 1890—1891 年担任极有社会影响力的芝加哥妇女俱乐部（the Chicago Woman’s Club）的会长。另一个致力于妇女、儿童、贫困者、移民境遇的颇具影响的慈善机构赫尔之家

① ［美］玛格丽特·K. 罗森海姆、富兰克林·E. 齐姆林、戴维·S. 坦嫩豪斯、伯纳德·多恩编：《少年司法的一个世纪》，高维俭译，商务印书馆 2008 年版，第 30—34 页。

（the Hull House），由简·亚当斯（Jane Addams）于1889年在芝加哥创建，其中的活跃人物朱莉娅·莱思罗普（Julia Lathrop），则是全职的社会公益活动家和儿童福利专家。① 弗劳尔与莱思罗普有着深厚的友谊，共同合作推进儿童福利和创建少年法院方面的工作。她们共同发起了系列运动，起初是为了改革少年矫正体系，改变芝加哥少年教养院被关闭后儿童与成人混合关押的残酷境遇。但她们很快发现，问题的根源在于少年犯不得不面对整个刑事司法体系，于是很快将运动中心转向建立独立的少年司法体系。②

在1888年，弗劳尔就首次呼吁建立“亲权法庭”来审理16岁以下无人照管、疏于管教，以及罪错儿童案件。③ 1891年，马萨诸塞州少年观护制度④的确立，迫使刑事法庭在少年犯案件中

---

① ［美］玛格丽特·K. 罗森海姆、富兰克林·E. 齐姆林、戴维·S. 坦嫩豪斯、伯纳德·多恩编：《少年司法的一个世纪》，高维俭译，商务印书馆2008年版，第56页。

② 姚建龙：《超越刑事司法——美国少年司法史纲》，法律出版社2009年版，第75页。

③ ［美］玛格丽特·K. 罗森海姆、富兰克林·E. 齐姆林、戴维·S. 坦嫩豪斯、伯纳德·多恩编：《少年司法的一个世纪》，高维俭译，商务印书馆2008年版，第56页。

④ 英文为Probation System，国内不少学者均译为缓刑制度，中国台湾学者译为观护制度。姚建龙认为将之译为缓刑制度是一种误解，因为Probation的含义不仅指刑罚执行的犹豫，而是一种涵盖对罪错少年监督、考察、照管、帮助等内容，贯穿于少年法院审理前、审理中以及判后全过程的一种制度，所以其在所著中采用中国台湾学者的译法。本书亦认为“观护”的译法更为精准，与其包含的判前调查、支持庭审、判后观护的工作内容相符合，故将相应的缓刑制度改为观护制度，将缓刑官称为观护员。参见姚建龙：《超越刑事司法——美国少年司法史纲》，法律出版社2009年版，第6、86页。

委任观护员，这一事件激发了少年法院创设者们更多的灵感。[①]赫尔之家即在芝加哥积极推进这种观护制度。他们为少年案件提供家庭和社会背景条件的调查，并且在法院出庭，提供如何才能最有利于照顾这些少年的建议。[②]后来观护制度成为少年司法的重要组成部分。同在1891年，深受进步思潮影响的民主党人约翰·P. 奥尔特盖尔德（John P. Altgeld）竞选州长成功，这为建立更广泛的联盟推动儿童福利立法奠定了基础。当年朱莉娅·莱思罗普被任命为州慈善机构管理委员会首任女性委员，她先后巡视了伊利诺伊州下120个郡所有的监狱和救济院，并努力在全州范围内展开重要的政治联系。与此同时，弗劳尔协助建立了“天天俱乐部”，并将之变成传播少年法院理念的重要平台。[③]在她们的促进下，“政府之儿童”被确定为1898年伊利诺伊州慈善事业年会的主题，并于本次会议结束时起草了建立少年法院的呼吁书，促进了支持少年法院社会力量的觉醒。[④]1899年1月，在弗劳尔的“天天俱乐部”的午餐聚会中，由芝加哥律师协会

---

① ［美］玛格丽特·K. 罗森海姆、富兰克林·E. 齐姆林、戴维·S. 坦嫩豪斯、伯纳德·多恩编：《少年司法的一个世纪》，高维俭译，商务印书馆2008年版，第55页。

② 姚建龙：《超越刑事司法——美国少年司法史纲》，法律出版社2009年版，第77页。

③ ［美］玛格丽特·K. 罗森海姆、富兰克林·E. 齐姆林、戴维·S. 坦嫩豪斯、伯纳德·多恩编：《少年司法的一个世纪》，高维俭译，商务印书馆2008年版，第57—58页。

④ 姚建龙：《超越刑事司法——美国少年司法史纲》，法律出版社2009年版，第63页；［美］玛格丽特·K. 罗森海姆、富兰克林·E. 齐姆林、戴维·S. 坦嫩豪斯、伯纳德·多恩编：《少年司法的一个世纪》，高维俭译，商务印书馆2008年版，第58页。

（the Chicago Bar Association）起草、凝聚着她们关于少年法院的思索与意见的议案，被呈交给了芝加哥市的法官们。与此同时，弗劳尔与莱思罗普还多方努力确保关于设立少年法院的议案在1899年议会立法时可以得到优先考虑。[①] 终于，她们的努力得到了回报：在1899年4月14日——伊利诺伊州19世纪最后一次立法会议的最后一天，《规范无人抚养、疏于管教以及罪错少年的处遇和监管法令》得以通过[②]，同年7月1日，根据该法令设置的全世界第一个少年法院在芝加哥市的库克郡成立，这成为中外学者普遍认可的少年司法诞生的标志。

二、政府责任与公众热情的良性互动——缔造独立的儿童福利王国

综观少年司法在美国诞生的简要历史，考察少年司法运作的基本状况，不难发现，新生的少年司法制度具有如下三个显著的特征。

（一）福利性——以儿童的最大利益为目标

少年法院追求儿童福利的价值目标，即当儿童处于危境之时，通过调动国家政府机构的力量来保障“儿童之照顾、监护

---

① ［美］玛格丽特·K. 罗森海姆、富兰克林·E. 齐姆林、戴维·S. 坦嫩豪斯、伯纳德·多恩编：《少年司法的一个世纪》，高维俭译，商务印书馆2008年版，第58页。

② ［美］玛格丽特·K. 罗森海姆、富兰克林·E. 齐姆林、戴维·S. 坦嫩豪斯、伯纳德·多恩编：《少年司法的一个世纪》，高维俭译，商务印书馆2008年版，第50页。

和调教应当接近其父母所应当给予的”。[①] 这一出自1899年少年法院法的最著名的摘句，鲜明地表达了少年法院和少年司法的福利性质与特征。

实际上无须声明，综观美国少年司法萌生的历史，其福利性已经非常清晰地显露无遗。因为美国少年司法自酝酿到萌生，全部都是在儿童福利体系的语境中进行的，是对建立在《贫困者法令》基础上的儿童福利不断审视与改革创新的结果，福利是少年司法“胎中带来的”原始基因。少年法院首先作为社会福利机构产生于19世纪与20世纪之交，而在20世纪之末最终定位于准司法的法院。[②] 在上一个世纪之交，关注儿童权利并努力改善其生活状况，增加儿童的福利保障，促使儿童发展成为有益于社会的人，是当时美国改革者们总体的行动目标，少年司法改革不过是其中的一个方面。在这一影响深远的行动计划中，除少年司法外，还包括义务学校教育法、限制童工以及儿童福利体系的成立。当时，处于青春期中期的少年一般被赋予了成人的身份和责任，而改革的一项重大举措则是扩大儿童期的界限，并力倡这样的理念，即年龄大的少年与年龄小的儿童一样，都应当受到政府的保护和关怀。[③] 直到20世纪30年代，尽管存在着诸多的

---

① ［美］富兰克林·E. 齐姆林：《美国少年司法》，高维俭译，中国人民公安大学出版社2010年版，第6页。

② ［美］玛格丽特·K. 罗森海姆、富兰克林·E. 齐姆林、戴维·S. 坦嫩豪斯、伯纳德·多恩编：《少年司法的一个世纪》，高维俭译，商务印书馆2008年版，第52页。

③ ［美］玛格丽特·K. 罗森海姆、富兰克林·E. 齐姆林、戴维·S. 坦嫩豪斯、伯纳德·多恩编：《少年司法的一个世纪》，高维俭译，商务印书馆2008年版，第144页。

矛盾与不协调，儿童福利还是成为了美国应对不守法纪、无人照管儿童的持久稳固的方法，尽管时有变革。少年法院即产生于美国的这种儿童福利传统。儿童福利传统及其众多的最基本的政策和举措，在少年法院中起到了至关重要的作用。[①]

少年司法在美国萌生、发展的过程中，尽管受到各种质疑与挑战，其福利性质始终没有发生根本性转变。19 世纪早期及中期由家长反对收容孩子而提起的系列诉讼中，法院均以裁决毫不犹豫地表达了儿童福利信仰及其实践在少年司法中的支配地位。[②] 尽管在改革者的心中，对儿童的担心（fear for children）往往也伴随着对儿童的害怕（fear of children），在为儿童谋求福利的过程中也蕴含着对儿童的控制，在对儿童保护的措施中附加着惩罚，"但将进步时代的儿童拯救运动视为一种反少年权益的

① ［美］玛格丽特·K. 罗森海姆、富兰克林·E. 齐姆林、戴维·S. 坦嫩豪斯、伯纳德·多恩编：《少年司法的一个世纪》，高维俭译，商务印书馆 2008 年版，第 46 页。

② 广为人知的案例是 1839 年宾夕法尼亚州最高法院对"克劳斯案"（Ex parte Crouse，4 Wharton. 9-12［Pa. 1839］）的裁定。1838 年小女孩克劳斯在没有犯罪的情况下，因为其母亲的指控被费城庇护所收容，理由是其母亲无法管教这一"不可救药"的孩子，并"考虑这个孩子的心理和将来福利的明显需要"。克劳斯的父亲反对这一收容，将官司一直打到宾夕法尼亚州最高法院，法院最终驳回了其父亲的请求，并认为庇护所不是监狱，而是教养学校，惩罚不是最终的目的。其目的是通过训练将道德与信仰的原则注入孩子的心灵，让他们变得勤奋，掌握谋生的技能，最终达到矫正的目的。当生身父母无力承担教育子女义务或不配这么做时，国家亲权可以替代父母之权。此案既作为确立国家亲权的典型案例，亦作为对少年司法福利性质的权威说明。参见［美］玛格丽特·K. 罗森海姆、富兰克林·E. 齐姆林、戴维·S. 坦嫩豪斯、伯纳德·多恩编：《少年司法的一个世纪》，高维俭译，商务印书馆 2008 年版，第 26 页；姚建龙：《超越刑事司法——美国少年司法史纲》，法律出版社 2009 年版，第 60 页；［美］巴里·C. 菲尔德：《少年司法制度》，高维俭、蔡伟文、任延峰译，中国人民公安大学出版社 2011 年版，第 5 页。

阴谋，则纯属妄测。儿童福利及少年法院运动的诸多关键人物皆是真诚地致力于谋求少年之福祉。即便秉持着历史所提供的后见之明，也很难挑剔著名的少年法院倡导者——简·亚当斯（Jane Addams）的动机。丹佛法官本·林赛（Ben Lindsey）——少年法院运动的‘强尼苹果籽’（Johnny Appleseed），其对少年的态度或可被称为‘中产阶级’的，但在其担当少年法院之超级推销者的时期内，是一个实实在在的穷人和工人阶级的草根英雄。在该世纪早期，他成为美国第八大最受敬慕的人——这一殊荣在少年法官中是前所未有的。”[①] 林赛法官提出了一条权威的立法界限——“只要切实可行，任何越轨少年都应当不被当作罪犯来对待，而是被视为被错误引导的、需要支援、鼓励、帮助和扶携的。”[②] 而朱利安·马克（Julian Mack）法官在 1909 年更是直白地写到：少年法院的目的，“不是惩罚而是矫正；不是令其堕落，而是令其振奋；不是镇压，而是发展；不是令其成为罪犯，而是令其成为值得尊敬的公民。”[③]

即便到了 20 世纪六七十年代，在被学界公认为开创了少年司法权利时代、扭转了美国少年司法方向的系列诉讼案中，联邦

---

① ［美］富兰克林·E. 齐姆林：《美国少年司法》，高维俭译，中国人民公安大学出版社 2010 年版，第 11 页。其中“强尼苹果籽”是美国的典故，出自 1774 年美国拓荒时代的乌托邦题材农场童话《强尼苹果籽》，又名《播撒希望种子的约翰尼》，主人公 Johnny Chapman 穷尽 49 年时间播撒苹果种子，梦想创造一个人人衣食无忧的国度。

② ［美］富兰克林·E. 齐姆林：《美国少年司法》，高维俭译，中国人民公安大学出版社 2010 年版，第 13 页。

③ ［美］富兰克林·E. 齐姆林：《美国少年司法》，高维俭译，中国人民公安大学出版社 2010 年版，第 13 页。

最高法院的裁决也并没有否定少年司法的福利性质。在被称为具有少年司法里程碑意义的1967年判决的高尔特案件（In re Gault）[①] 中，支持在少年司法中引入正当程序的亚伯·福塔斯法官（Justice Abe Fortas）在书写多数意见中主张：在少年法院的治疗意图和对被指控少年的程序保护之间并不存在严重的冲突。他指出："尽管在某些情况下，正当程序原则要求引入少年法院之少年越轨案件审判程序一定程度的秩序性和规则性，并在争议案件中引入抗辩制度的某些元素，但是并没有要求和蔼可亲的少年法官的观念被其对立面所取代。"[②] 显然，在联邦最高法院多数意见看来，在少年司法中引入正当程序原则，并不是对少年司

---

① 高尔特案涉及一个少年的越轨裁决和监禁判决，该少年被怀疑向邻居打了一个下流的电话——该邻居称：该电话"具有令人恼怒的侵犯性，是少年所为，是关于性方面的"。15岁的杰拉尔德·高尔特被拘押，并被拘留一整夜而没有通知父母。此时，高尔特已因另外的罪错行为而正处于观护之中。高尔特在第二天出庭接受审理，观护员提交了一份诉请，宣称高尔特是一个需要法院照料和监管的越轨少年。控方证人没有出庭，且法官没有听取任何经过宣誓的证词，也没有对庭审过程予以记录。在庭审中法官就打电话一事向高尔特问话，而他作出了一些明确的否认的回应。该法官既没有向高尔特及其父母告知其保持沉默、获取律师辩护的权利，也没有为其指定辩护律师。庭审后高尔特被押回拘留室，一周后的处置审理中，法官将高尔特判入州立工读学校，"及于其成年期（即直到21岁），除非经由正当程序而更早获释。"如果高尔特是成年人，其可能的判决结果为不超过50美元的罚金或两个月的监禁；然而作为一名少年，他被判处的监禁长达六年。该案最终上诉到联邦最高法院，最高法院以此案为例，在少年司法中确立了"正当程序原则"，推进了少年司法非正式程序的改造，保障了少年的诉讼权利。In re Gault，387 U. S. 1（1967），转引自［美］巴里·C. 菲尔德：《少年司法制度》，高维俭、蔡伟文、任延峰译，中国人民公安大学出版社2011年版，第7—8页。

② 高尔特案（In re Gault，387 U. S.）第27页，转引自［美］富兰克林·E. 齐姆林：《美国少年司法》，高维俭译，中国人民公安大学出版社2010年版，第53页。

法福利性的否定，对少年提供程序性的保护也不会将少年法院变成刑事法院，相反，最高法院对于“和蔼可亲的少年法官的观念”是支持并小心呵护的。为达到维护少年司法的目标，最高法院并没有将越轨制裁措施赞同于刑罚，也没有将刑事被告人的所有权利延伸于少年越轨者，而只是规定了“公平处遇”所必要的一些基本程序安全保障，这些权利包括：获得指控罪名提前告知的权利、获取公平与非歧视审理的权利、获取律师帮助的权利、获取与证人对质及交叉盘问机会的权利，以及避免自证其罪的特权。同时，最高法院还将这些程序安全保护措施的适用范围，限定于决定某儿童是否实施了越轨行为的裁决听证或审判中。最高法院还声称，设置一些程序保障不会削弱少年法院处理及矫治少年的能力。[①] 这反复的强调与限定，无疑表达了最高法院对少年司法福利性、康复性核心理念的维护。

在 1971 年的“麦基弗诉宾夕法尼亚案”[②] 中，联邦最高法院继续强调了其维护少年司法特性的主张。在该案中，联邦最高法院拒绝将获取陪审团审判的权利引入少年司法，表达了其将刑事诉讼程序引入少年司法的担心。最高法院仍坚持认为：少年法院是在“治疗”少年，而不是在“惩罚”少年，尽管其没有分析两者的区别，但最高法院认为的“治疗”，对于少年来讲，显然具有福利性。最高法院担心：将成年人刑事诉讼的所有程序安

---

① ［美］巴里·C. 菲尔德：《少年司法制度》，高维俭、蔡伟文、任延峰译，中国人民公安大学出版社 2011 年版，第 9 页。

② Mckeiver v. Pennsylvania，403 U. S. 528（1971）. 转引自［美］巴里·C. 菲尔德：《少年司法制度》，高维俭、蔡伟文、任延峰译，中国人民公安大学出版社 2011 年版，第 10 页。

全保障赋予少年，将侵损独立少年司法体系的基本原理。[①]

需要说明的是，20 世纪六七十年代联邦最高法院关于少年司法的相关决定，并非专门针对少年司法的福利性而来，而是 20 世纪 60 年代具有更为广泛意义的“正当处理原则革命”的一部分。其旨在控制政府的权力，防止个别化处置原则下形成自由裁量的专制，改革刑事诉讼程序，并扩大少数族裔的公民权利。[②] 联邦最高法院的“正当处理原则革命”与校园骚乱事件、不断攀升的生育高峰时期的犯罪率，以及 20 世纪 60 年代中期的种族反叛事件相呼应。共和党政客将这些事件概括为“法律与秩序”的危机，并顺应南方白人选民的种族仇恨和对学校隔离的抵制情绪，策划了一种保守主义逆流，以围绕种族问题和公共政策进行政治联盟的重组。从 20 世纪 70 年代至 90 年代，保守主义政客将犯罪作为种族问题的代码，以赢得竞选上的优势，并鼓吹更为严厉、更加强硬的刑事政策，少年司法亦受其影响。[③] 这一时期的美国少年司法被学者称为“强硬”政策时期或惩罚的回归。然而，严惩的矛头主要对准的是少年暴力犯罪、累犯和重罪，而对于那些没有触犯刑法的身份罪错少年的处置，仍然坚持甚至在某些方面还发展了传统少年司法的保护主义理念，采取的是更加宽容和非正式的处置方式，例如继续适用和发展了六七

① ［美］巴里 · C. 菲尔德：《少年司法制度》，高维俭、蔡伟文、任延峰译，中国人民公安大学出版社 2011 年版，第 11 页。

② ［美］巴里 · C. 菲尔德：《少年司法制度》，高维俭、蔡伟文、任延峰译，中国人民公安大学出版社 2011 年版，第 7 页。

③ ［美］巴里 · C. 菲尔德：《少年司法制度》，高维俭、蔡伟文、任延峰译，中国人民公安大学出版社 2011 年版，第 12 页。

十年代的非犯罪化、非机构化和分流计划。[①] 与此同时，少年法院之核心理念，即“防止儿童被当作罪犯来对待”，一直清晰，1899 年如此，1999 年亦如此。[②]

20 世纪 90 年代中期开始，约翰 · D. 与凯瑟林 · T. 麦克阿瑟基金会（the John D. and MacArthur Foundation）主办了一个名为“少年发展与少年司法”的网站（Network on Adolescent Development and Juvenile Justice，简称 ADJJ），为少年司法政策提供有证据支撑的基本原理。该网站的研究倡导对先前施用的“强硬”政策的重新审视与改良。2005 年，联邦最高法院在洛普诉西蒙斯案（Roper v. Simmons）[③] 中裁定，对未满 18 岁的人适用死刑违宪，可算是对“强硬”政策反思的有力回应。

（二）公众性——社会与政府互动的运作模式

这里的“公众性”要表达的核心意思有两层：一是美国把儿童问题作为一个公众性的社会问题来看待，强调公众性的干预与责任，而非仅仅看作是儿童个人或其家庭的问题；二是在公众性干预中，私人的社会力量与公共的政府共同参与，既非交由政府一家独揽，亦非完全放之于社会团体，政府与民间力量之间，

---

① 姚建龙：《超越刑事司法——美国少年司法史纲》，法律出版社 2009 年版，第 195 页。

② ［美］富兰克林 · E. 齐姆林：《美国少年司法》，高维俭译，中国人民公安大学出版社 2010 年版，第 55 页。

③ Roper v. Simmons，543 U. S. 551（2005），被告人西蒙斯在 1993 年入室盗窃未遂，随即谋杀了一位妇女。在作案时 17 岁 5 个月，被判处死刑。最终于 2004 年秋上诉至联邦最高法院。参见姚建龙：《超越刑事司法——美国少年司法史纲》，法律出版社 2009 年版，第 203 页。

有着广泛的合作与持续的互动。芝加哥少年法院创建的重要推动人之一莱思罗普，在1920年即将从联邦儿童局（the United States Children's Bureau）局长退休时发表的演说中提到，“公共机构与私立机构之间的持续合作是少年司法制度的历史特征。这项合作在过去是如此有益，如果少年法院运动的精神要永葆活力的话，就必须继续坚持。他们的使命是再次唤醒公众对少年法院理念的理解与支持。”①

美国少年司法的公众性特点，源于美国社会的文化，其根本在于美国人对于个人的自信和对政府根深蒂固的防范。这种文化显然与文艺复兴和启蒙运动的影响有关。文艺复兴与启蒙运动作为两个紧密联系的历史事件，共同推动了近现代西方文化的产生。文艺复兴结束了以神为中心的中世纪，开创了以人为中心的崭新时代，使人类迈向以理性和自由为标志的近代历史。启蒙主义思想继承了文艺复兴以来对个性与理性的崇尚，确认人的道德价值，力图用理性分析自然界、社会、法律、经济等各个方面，摒弃宗教教义，将现世生活作为生命的真正目的，坚信个人能够通过理性完善自身与社会。他们憧憬一个更为自由、更为人道、更理智的美好前景，在人类心中树立历史进步的信念。他们倡导宗教宽容，蔑视偏见与迷信，对无限制的政治权力予以警惕，并主张改良社会弊病与不公。② 在上述社会文化背景下，19世纪在

---

① ［美］玛格丽特·K. 罗森海姆、富兰克林·E. 齐姆林、戴维·S. 坦嫩豪斯、伯纳德·多恩编：《少年司法的一个世纪》，高维俭译，商务印书馆2008年版，第77页。

② 郭守兰、曹全来：《西方法文化史纲》，中国法制出版社2007年版，第168页。

美国兴起的人道主义改革，导致了市民社会在这个新兴共和国中的广泛扩展。市民社会是指家庭与国家之间的社会空间，是一个公共的言行空间，其中的个人以非政府或准政府组织、机构及活动为纽带而集合为一体。这些团体发展出来的理念和政策，通过报纸、杂志、书籍、会议、职业联合会，以及其他公共领域媒介进行传播。其中民主化、公众主体以及个人主义合并了个人对自己、对社会负责的观念：他们得自己行动，而不是等着政府采取行动。①

少年司法的萌生与发展历史，时时处处都在彰显着上述的文化与思想，从而铸就了其鲜明的公众性品格。1824 年成立的在少年司法发展史上具有里程碑意义的第一个少年庇护所，便是在由富商和专业人士组成的纽约“防止贫困协会”的积极行动下建立并运营管理的，直到 1829 年才获得政府的资金支持。② 私营机构作为儿童政策的创建者和执行者，一直成为人道主义改革者的基本策略，也成为美国少年司法的典型特征。③ 这一特征一直保持到现在。据 1995 年的统计，美国大约 65%的矫正机构是私立的，且在不同的矫正机构中，公立与私立机构之间有着不同的比例和分工，比如拘留所，公立机构占 89%，而私立机构占

---

① ［美］玛格丽特·K. 罗森海姆、富兰克林·E. 齐姆林、戴维·S. 坦嫩豪斯、伯纳德·多恩编：《少年司法的一个世纪》，高维俭译，商务印书馆 2008 年版，第 17 页。

② 姚建龙：《超越刑事司法——美国少年司法史纲》，法律出版社 2009 年版，第 51—52 页。

③ ［美］玛格丽特·K. 罗森海姆、富兰克林·E. 齐姆林、戴维·S. 坦嫩豪斯、伯纳德·多恩编：《少年司法的一个世纪》，高维俭译，商务印书馆 2008 年版，第 34 页。

11%；庇护所，公立机构占17%，公立机构占83%；而在自愿加入机构（voluntary admission），公立机构只占7%，93%为私立机构。①

在推动少年司法产生与发展的其他重要事件中，也无不体现着公私合作的公众性特征。弗劳尔所在的芝加哥妇女俱乐部，莱思罗普所在赫尔之家，都是私立的慈善机构。她们一直通过对政府的积极游说与合作，缔结广泛的政治联盟，从而推动工作的开展。非常有意思的是，世界上第一个少年法院成立之后，其最初的运营是非常惨淡的，没有公共资金来支付观护员的薪水、维持少年犯拘留所的运转、为法庭建造办公楼。面对这些困难，弗劳尔与莱思罗普积极努力化解了难题。弗劳尔建议芝加哥妇女俱乐部建立了以“少年法院委员会”（the Juvenile Court Committee，简称JCC）为名的独立机构，专门为少年法院运营服务，包括支付观护员薪水，寻找办公场所，购买马匹和马车、租借马厩等。莱思罗普于1903年成为JCC首任会长。据JCC的秘书埃米莉·沃什伯恩·迪安（Emily Washburn Dean）记载，当JCC自掏腰包购买了两匹马并说服市政府捐赠了一个马厩给她们使用时，“马厩是如此之小，以至于马匹不论白天还是晚上都不能卧下，因此，我们发现最急需做的事情居然是

① ［美］玛格丽特·K. 罗森海姆、富兰克林·E. 齐姆林、戴维·S. 坦嫩豪斯、伯纳德·多恩编：《少年司法的一个世纪》，高维俭译，商务印书馆2008年版，第99—100页。

租借一个马厩来喂马!”① 这在今天看来似乎有点儿可笑的历史，鲜活地再现了当时的现实，在充分表达着早期少年司法改革家们的艰辛与可敬的同时，也生动地说明了美国少年司法运营中公众参与的特点。

需要说明的是，在少年司法萌生的进程中，政府亦并非一直完全处于无为和被动的状态。私人机构的推动与政府的授权和支持，始终是并行的。1824 年纽约成立的第一个少年庇护所，其前提是首先得到州议会的授权。1863 年马萨诸塞州慈善委员会以及其后一系列政府慈善委员会（Boards of State Charities）的成立，体现了政府对儿童慈善事业的关注和及时跟进。少年法院成立后，儿童优先、儿童利益最大化、儿童保护福利化等儿童中心主义思潮，日益受到美国朝野更加广泛的认同。美国总统罗斯福于 1909 年召开第一次“无人照管儿童观护之白宫会议”，专题研究了关于儿童福利的系列重大问题，1912 年，作为落实本次白宫会议的重要成果，联邦儿童局应运而生。② 这被中外学者认为在少年司法史上具有划时代的重大意义。1921 年 6 月，联邦儿童局与联邦观护协会召开会议，共同讨论少年法院的根本性问题，并于会后委任一个委员会，促使少年法院工作标准化。最终《少年法院标准》（the Juvenile-Court Standards）于 1923 年完成，

① ［美］玛格丽特 · K. 罗森海姆、富兰克林 · E. 齐姆林、戴维 · S. 坦嫩豪斯、伯纳德 · 多恩编:《少年司法的一个世纪》，高维俭译，商务印书馆 2008 年版，第 58—60 页。

② ［美］玛格丽特 · K. 罗森海姆、富兰克林 · E. 齐姆林、戴维 · S. 坦嫩豪斯、伯纳德 · 多恩编:《少年司法的一个世纪》，高维俭译，商务印书馆 2008 年版，第 35 页。

首次确立了少年法院与其他国家法院运作模式相并立的官方标准。该报告达到了少年司法制度纲领的顶峰，直到 1954 年，它一直被联邦儿童局未做任何修改地重版发布。[①] 1967 年《少年犯罪与防治法》（Juvenile Delinquency and Prevention Act）的颁布，再一次从联邦层面上对少年司法及预防少年犯罪问题进一步的规范和推进。[②] 与此同时，白宫儿童会议也成为美国研究儿童问题的最高峰会，在首次会议后直至今天的历史中，形成了基本每 10 年召开一次的惯例。[③]

（三）独立性——儿童专属的独立司法体系

所谓的独立性，表现为独特与分立两个方面，这显然是相对成人刑事司法体系而言。少年司法的萌生史，也是其从成人司法体系逐步分离直到完全独立的历史，在这个历史发展过程中，少年司法形成了自己独特的理念、规则、机构、程序、处置措施等，甚至创造了一套与成人刑事司法迥异的话语，从而成为与成人刑事司法并立独行的系统，造就了成人司法之外另一个不同的世界。

这种分离，从第一个儿童庇护所就开始了。当时的改革者们

---

① ［美］玛格丽特·K. 罗森海姆、富兰克林·E. 齐姆林、戴维·S. 坦嫩豪斯、伯纳德·多恩编：《少年司法的一个世纪》，高维俭译，商务印书馆 2008 年版，第 77—79 页。

② ［美］玛格丽特·K. 罗森海姆、富兰克林·E. 齐姆林、戴维·S. 坦嫩豪斯、伯纳德·多恩编：《少年司法的一个世纪》，高维俭译，商务印书馆 2008 年版，第 95 页。

③ 姚建龙：《超越刑事司法——美国少年司法史纲》，法律出版社 2009 年版，第 90 页。

设定了让少年犯远离成年人改造机构这一较为实际的目标。这一目标的设立实际上源于改革者们对于将少年与成人犯混押混管状态的强烈不满。他们认为成人监狱简直就是培训少年犯罪的学校。他们认为“国家将这些小家伙投入看守所与监狱，与那些在城镇最邪恶角落所能找到的最坏的男人和女人为伍。在如此的待遇下，他们迅速发展——于是他们顺理成章地受到犯罪的培育，并在其获释之际适格于成为犯罪专家和亡命之徒，接着充斥于我们的监狱的拘留所。国家对涉世未深的孩子进行了犯罪的教育，且收获颇丰”①。将不守法纪、无人照管的儿童同成年人分离开，并将这些儿童囊括在一起作为类似政策的目标——其成为美国有关政策的显著特点，这逐渐将儿童福利和少年司法的实践及机构合而为一。② 至 19 世纪末期，当这种独立的少年矫正机构发展、运营了近四分之三个世纪之时，改革者们逐渐认识到，困境少年的根本问题不是在监禁机构的分押分管问题，而是其不得不面对整个成人的刑事司法系统，于是，以弗劳尔为代表的改革者们又改变了他们的努力方向，致力于建立专门的“孩子的法院”，那份少年法院成立前夕发表的呼吁书，确切地表达了他们的意愿：“我们通过将不是犯罪者的孩子当成罪犯一样对待的方式来制造罪犯，这种做法应当结束了。在大城市，为了那些犯了如果由成人实施则为刑事犯罪的过错的孩子，我们的刑事法律

---

① ［美］富兰克林·E. 齐姆林：《美国少年司法》，高维俭译，中国人民公安大学出版社 2010 年版，第 45 页。

② ［美］玛格丽特·K. 罗森海姆、富兰克林·E. 齐姆林、戴维·S. 坦嫩豪斯、伯纳德·多恩编：《少年司法的一个世纪》，高维俭译，商务印书馆 2008 年版，第 25 页。

体系中所需要的是一个完全独立的法院系统。在芝加哥，我们应当有一个‘孩子的法院’，我们应当有一个不做其他事情的‘孩子的法官’。我们需要不同于监狱的拘押孩子的地方。”①

早期的少年法院改革者，以对罪错少年的康复矫治为理想，“预设了这样一个法官——他们受过社会科学和儿童发展学识方面的专门培训，他们的感情投入和洞察力有助于个别化处置决定的作出。改革者期望：社会服务工作人员、临床医生、观护人员都能够帮助法官作出以儿童最佳利益为目标的决定。他们还认为，对儿童的社会环境予以科学的分析，将会揭示出适当的病因诊断以及治疗处方。少年法院对其诊断和治疗的自由裁量权予以最大化，并重点关注于儿童的人格以及生活方式，而不是其犯罪行为。”② 基于这一基本设想的少年司法实践，呈现出了诸多不同于刑事司法体系的独特性。

第一，少年司法的直接目的是治疗康复而不是惩罚，他们将罪错少年当作病人对待而不是罪犯对待，这是少年司法的核心理念。自少年法院诞生以来，该理念一直清晰，1899 年如此，1999 年亦如此。③ 第二，在此核心的理念下，少年司法强调对罪错少年的个别化处遇，即针对每个少年找到最适合他个人的处置

---

① Frederick Wines, Discussion, *Proceeding of the Illinois Conference of Charities*, 1898, p. 64. 转引自姚建龙：《超越刑事司法——美国少年司法史纲》，法律出版社 2009 年版，第 78 页。

② ［美］巴里 · C. 菲尔德：《少年司法制度》，高维俭、蔡伟文、任延峰译，中国人民公安大学出版社 2011 年版，第 6 页。

③ ［美］富兰克林 · E. 齐姆林：《美国少年司法》，高维俭译，中国人民公安大学出版社 2010 年版，第 55 页。

方法，以达到每个少年的最佳利益。这种个别化处置的措施，还包含着儿童个体差异性的认识，毕竟人类完完全全不以同样的方式成长，儿童千差万别。[①] 第三，个别化处遇的要求，必然产生系列的配套措施，除了前面提到的专业的法官之外，还包括专业医生的诊断，尤其是心理医生的诊断和人格的评估，包括对其家庭状况、个人成长经历的调查，也包括判决后合适的执行场所，以及执行过程中专业的辅助及不间断的监督等，这些任务的完成，主要依赖于观护制度及专业的观护员的工作。鉴于此，观护制度被称为少年司法制度的“基石”，观护员被称为“法庭的右臂”，因为他们调查家庭；访谈邻居、教师、雇主；对如何处遇儿童向法官给出建议；在庭审时担任儿童的代理人；在观护期内，对儿童进行监管。少年法院的成功，支持者们认为应归功于观护员训练有素与富有效率的工作。“如果在有关的程序结束后，儿童又被单独放归造成其困境的同样的境遇之中，那么，哪怕是最富有同情心的法官以劝诫、建议或威吓等方式加之于儿童的暂时、表面工作都是惘然。”[②] 第四，这种个别化的处置既然被定位于“治疗”而非惩罚，其程序显然是“细致入微”、“富于同情”、“亲切而缓和”的，不需要特别正规，尤其不需要刑事诉讼中的那种激烈的对抗，所以，少年司法的程序具有非正规性的特点，包括不公开、不对抗等。虽然在20世纪70年代以后

---

① ［美］富兰克林·E. 齐姆林：《美国少年司法》，高维俭译，中国人民公安大学出版社2010年版，第30页。

② ［美］玛格丽特·K. 罗森海姆、富兰克林·E. 齐姆林、戴维·S. 坦嫩豪斯、伯纳德·多恩编：《少年司法的一个世纪》，高维俭译，商务印书馆2008年版，第62页。

“正当处理原则”被引入少年法庭，但只是有限制地引入，并且“书面上的法律”与“实践中的法律”之间存在着重大的差异，各州继续掌控着有关儿童与成人或治疗与惩罚的灵活概念。① 第五，在治疗康复和儿童最佳利益的理念下，少年司法被赋予了对儿童事务广泛的管辖权，其内容可分为三类：② 第一类是少年越轨案件，包括了如果成年人所为则构成犯罪、违法或违规的儿童行为，在大多数州中，少年法院拥有对儿童犯罪行为的初始性和排他性管辖权；第二类是非犯罪的身份犯，即非犯罪的不良行为，如逃学者、屡教不改者、执拗不顺者、离家出走者、违反宵禁者以及饮酒者和吸烟者，身份犯所规制的少年行为如成人所为则不构成犯罪；第三类是需要扶助、缺乏照管与遭受虐待的儿童，这是为了保护儿童以免其受到他人侵害。可以看出，在上述宽泛的管辖范围下，少年司法犹如一个全职又全能的“儿童保姆”，几乎将所有涉及儿童的事务全部纳入自己的“羽翼”之下，构建了以儿童为中心的“独立王国”。至此，已经没有理由不说，少年法院是重要的儿童福利机构了。

尽管拥有上述诸多的独特性，智慧的少年司法创建者们为防止受到成人刑事司法之侵袭，防止沾染刑事指控之污名，他们又创造了一套少年司法专用的话语体系。比如以“诉请”（petitions）而非“指控”（indictments）或“控告”（complaints）

① ［美］巴里·C. 菲尔德：《少年司法制度》，高维俭、蔡伟文、任延峰译，中国人民公安大学出版社 2011 年版，第 16 页。

② 参见［美］巴里·C. 菲尔德：《少年司法制度》，高维俭、蔡伟文、任延峰译，中国人民公安大学出版社 2011 年版，第 19—21 页。

来启动诉讼程序；“裁决”（adjudicate）少年成立“越轨行为”（delinquency），而非对其予以“犯罪之审判”（criminal trial）；对其予以可能包括送入“训导学校”（training schools）的“处置措施”（dispositions），而非对其予以可能导致判刑入监的“量刑审理”（sentencing hearings）。少年的触法行为不被称为“犯罪”（crime），而是称为“罪错”或“非行”（delinquency），少年犯罪人不被称为“罪犯”（criminal），而被称为罪错少年或越轨少年（delinquent）①。如果按照福柯的观点，话语与知识是一种权力②，显然，少年司法的改革者们以不同于刑事司法的话语，创造了与成人刑事司法完全分立的权力。随着少年司法独有的话语体系的风行与广泛接受，少年司法不同并完全独立于成人刑事司法，就成为一个自然而然的事实。

第二节　少年司法诞生的社会文化观念

美国少年司法诞生的背后，有两条清晰的社会文化观念作支撑，那就是关于儿童的观念和关于公众责任的思想。随着儿童这一特殊群体的被发现和对儿童认识的不断加深，随着对公众责任尤其是政府责任的不断反思与转变，关于儿童权益的运动不断发展，最终催生了独立的少年司法体系和完善的儿童福利体系。

---

① 参见［美］巴里·C. 菲尔德：《少年司法制度》，高维俭、蔡伟文、任延峰译，中国人民公安大学出版社 2011 年版，第 6 页；姚建龙：《超越刑事司法——美国少年司法史纲》，法律出版社 2009 年版，第 89 页。

② ［法］米歇尔·福柯：《规训与惩罚》，刘北成、杨远婴译，生活·读书·新知三联书店 2012 年版，第 29—30 页。

一、从发现儿童到认识青春期——儿童观念的不断提升与演变

所谓儿童的观念，实际上就是对儿童的主体性与特殊性的认识，认可儿童的主体地位，承认儿童的特殊性，才能将儿童从成人世界中分离出来。从某种意义上讲，少年司法的萌生与发展史，就是人们对儿童特殊性不断认识和深化的历史。

众所周知，虽然从生物学的角度讲，儿童这一群体自始与人类同在，但从社会学的角度看，儿童被作为一个特殊的群体存在，儿童及童年概念的产生距离我们并不久远。“童年的概念是文艺复兴的伟大发明之一，也许是最具人性的一个发明。童年作为一种社会结构和心理条件，与科学、单一民族的独立国家以及宗教自由一起，大约在 16 世纪产生，经过不断提炼和培育，延续到我们这个时代。”①

“传统社会看不到儿童，甚至看不到青少年。儿童期缩减为儿童最脆弱的时期，即这些小孩尚不足以自我料理的时候。一旦在体力上勉强可以自立时，儿童就混入成年人的队伍，他们与成年人一样地工作，一样地生活。小孩子一下子就成了低龄的成人，而不存在青少年发展阶段。”②“而那些生命非常脆弱而不适于融入成人社会生活的幼小孩子，人们是不把他们计入人数的，

---

① ［美］尼尔·波兹曼：《童年的消逝》，吴燕莛译，中信出版社 2015 年版，第 2 页。

② ［法］菲利浦·阿利埃斯：《儿童的世纪：旧制度下的儿童和家庭生活》，沈坚、朱晓罕译，北京大学出版社 2013 年版，第 1—2 页。

因为他可能早逝。一旦儿童越过可能造成他过早夭折的高死亡率时期，他就融入成人之中了。”①

这一欧洲历史人类学家的研究结论，同样适用于美国以及其他的传统社会。因为“众所周知，美国的社会价值观并非根植于美国本土，而是在它的殖民地时期由‘旧大陆’欧洲移植到‘新世界’美洲去的”②。前文已经提及，在19世纪以前，甚至在19世纪美国公立学校尚未普遍成立，义务教育法尚未实施的时候，学徒是儿童的重要经历。在学徒制下，“价值和知识的传递，以及更为普遍的儿童的社会化，不是由家庭来保障的，也不是由家庭来控制的。儿童很早就离开了双亲，教育通过学徒制而得到保证。儿童学会在帮成年人干活时必须掌握的一些知识。”③在学徒制盛行的时期，儿童过早地混入了成人队伍，湮没了其童年的特征，这个时期的儿童是被当作“小大人”来看待的。

儿童期的湮没，与诸多因素有关。其中家庭的功能以及婴幼儿的高死亡率是重要的因素。传统的农业社会中，“家庭非常明确的使命就是保护家产，共同从事某一行当，在男人或加上妻子都无法单独生存的世界中日常互助，在危急情况下，保护荣誉和

---

①［法］菲利浦·阿利埃斯：《儿童的世纪：旧制度下的儿童和家庭生活》，沈坚、朱晓罕译，北京大学出版社2013年版，第192页。

②牛文光：《美国社会保障制度的发展》，中国劳动社会保障出版社2004年版，第1页。转引自姚建龙：《超越刑事司法——美国少年司法史纲》，法律出版社2009年版，第3页。

③［法］菲利浦·阿利埃斯：《儿童的世纪：旧制度下的儿童和家庭生活》，沈坚、朱晓罕译，北京大学出版社2013年版，第2页。

生命。它不存在情感的功能。"① 传统社会中，孩子也只是资产的一种。家庭情感功能的缺失，尤其是父母与孩子情感的淡漠，既是严酷生存现实的逼迫，而从心理学上讲，也是出自大人们自我保护和心理疗伤的需要。"13 世纪至 17 世纪人口条件没有多大变化，死亡率仍然高居不下"②，"直到 17 世纪后期，仍有大约 2/3 的儿童在 4 岁以前就夭折。人们常常看到儿童的不幸死亡，如果希望保持心理上的稳定，只有约束对儿童不产生依附关系的态度。"③ 所以，在全民皆为基督徒的社会里，人们并不在孩子出生后即接受洗礼，推迟几年是常有的事，如果在这期间孩子碰巧死了，人们也不会过分悲伤。④ 另外，"直到 17 世纪晚期，一直存在着对杀婴的宽容。人们观察到 18 世纪婴儿死亡率的下降，这一现象不能简单用医学和卫生的原因来解释，当时的人们不过就是停止了对他们不想要的婴孩任其死亡或催其死亡的行为而已。"⑤

直到 19 世纪，社会生活才向家庭和职业聚合，家庭才渐渐变成家长与孩子之间交流情感的必要场所。家庭功能的转变使孩

---

① ［法］菲利浦·阿利埃斯：《儿童的世纪：旧制度下的儿童和家庭生活》，沈坚、朱晓罕译，北京大学出版社 2013 年版，第 2 页。

② ［法］菲利浦·阿利埃斯：《儿童的世纪：旧制度下的儿童和家庭生活》，沈坚、朱晓罕译，北京大学出版社 2013 年版，第 65—66 页。

③ 姚建龙：《超越刑事司法——美国少年司法史纲》，法律出版社 2009 年版，第 11—12 页。

④ ［法］菲利浦·阿利埃斯：《儿童的世纪：旧制度下的儿童和家庭生活》，沈坚、朱晓罕译，北京大学出版社 2013 年版，第 11—12 页。

⑤ ［法］菲利浦·阿利埃斯：《儿童的世纪：旧制度下的儿童和家庭生活》，沈坚、朱晓罕译，北京大学出版社 2013 年版，第 10 页。

子在家庭中渐渐受到更多的关注，大人们对孩子开始倾注更多的感情。为了家庭的幸福，人们开始适当减少孩子的数量，因为随着感情的注入，孩子之间不再像以前那样可以轻易替代，失去这个孩子无法用获得那个孩子来弥补。家庭的目标也渐渐开始围绕着孩子的成长来展开。总之，情感革命虽然导致了人口马尔萨斯主义现象，即自愿减少生育的现象，但同时也凸显了孩子在家庭中的地位，儿童渐渐成为家庭中不可或缺的一员。①

儿童群体的出现，还与教育革命以及学校教育的出现有着重大的关系。现代学校制度对学徒制度的取代，使学习成为儿童迈向成人的一个过渡时期，儿童期以及儿童作为一个特殊的群体，在社会中出现了。从前文我们可知，在美国这与对《贫困者法令》下的儿童福利变革和改善有关，与人道主义改革运动有关，也与当时的工业化发展对家庭作坊的取代，进而对人提出更高的素质与技术要求有关。而从人类文化发展史的角度看，这与印刷术发明之后，人类从口语世界向印刷世界变化有关。“在口语世界里，成人的概念并不存在，因此，儿童的概念就更不用提了。因为儿童在7岁时已经能够驾驭语言。他们会说而且明白成人所能说的和理解的一切。”② 这也意味着他/她能够进入成人世界了。“由于印刷和社会识字文化的出现，一种新的传播环境在16世纪形成了。印刷创造了一个新的成年定义，即成年人是指有阅

① ［法］菲利浦·阿利埃斯：《儿童的世纪：旧制度下的儿童和家庭生活》，沈坚、朱晓罕译，北京大学出版社2013年版，第4页。

② ［美］尼尔·波兹曼：《童年的消逝》，吴燕莛译，中信出版社2015年版，第22页。

读能力的人；相对地，便有一个新的童年定义，即儿童是指没有阅读能力的人。”[①]“自从有了印刷术，未成年人必须通过学习识字进入印刷排版的世界，才能变成成人。为了达到这个目的，他们必须接受教育。因此，欧洲文明重新创造了学校，从而使童年的概念也变成社会必需的了。”[②] 而从历史的渊源来讲，这与文艺复兴和启蒙运动以来，人们对知识与理性的崇拜有关，与宗教改革运动以后，学校从只是教会内部针对教士传授拉丁文，逐步扩展整个世俗社会传授新的科学知识有关。[③]

伴随着儿童作为一个特殊群体逐步被发现，关于儿童的观念也不断变化并逐渐成型。总体来讲，儿童观念的变化有一个“从不知羞耻到天真无邪”[④] 的过程，这是一个从感性到理性的渐进提升，体现着否定之否定的哲学规律。与传统社会人们对儿童普遍的淡漠相比，在欧洲，人们从 16 世纪起渐渐产生了对儿童的一种“溺爱”情感，儿童的天真、温顺和好玩而成为大人们逗趣和解闷的对象，大人们享受着与小孩玩耍带来的快乐。这种溺爱的情绪在 16 世纪末至 17 世纪出现了批评和反弹，17 世纪的道德家和教育家们认为溺爱是负面的，进而形成了一种新的

---

① ［美］尼尔·波兹曼：《童年的消逝》，吴燕莛译，中信出版社 2015 年版，第 28 页。

② ［美］尼尔·波兹曼：《童年的消逝》，吴燕莛译，中信出版社 2015 年版，第 22 页。

③ ［法］菲利浦·阿利埃斯：《儿童的世纪：旧制度下的儿童和家庭生活》，沈坚、朱晓罕译，北京大学出版社 2013 年版，第 277 页。

④ 关于儿童观念变化的详细论述，参见［法］菲利浦·阿利埃斯：《儿童的世纪：旧制度下的儿童和家庭生活》，沈坚、朱晓罕译，北京大学出版社 2013 年版，第一部分第五章“从不知羞耻到天真无邪”，第 152—200 页。

儿童观，人们对儿童及其特性的迷恋，不再通过与孩子逗趣、和孩子“插科打诨”来表现，而是通过对儿童的心理探索和道德关怀来实现。儿童不再让人觉得有趣，而被认为是一种脆弱、轻浮和不完美的年纪，对于此唯有时间才能治愈。实际上，这代表着严肃和真实的儿童观念的开始。人们努力深入到儿童的精神世界去，并试图用理性和理智要求他们，从而形成了儿童应当端庄、克制、对儿童不能过于迁就纵容、儿童不能独处、需要连续的监护等系列原则，使17世纪成为模范儿童的时代。17世纪末，人们又开始对促使儿童老成的理性要求进行了反思，寻求一种理性与温情的调和。人们既强调儿童的弱小，又强调儿童的“杰出”，把幼小与他的天真无邪联系在一起，把教育放在第一要义的位置。新的儿童观念既反对对儿童的漠不关心，也反对把儿童当作玩物和对他的过分溺爱，还反对理性对于儿童天性的蔑视。显然，这一观念成为现代儿童观念的基础，影响至今。

上述儿童观念的变化，在美国少年司法发展史上有着清晰的体现，只不过因受欧洲文化影响，美国最初儿童观念的发展在时间上稍晚于欧洲，而在19世纪后期取得了超越。有关儿童问题的每一时期的时代性观念左右着当时的美国儿童福利政策。①《贫困者法令》时期，尤其是19世纪之前，可算是美国对儿童的漠视时期，而至19世纪早期，新的儿童观念以及对不守法、

① ［美］玛格丽特·K. 罗森海姆、富兰克林·E. 齐姆林、戴维·S. 坦嫩豪斯、伯纳德·多恩编：《少年司法的一个世纪》，高维俭译，商务印书馆2008年版，第13页。

无人照管儿童的新的关注促成了人们对儿童福利问题的重新审视。新的家庭信念和实践比先前任何时候都更好地将儿童作为一个有着特殊需要的独特个体来进行对待，并且开始将儿童期作为人生的一个独特阶段分离出来。① 这个时期人们在福利的名义下，对儿童行为从违法犯罪到逃学到不服管教等进行广泛的干预，实际上体现的是模范儿童时代对儿童应当端庄、克制等理性原则的要求，反映着这一时期人们对儿童依赖性观念的主张，在此背景下出现的系列儿童罪错案件尤其是身份犯的案件，在学者姚建龙看来是被人为“发明”出来的。② 而这种对儿童广泛而深入的干预，却成为了美国少年司法的基本特色，一直保留至今。在 19 世纪至 20 世纪早期的美国儿童观念中，对儿童的担心（fear for children）往往也伴随着对儿童的害怕（fear of children）③，在这两种相互冲突的儿童观念支配下，美国关于儿童的政策亦在努力寻求一种理性与温情的调和。至 1899 年第一部《少年法院法》颁布，“儿童无邪”（childhood innocence）已发展成为一个广为接受的儿童理念，被写入法律。④ 在其后的历史

---

① ［美］玛格丽特 · K. 罗森海姆、富兰克林 · E. 齐姆林、戴维 · S. 坦嫩豪斯、伯纳德 · 多恩编：《少年司法的一个世纪》，高维俭译，商务印书馆 2008 年版，第 15—16 页。

② 姚建龙：《超越刑事司法——美国少年司法史纲》，法律出版社 2009 年版，第 65 页。

③ ［美］玛格丽特 · K. 罗森海姆、富兰克林 · E. 齐姆林、戴维 · S. 坦嫩豪斯、伯纳德 · 多恩编：《少年司法的一个世纪》，高维俭译，商务印书馆 2008 年版，第 1 页。

④ ［美］玛格丽特 · K. 罗森海姆、富兰克林 · E. 齐姆林、戴维 · S. 坦嫩豪斯、伯纳德 · 多恩编：《少年司法的一个世纪》，高维俭译，商务印书馆 2008 年版，第 50 页。

中，儿童观念在发展心理学及医学等知识的支撑下进一步发展，儿童从一个需要扶助的弱势群体，逐渐变成了应当被理解的青春期少年。人们在不成熟性、依赖性和需要监管性等儿童理念基础上，创造了青春期“践习许可”的新理念——成熟需要实践。“在现代西方国家中的成长，是一个学会自由地抉择生活道路的过程，然而，这种类型的自由无法传授，只能靠习得。学会自由抉择的唯一道路，即自由抉择以及承受相关抉择后果的亲身体验。缺乏经验的年轻人在作决定的过程中，会犯下更多的错误，这是不可避免的结果，是在一个自由社会中成长的必要风险。”①显然，这一具有心理学与社会学知识支撑的儿童理念，已经走进了儿童的心里，饱含着理性与温暖。

二、从父母亲权到国家亲权——公众责任的不断转变与反思

在少年司法萌生发展史中，公众责任（public responsibility）是与儿童观念共同起着支撑作用且与儿童观念相生相伴的另一个重要理念。公众责任理念的发展过程中，始终伴有两种互动或博弈，一是私人机构或民间力量与政府责任之间的互动，二是父母亲权与国家亲权之间的博弈。用矛盾论的观点来说，正是这两对基本的矛盾运动，推动着公众责任理念的不断更新与发展。

国家亲权（parens patriae）的理念源于美国殖民地时期的

① ［美］富兰克林·E. 齐姆林：《美国少年司法》，高维俭译，中国人民公安大学出版社2010年版，第20—29页。

宗主国英国，源自英国的衡平法院（chancery court）对封建继承之王室利益的保护，该学说确立了王室对未成年孤儿的财产管理权。①“殖民地立法机构将英国法律体制及其基本理念和政策基本保持原样地引入这个新世界。于是儿童被置于欧洲社会的恒久信条——国家亲权之下，即建立对无人照管者（尤其是儿童）的国家责任。该信条使得国家成为最后的父母。”② 关于儿童的国家亲权理论的基本内涵，学者们将之总结概括为以下三个方面：“一是儿童期是一段具有依赖性、充满危险性的时期，其间，监管是生存的基本需要；二是家庭在儿童监管中处于首要的地位，但是，国家在儿童教育中起着首要的作用，并且当家庭不能提供充足的养育、道德训导或监管的时候，国家应当进行强有力的干预；三是当儿童处于危险境地的时候，政府官员有权决定何为儿童的最佳利益。”③ 需要指出的是，国家亲权的理论，是在历史的发展过程中渐进形成的，是在对儿童的权力博弈中，家庭与国家之间关系不断重构的结果。

前文已经提及，在19世纪以前，美国的儿童福利主要是通过《贫困者法令》实现。《贫困者法令》在国家亲权的理念下，将儿童和其他不能独立生活者混为一体，并没有创立独立的儿童

---

① ［美］巴里·C. 菲尔德：《少年司法制度》，高维俭、蔡伟文、任延峰译，中国人民公安大学出版社2011年版，第5页。

② ［美］玛格丽特·K. 罗森海姆、富兰克林·E. 齐姆林、戴维·S. 坦嫩豪斯、伯纳德·多恩编：《少年司法的一个世纪》，高维俭译，商务印书馆2008年版，第15页。

③ ［美］富兰克林·E. 齐姆林：《美国少年司法》，高维俭译，中国人民公安大学出版社2010年版，第4页。

福利政策。并且在当时，《贫困者法令》强调的是家庭和父母责任，对于国家责任是一种限制性的态度。当时的人们确信，父母应当扶助他们的孩子，孩子的问题缘于父母亲的道德缺失。在这种信念下，为困境儿童慷慨解囊从未成为受人们欢迎的公共政策。政府总是力图寻求“以最低的价格达成最好的交易”，致使对儿童的公共援助非常紧张。① 19世纪早期人道主义运动者改革者改变了传统的理念。他们认为个人以及家庭的失败会带来社会疾病，而社会问题是对更大范围社会的威胁。这种理念下，他人的困境便成了与每个人相关的公共问题，于是关注陌生人命运的公众责任感产生了。②

需要指出的是，19世纪前期的公众责任感更多的是指民众的参与而非政府的责任，其基于的是一种志愿者精神。“志愿主义精神是将南北战争前的美国社会结为一体的社会因子，培育了一种社会精神，并且持续不断地将公众心愿转化为社会福祉。”③这一志愿精神的背后，既体现了美国人对个人的自信，也反映着对政府根深蒂固的防范。尽管有所修正，反政府主义的意识形态依旧掌控着美利坚合众国。如克雷文斯所言：“美国是工业化国

---

① ［美］玛格丽特·K. 罗森海姆、富兰克林·E. 齐姆林、戴维·S. 坦嫩豪斯、伯纳德·多恩编：《少年司法的一个世纪》，高维俭译，商务印书馆2008年版，第14页。

② ［美］玛格丽特·K. 罗森海姆、富兰克林·E. 齐姆林、戴维·S. 坦嫩豪斯、伯纳德·多恩编：《少年司法的一个世纪》，高维俭译，商务印书馆2008年版，第17页。

③ ［美］玛格丽特·K. 罗森海姆、富兰克林·E. 齐姆林、戴维·S. 坦嫩豪斯、伯纳德·多恩编：《少年司法的一个世纪》，高维俭译，商务印书馆2008年版，第18页。

家中绝无仅有的——在一个没有全国性官方机构管理运作的情况下，创建了一个全国性福利政府。美国政府总是被密切注视，以使其官僚机器尽量少地发挥其功能。”① 比如纽约州人赞同由政府对私营救济机构的公共补贴制度，他们质疑其他各州公共救济机构的主导地位。他们和其他东北部各州的人们质疑：公共机构怎么可能避免政治腐败和管理混乱？②

这种情况到了19世纪中后期开始发生了重大转变。在拯救儿童运动者看来，人道主义改革需开始反思国家权力的合法界限。美国社会长久存在的反政府集权主义的总体信奉，以及对根植于家庭理想中的家庭自治观念的特别遵从得到了重新的审视。他们主张：用以拯救社会的变革要求公众付诸更大的行动，因为只有国家（政府）掌握着更为有效的管辖家庭的资源和法律手段，从而要求在公共利益和私人利益之间进行一种平衡。国家的角色相应地发生了变化，从单纯的“守夜人”到构建一个福利政府。③ 1863年，马萨诸塞州慈善委员会的成立及相应机构的兴起，就是这种理念转变的证明。这种理念转变的背后，也蕴含着对个人自我改造可能性的怀疑，体现着人道主义改革者对早期个

① ［美］玛格丽特·K. 罗森海姆、富兰克林·E. 齐姆林、戴维·S. 坦嫩豪斯、伯纳德·多恩编：《少年司法的一个世纪》，高维俭译，商务印书馆2008年版，第44页。

② ［美］玛格丽特·K. 罗森海姆、富兰克林·E. 齐姆林、戴维·S. 坦嫩豪斯、伯纳德·多恩编：《少年司法的一个世纪》，高维俭译，商务印书馆2008年版，第44页。

③ ［美］玛格丽特·K. 罗森海姆、富兰克林·E. 齐姆林、戴维·S. 坦嫩豪斯、伯纳德·多恩编：《少年司法的一个世纪》，高维俭译，商务印书馆2008年版，第32—33页。

人极度自信的一种反思与修正。

政府责任的提升，使儿童福利制度的适用范围和指导方向发生了变化。《贫困者法令》语境下“政府的儿童”（the children of state）一词曾经特指那些直接受官方机构照料的贫困儿童，通过一种关于政府的更大范围作用的观念，该词开始被用以指代所有的儿童。伊利诺伊州尊敬的劳埃德·詹金斯·琼斯牧师（Rev. Lloyd Jenkins Jones of Illinois）于1898年宣称：“所有的儿童都是政府的儿童，否则都不是。”① 在此理念下，国家亲权逐步涵盖了所有涉及儿童的事务，这也是美国少年司法除了对越轨少年进行管辖之外，对于少年“身份犯”以及所有虐待儿童行为具有广泛管辖权的基本依据。

如果说“政府的儿童”范围扩大是国家亲权的横向扩展的话，其对家庭以及生身父母亲权的大幅“入侵”，可算是国家亲权走向纵深。公立学校的成立及义务教育法的实施，基本拿走了原本属于家庭的对孩子的教育权，同时还将儿童从劳工队伍中解救出来，这无疑也对家庭收入造成了影响。更为严重的是在国家亲权的理念下，将孩子送入庇护所之类的矫正机构形成了对父母亲权的剥夺。19世纪中期由家长提起的系列诉讼案件，体现的就是父母亲权与国家亲权之间的争夺。当然，父母亲权在这一轮的争夺战中失败了，经过前文所提的克劳斯案等标志性案件的裁决，国家亲权获取了干预家庭生活并在关键时刻取代父母地位的

---

① ［美］玛格丽特·K. 罗森海姆、富兰克林·E. 齐姆林、戴维·S. 坦嫩豪斯、伯纳德·多恩编：《少年司法的一个世纪》，高维俭译，商务印书馆2008年版，第33页。

机会，为少年法院对少年事件的广泛管辖权奠定了基础。[①] 而观护制度的建立与运行，则使国家权力直接走进了少年的家庭与日常生活，而且使得日常生活处于国家的干预和广泛监督之下。从而，“不仅仅是儿童自身，其整个家庭都成了大大扩展的案件办理工作的对象，而这往往涵盖了换工作、迁居、改善家庭管理、改善饮食、戒酒、节制性欲等命令。拒绝这些命令可能会导致观护员申请分解这个不服从的家庭。”[②]

这种国家亲权不断扩张，也一直伴随着质疑与挑战。少年法院设立后，“在欧洲和美国，进步改革家们开始对经典法律理念，如法治、自由意志、有限政府对社会关系进行干预的益处等提出质疑。而这些革新运动使得国家权力的触角延伸至都市有产阶级的私人生活中，从而引发了关于像少年法院这样的新设机构与公众社会应达成何样的适宜关系这样一个令人忧虑的问题”。[③] 实际上，自布雷斯发动儿童西部安置政策起，人们已经开始对家庭矫治儿童功能的呼吁，质疑机构在矫正儿童中的作用。1967年的高尔特案，联邦最高法院在“正当处理原则革命”的背景下，将正当程序引入少年司法，体现的也是对国家亲权的限制，

① 姚建龙：《超越刑事司法——美国少年司法史纲》，法律出版社2009年版，第67页。

② ［美］玛格丽特·K. 罗森海姆、富兰克林·E. 齐姆林、戴维·S. 坦嫩豪斯、伯纳德·多恩编：《少年司法的一个世纪》，高维俭译，商务印书馆2008年版，第62页。

③ ［美］玛格丽特·K. 罗森海姆、富兰克林·E. 齐姆林、戴维·S. 坦嫩豪斯、伯纳德·多恩编：《少年司法的一个世纪》，高维俭译，商务印书馆2008年版，第51页。

防止在没有正当程序保障下的“恣意妄断”[①]。至20世纪70年代，对国家亲权的挑战更是取得了立法上的成果——1974年颁行的《联邦少年司法与越轨预防法》（the Federal Juvenile Justice and Delinquency Prevention Act）要求各州将非刑事的违法者移出监禁式的拘留和矫正机构，并促进对身份犯的非监禁化。有几个州已经将身份犯从少年法中移除，进行非犯罪化处理，并将其重新标签为“需要辅助的儿童”（dependent children）、“需要服务的人”（Person in need of Services，PINS）或“需要保护或服务的儿童”（Children in need of Protection and Services，CHIPS）。[②]少年司法出现了一种非犯罪化、非监禁化的趋势。这一趋势代表着一种对为谋求儿童福利而进行强制干预之有限性的认识，代表着干预使命的减轻，代表着国家亲权的回缩。而20世纪末期至21世纪以来恢复性司法的兴起，则体现了国家权力对当事人及其所在社区利益的尊重和优先考虑，在对越轨少年的处理上，法院之裁决建立在私人协商的基础之上，无疑，这是国家亲权向家庭和私人权力的又一次让渡。

第三节　少年司法诞生的法律文化背景

美国法律与司法体系沿袭的是英国的普通法传统，这使其与

---

① ［美］巴里·C. 菲尔德：《少年司法制度》，高维俭、蔡伟文、任延峰译，中国人民公安大学出版社2011年版，第8页。

② ［美］巴里·C. 菲尔德：《少年司法制度》，高维俭、蔡伟文、任延峰译，中国人民公安大学出版社2011年版，第20、42—43页。

成文法系国家有着显著的不同，并形成了两个重要的特征：一是从纵向角度看，其法律与司法发展是一个具有历史延续性的体系，其对各种法学理论的吸收与摒弃，都是渐进式的或者说是融合式的，甚至是各理论并存乃至交替使用的，很少发生突然的断裂，也不会像成文法国家那样出现以立法更替为标志的明显界限，其以判例主导的法律转型与司法变革，都饱含着诸多深厚的传统与继承。二是从横向看，其法律与司法的发展是一个具有知识包容性的系统，法律与司法的发展，始终不仅仅局限在法学领域，生物学、心理学、社会学等，始终是法律发展的重要动力与支撑。司法决策的背后，总伴随着系统的社会政策考量。这既是美国普通法的普遍性特点，也构成了少年司法诞生及其发展的基本法律文化背景。

在美国少年司法诞生与发展的法律文化背景中，试图找到一条清晰的法律学派之间转换发展的线索，诸如从刑法古典学派向实证学派转变，报应主义向功利主义转化等，其实是很困难的。其原因除了前文所提的普通法传统影响外，还与其联邦体制及转处的少年司法理念相关。联邦体制下，少年司法一直主要是各州的事务，联邦政府对此只拥有非常有限的管辖权。① 而各州法律是独立的体系，且少年法院属于立法的创造物，所以，从机构设置到管辖权再到处理原则和司法理念，各州都有着不小的差异。而在转处理念下，少年司法领域对刑法理论的基本态度是排斥的，刑事责任等基本理论在少年案件中是基本禁止援用的。因此，我们只能以另外的视角，试着从影响少年司法诞生与发展的两条最

① ［美］巴里·C. 菲尔德：《少年司法制度》，高维俭、蔡伟文、任延峰译，中国人民公安大学出版社2011年版，第18—19页。

基本的理念出发，探寻少年司法制度背后独特的法律文化。

一、转处理念下对刑法理论的双重吸收与排除适用

“在少年法院的早期历史中，存在着一种耐心而节制的法学理论基础，一种制度的承诺——比刑事法院对少年犯带来更少的伤害。这在 1899 年曾是一个非常好的理念，至今依然如此。”①这一理念，就是转处理念（diversionary），或被称为转处主义，甚至称为早期少年法院创建者的转处策略。转处理念是关于少年司法的首要理念，其基本特征是对少年刑罚危害性质的强调，将少年从刑罚的严酷中解放出来是其主导性动机。转处理念支撑着少年法院的创设和独立的少年司法体系的成立，是少年司法中恒久性理念，尤其是在 20 世纪六七十年代对少年的干预主义受到正当程序的规制与挑战后，它成为少年司法最重要的理念支撑。在转处理念指导下，少年司法对刑法理论进行着吸收、排斥与整合，形成了独特的少年司法法律文化。

（一）少年法院创设前对刑法理论的双重利用

在进步时代改革者创设少年法院之前，普通法之未成年辩护事由为被控犯罪的少年提供了仅有的正式法律学说。② 未成年辩护事由基于古典报应主义刑法理论。古典刑法学的吸引力在于它

---

① ［美］富兰克林·E. 齐姆林：《美国少年司法》，高维俭译，中国人民公安大学出版社 2010 年版，第 63 页。

② ［美］巴里·C. 菲尔德：《少年司法制度》，高维俭、蔡伟文、任延峰译，中国人民公安大学出版社 2011 年版，第 29 页。

勾勒的理性管理人的自我形象，以及其深层次的认识论基础。①在古典刑法理论看来，刑法对行为人予以惩罚乃是因为其行为伴随着应受谴责的选择，这种选择是理性的个人进行自由选择的结果。而年幼者与精神病患者，因缺乏理性和选择的自由，缺乏对是非对错的认识辨别能力，故而缺乏辨别其选择错误及其行为应受谴责的能力，所以刑罚制裁对他们无效，刑事责任可以得以免除或减轻。

古典刑法理论理性人的假设，使刑事司法中增添了对人的理性进行辨别的前提，这蕴含着将理性尚未充分发展的未成年与成年区别对待的因子，使“未成年”这一事实成为获得免受刑事追究或予以减轻处罚的理由。如果说 7 岁以下低幼儿童完全免责之推定，是根据古典刑法将儿童从司法系统中的第一次剥离，那么少年司法的创建者们对古典刑法的深入挖掘和充分利用，则促成了少年从刑事司法体系的第二次分离，而这第二次的分离，成就了少年法院，成就了少年司法。“少年法院的创始人竭力主张，不能对儿童罪错行为使用刑事责任和可责性的概念，儿童之所以在刑事上不承担责任，是因为他们缺乏推理能力、道德理解能力以及作为归责依据的判断能力。如果让缺乏行为能力的儿童受到刑事惩罚的约束，那么报应原则（以及刑法的完整性）事实上就遭到了无形的破坏。正如丹佛少年法院一位早期的法官本·林赛（Ben Lindsey）所言，‘我们那些打击犯罪的法律不适

① ［英］韦恩·莫里森：《理论犯罪学——从现代到后现代》，刘仁文、吴宗宪、徐雨衡、周振杰译，法律出版社 2004 年版，第 69 页。

用于儿童，正如其不能适用于白痴一样。'"①

需要指出的是，少年司法创建者们的上述言论，是对古典刑法理论的肯定而不是批评，其所批评的只是将这种理论适用于少年。从思想史的角度来讲，这种言论只能算是对刑法适用少年这一实际状况的反思，还不是对刑法本身及古典刑法理论的反思。将刑罚适用于少年是对报应原则的破坏，这种观点背后体现的是对报应原则的维护。这种维护对于少年司法的创建者来说是至关重要的，从某种意义上讲，它是少年司法创立正当性的一块理论基石，是其在公众与议员面前发表激愤演说的动力。因为只有维护刑罚报应性的合理性，才有儿童免遭报应性刑罚的正当性。"英美刑法之核心乃是关于刑罚，即故意加之于应受谴责行为实施者的恶害。我们施以惩罚，因为我们相信：如此的恶害是某人因其行为而在道义上罪有应得的。"② 正是这种将刑罚视为恶害的假设，才使少年司法的创立具有了正当性。否则，如果刑罚是对人的教育、改造与关怀，那么只需将少年委于刑事司法即可，就没有必要将其从刑事司法中解救出来了。

这种赞同报应主义刑法理论并将刑罚视为恶害的观念，始终充斥在少年司法创建及发展的历史中。包括第一个少年庇护所的建立，除了对儿童福利体制的革新因素外，还有对现行刑事司法

---

① ［美］玛格丽特·K. 罗森海姆、富兰克林·E. 齐姆林、戴维·S. 坦嫩豪斯、伯纳德·多恩编：《少年司法的一个世纪》，高维俭译，商务印书馆 2008 年版，第 129 页。

② ［美］富兰克林·E. 齐姆林：《美国少年司法》，高维俭译，中国人民公安大学出版社 2010 年版，第 64 页。

体制对少年过于残酷的反思，甚至这一点占据了相当重要的成分。把少年从成人监狱中分离出来，是少年庇护所创建者最基本的想法。[①] 改革者相信：刑罚过度严厉，且监禁场所是培育犯罪的学校——其中，涉世不深者被腐蚀，可挽救者被强化而走向长期持续犯罪的道路。少年法院的每一个杰出支持者都相信：刑事法院是一个毁坏性的工具，应尽量避免使用。基于此观念，少年法院的第一大优点，即它不会继续刑事司法体系对儿童的毁坏性作用。少年司法转处主义观点的标志性特征，即其对少年刑罚危害性质的强调。[②] 实际上，这种强调与刑学古典学派所主张的刑罚人道主义和刑罚谦抑主义一脉相承。而从少年司法后期的发展历史看，正是这种对报应主义刑法理论的利用与维护，为 20 世纪 70 年代至 90 年代推行“强硬”政策提供了可能。毕竟，报应性的刑罚在少年司法者心中从来没有被彻底否定过，只不过是他们主张它只应该用于成人。而当少年之外形与行为极具成人特征时，便不可避免地激发了对其适用报应性刑罚的冲动。

仅仅逃离刑事司法系统，显然还不足拯救儿童。为此，少年司法的创建者们必须拥有另一套刑法理论来作新的支撑。这就是实证主义刑法理论。实证主义刑法理论“将犯罪学的重点从犯罪和对司法制度的理性管理转向犯罪人以及产生犯罪人的条件。因此，自从它诞生之日起就认为，理解犯罪问题的办法，就是研

---

① 姚建龙：《超越刑事司法——美国少年司法史纲》，法律出版社 2009 年版，第 50—52 页。

② ［美］富兰克林 · E. 齐姆林：《美国少年司法》，高维俭译，中国人民公安大学出版社 2010 年版，第 43 页。

究犯罪人以及构成犯罪人的因素"[1]。实证主义刑法理论实际上又可分为个人主义和社会学两个分支，两者分别强调个人因素和社会因素在犯罪中的作用。但不管如何，实证主义改变了古典学派关于理性人的假设，而"把犯罪人看成是一种受自己无法控制的力量支配的人，这种力量可能来自个人或其体质因素，也可能是决定个人行为的社会力量"[2]。

实证主义刑法理论引起了人们对引发犯罪力量的探究，并着力通过对个人的治疗及其所处社会环境的改善来实现对犯罪的控制，由此产生了目的刑、教育刑、刑罚个别化以及社会防卫等一系列新的刑法观念和司法措施。尽管改革者们一直强调不能将越轨少年当罪犯来对待，但实证主义刑法理论的新观念显然给了少年司法创建者们不少的启发和灵感——康复矫治理念、医师对法庭的辅助、深入少年生活环境的观护制度、将少年带离不适格父母家庭等，诸如此类少年司法的特性表明，改革者们就是在实证主义理论指导下来设计和运作少年司法的。"根据实证主义的设想，应该回避刑事司法问题——实证主义关注的是社会正义、社会保护和社会管理。实证主义认为，不需要花费治理犯罪，因为犯罪仅仅是一种症状，是病态特征的一种外部表现。人们不需要审判，也不需要律师代理，正当程序可以免除，人们需要的仅仅

① ［英］韦恩·莫里森：《理论犯罪学——从现代到后现代》，刘仁文、吴宗宪、徐雨衡、周振杰译，法律出版社 2004 年版，第 105—106 页。

② ［英］韦恩·莫里森：《理论犯罪学——从现代到后现代》，刘仁文、吴宗宪、徐雨衡、周振杰译，法律出版社 2004 年版，第 106 页。

是由社会科学家组成的一个委员会进行的听证会。"① 韦恩·莫里森对实证主义的评价，更让我们发现：实证主义刑法理论与少年司法创建者的心思是那么的吻合！其不仅为少年司法创建者提供新的理念与方法，还为其将少年从刑事司法体系中拯救出来增添了新的理由。所以，对古典报应主义与实证主义刑法理论的双重吸收与利用，可能是少年司法创建者的基本谋略，这一谋略的直接目标就是将少年从刑事司法体系中转移出来，另建一个适用少年的新的司法体系，这也就是少年司法的转处理念。

（二）少年法院运行中对刑法理论的排除适用

少年法院成立后，少年法院的法官们便努力秉持、捍卫着转处主义的理念与原则，努力划分着与成人刑事司法体系的界限，处处彰显少年司法的独特性。因为他们深知，这是少年司法得以存活和长期发展的根基。前文第一节已经提及，为保持少年司法体系的独立，智慧的创设者们竟然创造了一套独特的话语。然而，仅有表面的话语体系还是不够的，如果不同的话语背后却存在相同的理论与观念，那么这种独特性也仅仅是一种语言游戏。少年犯罪虽然被另称为"越轨"，但越轨的界定总要与犯罪相勾连，毕竟两者在少年法院成立之前是一回事儿。"各州对少年法院越轨管辖权的界定以行为为基础——相关行为若成年人所为则构成犯罪，由此引发了相关的刑法理论问题。如果各州以犯罪行为来定义越

---

① ［英］韦恩·莫里森：《理论犯罪学——从现代到后现代》，刘仁文、吴宗宪、徐雨衡、周振杰译，法律出版社2004年版，第112页。

轨，那么少年是否可以在少年法院中援引刑法学说?”①

这是少年法院成立后必须解决的重大问题。而所谓的少年可否引用刑法学说，首先当然是刑事责任学说。美国作为普通法国家，在刑事责任理论上继承了罗马法关于未成年人刑事责任年龄三阶段的划分，形成了以生理年龄为标准的梯次推定：7 岁以下的儿童缺乏刑事责任能力，14 岁以上为完全刑事责任能力，7 岁至 14 岁之间为可予辩解的无责任能力推定，也被称为限制刑事责任能力。② 其中，7 岁至 14 岁③之间可辩解的无刑事责任能力的推定，为少年辩护提供了空间，也就是前文所称的未成年辩护事由。现在的问题就是，被控越轨的少年可否在少年法院中以上述刑事责任学说为依据，以自己正系少年的事实，提出缺乏刑事责任能力的辩护?

“缇沃尼·J. 案”④ 代表了多数州的观点，即主张少年法院排除未成年辩护事由之必要。因为未成年辩护事由乃是为了保护

---

① ［美］巴里·C. 菲尔德：《少年司法制度》，高维俭、蔡伟文、任延峰译，中国人民公安大学出版社 2011 年版，第 28 页。

② 姚建龙：《超越刑事司法——美国少年司法史纲》，法律出版社 2009 年版，第 29 页；［美］巴里·C. 菲尔德：《少年司法制度》，高维俭、蔡伟文、任延峰译，中国人民公安大学出版社 2011 年版，第 30 页。

③ 当然，随着时间的发展，大多数少年法院将管辖权拓展到 15、16 或者 17 岁，延长了传统的儿童刑事责任免除的年限期限。在美国 39 个州以及哥伦比亚特区中，少年法院原初管辖权的年龄上限为 17 岁；另有 10 个州为 16 岁；还有 2 个州为 15 岁。其中康涅狄格州 2010 年 1 月 1 日才从 15 岁调到 17 岁，北卡罗来纳州也正在考虑类似提案。参见［美］巴里·C. 菲尔德：《少年司法制度》，高维俭、蔡伟文、任延峰译，中国人民公安大学出版社 2011 年版，第 24 页。

④ In re Tyvonne J.，211 Conn. 151，558 A. 2d 661（1989）. 转引自［美］巴里·C. 菲尔德：《少年司法制度》，高维俭、蔡伟文、任延峰译，中国人民公安大学出版社 2011 年版，第 31 页。

年幼的儿童免受刑事惩罚的伤害，而少年司法体系本身为其提供了更大程度的保护。“缇沃尼·J. 案”中，法官着重强调了刑事诉讼与少年越轨诉讼以及少年司法体系“康复矫治属性”之间的区别。由于少年法院是基于儿童“真实需要”的评估来对其予以诊断和治疗，而不是对其刑事责任予以判定并予以惩罚，故而未成年之类的刑事辩护事由根本不具有适用性。[①] 这一判例向我们清晰地表达：少年一旦归入少年法院管辖，其身心不成熟的特殊性已经给予的足够重视并得到最大程度的考虑，少年法院对其采取的处遇措施，也都会基于这一特殊性而开展，这里有着与刑事司法完全不同的理念和措施。在少年法院中以未成年为辩护理由的刑事辩护，已经完全没有必要，也没有存在空间。“大多数上诉法院反对少年主张其未成年的辩护事由，并认为少年法院体系具有替代作用。大多数州的少年越轨诉讼对不成熟或未成年的辩护事由不予认可，因为允许此援用可能阻止急需的儿童接受到相应的治疗。”[②]

不仅是对未成年辩护事由，对于精神病辩护事由同样在少年法院的越轨诉讼中被排除适用。“在没有明确立法的情况下，大多数州法院认为，少年不享有主张精神病辩护事由的正当处理原则的宪法权利。法院推理道：‘由于越轨裁决并不涉及刑事责任的判定，且法官作出的处遇判决乃是为了康复矫治儿童，因而精

---

① ［美］巴里·C. 菲尔德：《少年司法制度》，高维俭、蔡伟文、任延峰译，中国人民公安大学出版社 2011 年版，第 31 页。

② ［美］巴里·C. 菲尔德：《少年司法制度》，高维俭、蔡伟文、任延峰译，中国人民公安大学出版社 2011 年版，第 32 页。

神病辩护事由是多余的。’即便是在那些为成年刑事被告人规定了精神病辩护事由的州中，法院也认为，拒绝将其适用于少年并不违反平等保护原则，因为少年司法体系的康复宗旨对越轨少年予以区别于犯罪者的审判提供了理性的基础。”①

这种对成人刑事司法系统中的基本刑法理论的排斥适用，无非是在反复强调，少年司法是一个完全不同于刑事司法的体系，是一块特殊的司法领地，这里不仅有着不同的话语体系，还有着不同的法学理论与司法理念，关于刑事责任能力等刑法基本理论，只能适于成人刑事司法，不适用于本块领地。这种对保持本领地“圣洁”的守卫是坚决的，以至于当其意识到某些特别严重的少年暴力案件的审判可能会损害其矫治康复理念时，会促使少年法院放弃对该类少年的管辖权。一些州规定可以通过“移送管辖听证会”（a transfer hearing），对被控严重犯罪的少年放弃管辖权，或一些州直接立法规定将此类少年排除在少年法院管辖范围之外。② 这些做法是一种逆向的转处，被不少学者解读为惩罚的回归或“强硬”政策的表现，而在笔者看来，这还表达了对少年司法康复治疗理念的坚决维护。少年法院的法官们意识到，某些严重少年案件的管辖可能会使其在惩罚与治疗之间进退两难，可能会造成对少年法院康复矫治理念的破坏性“浸染”，于是，为了维护少年司法的独特性与理念的纯洁性，他们不得不

---

① ［美］巴里·C. 菲尔德：《少年司法制度》，高维俭、蔡伟文、任延峰译，中国人民公安大学出版社 2011 年版，第 35 页。

② ［美］巴里·C. 菲尔德：《少年司法制度》，高维俭、蔡伟文、任延峰译，中国人民公安大学出版社 2011 年版，第 24 页。

“忍痛割爱”，放弃对此类少年案件的管辖权，进而坚定地与以“恶害”惩罚为特征的刑事司法划清了界限。

二、罪刑均衡理念下对减轻责任的理性分析与政策安排

将少年从刑事司法系统中转处出来而另行成立一套司法系统，需要充足的正当化理由。如果说将刑罚视为恶害，而不能将这种恶害加诸少年是一种理由，那么这个理由只是说出了一半。同样是触犯法律，为什么成人能够而少年却不能承受这种恶害？到底少年有哪些特殊性可以成为其减轻责任的“挡箭牌”？或者说少年的特殊性需要什么样的理论解说，才能转化为免遭或少受刑罚的正当化理由？仅仅说少年身心不成熟，显然是有些肤浅和武断的，它需要进一步的深入解释。罪刑均衡的理念，为之提供了一个基本的解释框架。

罪刑均衡是一种关于如何适用刑罚的理念，它根植于英美普通法传统。英美刑法既然将刑罚视为一种恶害，则其“刑法需要成就为一种道义该当性（moral desert）的话语：只惩罚那些应受谴责者，只在其个人道义该当性的程度范围内对其罪行施以惩罚，并按照其所理解的反映相关应受谴责性的某种顺序，对各种不同的罪犯施以惩罚。当然，完全满足这些标准往往非人力所能及，但是某种刑罚体系的合理合法性有赖于对罪刑均衡道德义务的认同，以及为符合之所做的努力”①。美国宪法第八修正案禁止联邦政府对被判罪人施行“残酷和不同寻常的刑罚”，在1910

① ［美］富兰克林·E. 齐姆林：《美国少年司法》，高维俭译，中国人民公安大学出版社2010年版，第64页。

年的一项判决中被联邦最高法院解释为“施加的刑罚……应和已犯罪行均衡”[①]。尽管联邦最高法院对这一解释并不连续且时有异议，但罪刑均衡原则仍被认为具有宪法性依据。

罪刑均衡理念尽管与报应主义理论联系更紧密，但报应主义与功利主义者在他们的理念结构中都强调了相称性原则。[②] 罪刑均衡理念之于少年司法，体现了对报应主义与功利主义的双重利用，其对少年应当减轻责任的解释，也建立在报应与功利的双重路径之上。“对少年的减轻责任，应分别讨论因身心不成熟而导致的‘减轻责任’和为在其青春期过程中给予少年犯‘改善机会’而设计的特殊举措。‘减轻责任’标题下的问题与传统的刑法问题相关；这些问题告诉我们，为何刑事辩护律师会认为年幼少年犯的责任应小于年长者。‘改善机会’标题下的一组政策衍生于针对处于身心成长过程中的少年的法律政策，这些政策不关注刑罚该当性问题。”[③]

（一）从直觉到科学——对“身心不成熟”的精细阐释

在报应主义理论下，一项罪行包含两个方面，外在的部分——行为者造成的危害；内在的部分——行为人主观的可谴责

① ［美］约书亚·德雷斯勒：《美国刑法精解》，王秀梅等译，北京大学出版社 2009 年版，第 50 页。

② ［美］约书亚·德雷斯勒：《美国刑法精解》，王秀梅等译，北京大学出版社 2009 年版，第 44 页。

③ ［美］富兰克林·E. 齐姆林：《美国少年司法》，高维俭译，中国人民公安大学出版社 2010 年版，第 76 页。

性。[①] 在报应主义的理论框架内，外在部分与内在部分共同决定了刑罚的轻重，在同样的行为与后果，如果行为人的主观可谴责性小，则对其所处的刑罚就轻。罪刑均衡理念对少年减轻责任解释，就是循着这样的基本逻辑——因少年相对成年身心不成熟，所以其可谴责性小，于是同样的行为与后果，少年相比成年就要减轻责任。而对于少年身心不成熟的原理，则经历了从感觉到科学逐步精深的历史过程。这一过程的背后，是生物学、心理学、社会学等学科的逐步发展及其相关知识在法律领域的运用。

19 世纪以前，在儿童作为一个特殊的群体尚未被“发现”时，对儿童的司法处置也是基本等同于成人的。但这并不意味着成人与儿童在犯同样罪行的情况下得到同样的处理，因为在当时的司法者适用刑罚时，是运用刑事责任规则对一个人的“辨别能力”进行区分的。在这种司法体制下，儿童与成人虽然适用同样的规则，但往往因辨别能力相对成人低而被从轻或减轻处罚。在普通法传统中，儿童的犯罪一般会得到仁慈的处遇，但是超过 7 岁的少年犯罪人获得仁慈处遇的机会是得不到保证的。[②] 因为，当时的司法体制贯彻的是一种等价报应的理念。这里的等价报应，蕴含着罪刑均衡的内容，而此时对于少年所作的仁慈处理，也隐含着对少年身心不成熟的判断，显然，这种判断是直觉层面上的，是完全主观性的或经验性的，对为什么少年身心不成

---

① ［美］约书亚·德雷斯勒：《美国刑法精解》，王秀梅等译，北京大学出版社 2009 年版，第 47 页。

② 姚建龙：《超越刑事司法——美国少年司法史纲》，法律出版社 2009 年版，第 29 页。

熟，远没有深入系统的探究。

这种直觉层面的判断状态保持了很久，并影响了少年司法政策的稳定。20世纪六七十年代少年司法从主张福利性到主张惩罚的强硬政策的波动，也包含着人们从直觉层面上对少年身心成熟性提前的判断，主张对少年采取强硬政策的人最有力的主张就是少年从外形上看已经非常接近成人了。虽然生物学、心理学的发展为少年身心不成熟提供了知识支撑，最早的犯罪心理学分析理论之一西格蒙德·弗洛伊德（Sigmund Freud，1856—1939）的精神分析理论，在早期解释青少年犯罪原因时就具有相当大的影响力①，但对少年减轻责任的理论却没有随之走向精深与丰富。"关于青春期早期和中期的少年的罪刑均衡问题分析的缺失是一件特别令人费解的事。尽管儿童发展学说中的身心不成熟理论得到普遍的接受，以及较为年幼的十几岁少年的责任减轻理念得到广泛的接受，但与刑罚减轻问题相关的身心不成熟因素方面的分析却一直缺乏。相关结论的直觉吸引以及少年法学与刑事法学的分门别类可能阻碍着对相关基本原理的分析研究。"②

这种分析是有道理的。尤其是少年法院成立后，少年法学与刑事法学的分立，使对身心不成熟的进一步分析成为一个"两不管"的问题。首先成人刑事司法系统将之作为少年司法领域

① ［美］罗纳德·J. 博格、小马文·D. 弗瑞、帕特里克亚·瑟尔斯：《犯罪学导论——犯罪、司法与社会》，刘仁文、颜九红、张晓艳译，清华大学出版社2009年版，第121页。

② ［美］富兰克林·E. 齐姆林：《美国少年司法》，高维俭译，中国人民公安大学出版社2010年版，第77页。

的问题而基本不再涉及，而少年司法定位于康复矫治而非惩罚，使少年法学领域没有必要再去仔细辨别刑事责任能力，没有必要探究刑罚减轻与少年身心不成熟的关系，只是把身心不成熟作为一种当然性的结论使用。前文也已提及，未成年辩护事由在少年法院中是被拒绝提出的。此外，身心不成熟研究的缺乏，可能还与对少年司法程序等相关问题的过于重视有关，自少年法院成立起，其在处置程序上和刑事司法的分立与不同，一直是各界关注和热衷讨论的焦点，实体上的减轻责任等问题可能无意间被遮蔽了。

然而，少年司法处遇措施的惩罚性仍然是一个挥之不去的问题，有充分的证据可以证实，自少年法院早期以来，扩展的国家权力兼顾着惩罚与保护①，尤其是1967年高尔特案之后，联邦最高法院以有限制地引入正当程序的方式，确认了少年法院矫治措施的惩罚性。尽管少年法院中越轨少年所受的惩罚比成年人在刑事法院中所受的惩罚会小很多，但较低的剂量并不改变药物的基本特性。② 所以，如何理解罪刑均衡理念并对减轻责任进行细致的分析，日渐成为少年司法中一个绕不过去的显性问题。

在美国，过去百余年来对少年犯罪的系列研究中，起初犯罪学家关注的重点是少年的生理结构，特别是身体素质的缺陷，很快他们便将注意力转向了精神能力，低能被确定为少年罪错的首

---

① ［美］富兰克林·E. 齐姆林：《美国少年司法》，高维俭译，中国人民公安大学出版社2010年版，第10页。

② ［美］富兰克林·E. 齐姆林：《美国少年司法》，高维俭译，中国人民公安大学出版社2010年版，第75页。

要原因。社会因素也在少年罪错的原因研究中被考虑进来。其中影响较大的实证性研究，要数谢尔登·格卢克和埃利诺·格卢克夫妇的调查研究，他们对500名持续少年罪错行为少年与500名从未实施罪错行为少年进行了系统对比，调研方法也是建设性的，所有导向犯罪原因的假设都进行了系统的考察，并且持续跟踪研究了25年，最后形成了经典著作《少年罪错之阐明》。类似的关于少年罪错复合因素的调查还有很多，从社会学出发的系列理论研究也不断开展。在不断的调查研究中，关于少年罪错的多种因素陆续从不同的角度被揭示：个体的，家庭的，学校的，同伴的，社会尤其是社区生态方面的，等等。①

关于个体能力方面的因素，当代美国学者富兰克林·E. 齐姆林在总结前人研究的基础上，对少年身心不成熟从三个不断递进层面上进行了拆分，任何一个层面上技能的缺乏，都会使其在违犯刑法时缺少充分的道德责任，从而应当在罪刑均衡的理念下，对违法少年减轻责任。②

一是认知能力。较为年长的儿童和较为年幼的青春期少年可能缺乏完全充分发展的认知能力，以理解法律命令的道德内涵，以及将法律和道德规则应用于社会情形。此种能力缺失是未成年问题的核心，是一种绝对的刑事责任能力抗辩理由。这种认知能力与年龄增长有着正向的关系，年龄越低的儿童，其认知能力越差，年龄越

---

① 相关理论研究情况详见［美］玛格丽特·K. 罗森海姆、富兰克林·E. 齐姆林、戴维·S. 坦嫩豪斯、伯纳德·多恩编：《少年司法的一个世纪》，高维俭译，商务印书馆2008年版，第201—222页。

② ［美］富兰克林·E. 齐姆林：《美国少年司法》，高维俭译，中国人民公安大学出版社2010年版，第76—82页。

长，则其认知能力越强，至16岁或17岁，基本接近于成年水平。

二是控制心理冲动的能力。即把认识理解转化为遵从法律的充分发展的行为能力，这是在认知能力基础上需要进一步发展的技能。但这不是一种可能通过抽象文字或口头调查予以完善检测的技能，在很大程度上，自我控制是一种依靠成功的自我控制实践经验而形成的习惯。这种特别类型的成熟，需要通过实践来完成。并且，在挫折情境下的心理冲动控制和在诱惑场境下的心理冲动控制之间，还存在着不小的差别，新的情境和机会需要新的自我控制行为习惯。在此意义上，在十几岁的年龄阶段中，自我控制问题会面临一系列迥异的新战场。

三是抗拒同伴压力的能力。这是法律遵从的一个必要组成部分，是自我控制的重要内容。独自抵制诱惑与抵制同伴敦促其为不良行为的压力不是同一回事。大多数青春期少年的违法行为发生于一定社会情境，其中，来自同伴的即时压力是大多数少年犯罪的真实动因。关于青春期少年犯罪的特性，没有什么事实描述比社会学家们所谓的“团伙背景”更为重要。应对同伴压力同样是需要社会实践经验才能具备的技能。

如果对上述观点稍作总结，我们不难发现三个层次的技能有一个共同的指向，那就是时间与成长。这种解释，以生物学和心理学知识作背景，将少年身心不成熟作为成长中的必然阶段和自然现象，将遵从法律行事的技能看作一个成长与实践的过程。在此观点下，当少年因尚未具备这些技能而违法时，其行为具有更多的可理解性，而非可谴责性，毕竟，没有长大、尚未经验不能都算作是少年自身的过错。在罪行均衡的理念下，少年的违法行为因可谴责性小，当然应予责任减轻。不难看出，这一解释可让人对少年身心不成熟有着更具体、更深层的把握，远远超越了那种模糊的直觉层面，具有较强的科学性。而建立少年身心不成熟认识基础上的减轻责任，也因前者的科学性而走向该当性与稳定性，摆脱了基于仁慈而减轻的成分。既然不成熟在成长中是自然的或必然的，那么，基于这种不成熟而予以的减轻责任就是应当的和必须的，否则，就是对罪刑均衡原则的违反，也是对少年获得减轻处罚权利的侵犯。因为少年与成年相比，缺乏发展遵从法律技能的公平机会，诸多事情成年人已充分体验，而少年却未曾经历。理论发展至此，对少年减轻责任已从一种源于直觉与仁慈的“不忍”，变成了一种基于科学与理性的“不应”，代表着理论的进步与成熟。在此理论背景下，对少年犯罪的强硬政策显然需要进一步反思了。这也正是本章第一节提到的麦克阿瑟基金会创建的“少年发展与少年司法”网站（简称 ADJJ），对强硬政策反思的一个法律文化背景。

（二）践习许可与发展机会——社会学角度的政策安排

对少年身心不成熟的深层认识，为违法少年减轻责任奠定了基础。然而，仅仅在刑法框架下减轻责任，显然还不足以使少年处于单独的司法体系。而狭隘的功利主义刑法视角下，还往往会倾向于忽略少年与成年的差异，强调对少年施加惩罚而给社会保护带来的利益。所以，少年司法系统的独立，还需要从另外的视角对少年身心不成熟性与罪刑均衡进行审视和解读，为施行独特的少年司法政策提供理论支撑。社会学就是这样一个被期待的角色。

过去的百年中，关于少年罪错理论研究是周期性变化的，复合因素的进路，包括生物学在内，在20世纪早期占主导地位；在20世纪中叶，社会学的视角用于解释少年罪错时，复合因素的研究就逐渐退居幕后了；而20世纪后期以来，复合因素的进路又再次成为重要的理论范式。① 尽管如此，社会学对于少年司法的影响还是根本性的，回顾美国少年司法的发展史不难发现，少年司法问题自始便是作为一个社会问题提出的，改善儿童福利是其原初的推动力。所以，少年司法的成立与其说是刑事法律的变革，更不如说是出于改善社会政策的推动。在美国，是社会政策推动着少年刑法理论的发展，而不是相反。所以，有学者评论说，"有关少年罪错行为的大多数理论来自社会学。"②

用社会学的视角看待少年的身心不成熟性，我们会更多地关注其获取遵从法律技能的社会实践性。成熟需要实践。少年自我控制的能力，需要通过实践不断积累经验。显然，这种经验既包括正面的，也包括负面的。青春期的许多负面特性，是纯社会性的，这一事实令其愈加不能适合于用法律来加以控制。③ 这一发现，使得对少年罪错的控制问题跳出了罪与罚的刑法框架，纳入了更加宽广的社会学视野，也使得人们摆脱了对当下罪错的纠缠，从少

---

① ［美］玛格丽特·K. 罗森海姆、富兰克林·E. 齐姆林、戴维·S. 坦嫩豪斯、伯纳德·多恩编：《少年司法的一个世纪》，高维俭译，商务印书馆2008年版，第220页。

② ［美］玛格丽特·K. 罗森海姆、富兰克林·E. 齐姆林、戴维·S. 坦嫩豪斯、伯纳德·多恩编：《少年司法的一个世纪》，高维俭译，商务印书馆2008年版，第204页。

③ ［美］富兰克林·E. 齐姆林：《美国少年司法》，高维俭译，中国人民公安大学出版社2010年版，第25页。

年成长与发展的长远眼光来谋划对策。如果说对社会利益与幸福的谋求是功利主义的特征，在社会学视角下的功利主义，已然是一种更加广阔的功利观，是对当前成本与长远利益比较下的取舍。

少年成长的社会实践性伴随着成长的风险性及风险管理的概念。如何培训少年学会法律框架下的自由？可以肯定地说，这种自由不是仅靠在课堂上作为一种知识所能传授的，这种自由更多的是一种体验，是一种在不同场景下如何抉择的亲身实践。社会纷繁复杂，场景不停变换，如何在不停的抉择中找到法律的边界，这需要少年不断的实践和体验。这对于身心尚未成熟的少年来说，实践的过程在一定程度上也是不断试错的过程，显然，这无论是对少年还是对社会，都具有一定的风险。而从少年成长的需要以及社会健康的角度来讲，这种风险又是必须的。所以，对这种风险进行管控，应当成为制定社会政策进行社会管理的一项重要内容。在这个具有风险的时期，减少损失的一个重要方面，即最大限度地减少少年的自我伤害，同时，在他们滥用机会对社会造成伤害的时候，将我们对他们的伤害保持在最小范围。如果从社会利益的角度考虑，这无疑是社会利益最大化的方案。在此思路下，我们得以寻求到一种法律政策：一方面为那些犯了严重错误的少年保留生活发展的机会；另一方面为比他们更为幸运（或更为道德）的同龄人保留自由抉择权。①

上述观念为少年法律政策的目标提供了总体性指导，还产生了“践习许可”（learner’s permit）的新观念。从儿童走向成年的

---

① ［美］富兰克林·E. 齐姆林：《美国少年司法》，高维俭译，中国人民公安大学出版社 2010 年版，第 24 页。

青春期，也是儿童获得遵从法律技能的践习期，在践习期内触犯法律显然是正常的事。成人作为过来人，应当给予这些践习者充分的指导，并容许其拥有通过犯错的方式来获得成长的机会。这样的解说，当然并不是完全为犯错违法的少年开脱责任，也不是主张一张完全放任的不干涉主义。因为践习者有其相应的权利和责任。“如果没有某种方式的践习行为责任，践习者的角色作用就不完全”①，也无法通过践习获得真正的成长。但践习者的角色使得其免受负担成人完全责任的保护，但与此同时，应随着其践习期的不断增长，逐级推进其接近成年期的道德及法律责任水平。这无疑是从少年成长的角度建立一种动态的罪刑均衡。

上述观念的背后，有着社会学理论的支撑，青春期犯罪偶然性的观点及标签理论就是重要的部分。偶然性观点认为，少年犯罪是与其践习期或过渡期的身份相关的短暂时期的现象，也是一个正常的现象，这些罪错行为绝大部分是仅限于青春期的，只要罪错少年挺过了这个阶段，他完全有望发展成为一个有益于社会的公民。② 所以，对少年罪错的大力干预是没有太多必要的，成人社会更不能因为其在特殊阶段的罪错，就剥夺其以后正常发展的机会。“治疗少年犯罪的良药即成长。”③ 与此相应，20 世纪

① ［美］富兰克林 · E. 齐姆林：《美国少年司法》，高维俭译，中国人民公安大学出版社 2010 年版，第 28 页。

② ［美］玛格丽特 · K. 罗森海姆、富兰克林 · E. 齐姆林、戴维 · S. 坦嫩豪斯、伯纳德 · 多恩编：《少年司法的一个世纪》，高维俭译，商务印书馆 2008 年版，第 152 页。

③ ［美］富兰克林 · E. 齐姆林：《美国少年司法》，高维俭译，中国人民公安大学出版社 2010 年版，第 85 页。

中期兴起的标签理论则将少年罪错的部分责任归于成人社会的不当反应。“一个人成为他被人描述的那样。”成人社会对少年初次偏离的不当反应，会导致其二次偏离。“只要有可能，请离孩子远点！”的呼吁，代表了标签理论的精神。①

以上述观点为代表的社会学理论，主张青春期风险的正常性，倡导为罪错少年提供完整的发展机会。“成功青春期的一个重要特点，即生存发展以至于成年，最好是其个人生存发展的机会完整无缺。”② 在上述理论的支持下，少年司法显然已经走出了在刑事司法中获得减轻处罚的窠臼，而在更宏大的社会利益和更长远的少年成长利益下，实施着一系列青春期风险管理的社会政策安排，比如未成年人不得购买酒类和香烟，不得拥有枪支，必须遵守宵禁和义务教育的法律，少年订立合同、驾驶车辆也有着特别的年龄规则。对越轨少年进行非监禁化与非犯罪化的观护处置等，诸如此类的规则，要么是保护少年免受他人的侵害，要么保护少年免受自身的危害，要么是保护社会免受少年危害行为的侵害。总之，在上述政策安排下，少年法院努力使自己成为一个“理解成长中的孩子，并寻求保障其在正常社会中健康有序发展之方法”的场所。③

---

① ［美］玛格丽特·K. 罗森海姆、富兰克林·E. 齐姆林、戴维·S. 坦嫩豪斯、伯纳德·多恩编：《少年司法的一个世纪》，高维俭译，商务印书馆 2008 年版，第 212—213 页。

② ［美］富兰克林·E. 齐姆林：《美国少年司法》，高维俭译，中国人民公安大学出版社 2010 年版，第 84 页。

③ ［美］富兰克林·E. 齐姆林：《美国少年司法》，高维俭译，中国人民公安大学出版社 2010 年版，第 62 页。

第三章　少年司法的晚清萌芽

——以西法东渐为背景

当19世纪中后期的美国的人道主义改革者在轰轰烈烈地进行“拯救儿童运动”，积极创设少年法院的时候，远在东方的文明古国中国也正进入其“两千年未有之大变局”。自1840年鸦片战争以来，长期封闭的中华帝国门户洞开。在一次又一次的受辱与震惊中，人们不得不追问：曾经不可一世的“天朝大国”为何竟是如此的不堪一击?！而一直为帝国所不屑地称之为“夷”的西方诸国，为何具有如此强大的军事实力和经济实力?![1] 面对两千年未有之大变局，中国朝野的观念不得不从“天下”到“万国”转变。[2] 而在不断思索与图强的进程中，中国向西方学习的态度，逐渐由被动到自觉[3]，相应地，关于外国

① 张晋藩：《中华法制文明史》（近、当代卷），法律出版社2013年版，第53页。

② 葛兆光：《中国思想史》（第二卷），复旦大学出版社2013年版，第291页。

③ 张晋藩：《中华法制文明史》（近、当代卷），法律出版社2013年版，第55页。

知识的称呼，渐次经历了夷学—西学—新学的时代转换[①]，学习吸收的内容，亦沿着器物—制度—文化的路径不断深入，用现代学者的话讲则是“沿着物质文化、制度文化、精神文化的阶梯拾级而上”。[②] 到了清朝末年，尤其是甲午海战以后，西法东渐已是不可阻挡的历史潮流，虽有戊戌变法之挫，但 1900 年八国联军进京，太后与皇帝“西狩”，巨大的内外压力之下，学习西法，修订中律，终成朝野共识并付诸行动。1902 年 3 月 11 日（光绪二十八年二月初二），朝廷发布决定修订律例的上谕，“著各出使大臣，查取各国通行律例，咨送外务部。并著责成袁世凯、刘坤一、张之洞，慎选熟悉中西律例者，保送数员来京，听候简派”[③]，自此，一场以会通中西、“中外通行”为目标的修律运动全面展开。西法东渐之风在晚清之最后十年，终于登堂入室，成为官方主导的大规模法律移植活动。这期间，源自西方的少年司法理念与制度，也随同现代刑法理念与监狱制度，一并被介绍、引进，“惩治教育”最终成为修订新刑律的五大内容与原则之一，刑事责任年龄几经争执最终被划定在 12 岁，幼年审判厅与感化院，也在地方拟定章程先行试办。总之，在清末立宪与修律改革进程中，少年司法在中国大地上已经破土见日，进入了初始的萌芽阶段。

---

① 熊月之：《西学东渐与晚清社会》，中国人民大学出版社 2011 年版，第 590 页。

② 熊月之：《西学东渐与晚清社会》，中国人民大学出版社 2011 年版，第 597 页。

③ 高汉成主编：《〈大清新刑律〉立法资料汇编》，社会科学文献出版社 2013 年版，第 3 页。

第一节　晚清报刊中的国际儿童与中国少年

有学者将晚清西学东渐分为四个历史阶段，1811—1842 年为第一阶段，1842—1860 年为第二阶段，1860—1900 年为第三阶段，1900—1911 年为第四阶段。其中，第四阶段具有“数量空前”、“社会科学比重加大”、“影响深入”等特点，就译书来讲，最后阶段译书占晚清译书数量的 69. 8%，超过此前 90 年译书总数的两倍。“大批西学的涌入，特别是各种不同层次的新式教科书，遍布城市乡村，走进千家万户，使西学影响空前深入。”① 被西方誉为“头号中国通”的美国学者费正清也指出，“尽管（鸦片战争之后）几十年间中西接触不断加强，中国知识界真正开始吸收西方思想还是 1900 年以后的事。”② 显然，这与晚清政府明确宣布预备立宪，进行修律变法有关。正是由于朝廷的允许与主导推动，包括西方法律在内的西学在中国之传播才得以轰轰烈烈。在传教士为主的外国人传播、中国派遣官员出访考察学习、留学生学习回传等诸多的西学传播途径中，杂志报纸既是西学东渐的产物，又是传播西学的重要媒介。据统计，从 1815 年《察巨人每月统记传》问世，到 1911 年，海内外累计出版中文报刊 1 753 种。可以毫不夸张地说，在晚清，几乎没有什

① 熊月之：《西学东渐与晚清社会》，中国人民大学出版社 2011 年版，第 6—11 页。

② ［美］费正清：《中国：传统与变迁》，吉林出版集团有限公司 2013 年版，第 347 页。

么报刊不与西学传播有关。[①]

一、晚清报刊对国际儿童新闻的关注

西学如火如荼地在中国传播的时代背景下，儿童与少年也成为晚清报刊中经常出现的词汇，国际上有关儿童的新闻，渐成为各报刊关注的一个焦点。早在1888年与1889年，广学会就编印了专门的儿童刊物，包括《孩提画报》、《训蒙画报》、《成童画报》，这些画报内容浅显有趣，图文结合，颇受读者欢迎，年销量最多的达3.5万多册。[②] 儿童报刊与儿童新闻的背后，传播着西方关于儿童的新制度、新观念，也代表着中国开始对儿童这一特殊群体的关注，预示着这一群体在中国社会中的角色被重新审视，其之于国家、社会、家庭的价值，被重新发现和发掘。

（一）令人艳羡的国外儿童生活

1903年《大陆报》第7期刊载了两则关于美国少年的消息。[③] 一则以少年图书馆为题，报道称“美国各州均设有少年图书馆，择良教育家以掌之，除书籍新闻杂志外，多备地图彩画。房屋宽广，虽严寒暴风之日，馆内无隙地。凡少年索书者，每不能举其名，主事者就少年言语以推之，无不各满志而去”。如果

① 熊月之：《西学东渐与晚清社会》，中国人民大学出版社2011年版，第308页。

② 熊月之：《西学东渐与晚清社会》，中国人民大学出版社2011年版，第440页。

③ 《大陆报》1903年第7期。

说在这则新闻中，我们不难读出报道者的赞誉之情，而在另一则“世界第一少年俱乐部”的新闻中，则从题目到内容都充满了赞美之词，钦羡之情溢于言表。“纽育（约）市有一少年俱乐部，其庄严美丽不特甲于美国，他国亦罕其匹。”该文章详细介绍了俱乐部创建历史、创建的慈善家，并逐一介绍了该俱乐部六层楼中每层的设置与功能，包括浴室、玩器齐备的游戏场、讲议室、博物室、图书纵览室、体操场、技艺室等，并配有体操教师、游戏监督、音乐教师等。“每夜来者千五百人，从其性好，游戏读书。凡世间需用之职业，皆仿为之。习练既熟，即出任事。去岁中，部员新得职业者，盖数逾百人云”。在晚清之中国，这样一个功能齐全的少年俱乐部，除了让人艳羡，更会让人震撼。震撼之余，对于如何对待和培育中国少年，或许每个读者都会情不自禁地浮想联翩。

类似的新闻还有不少。比如，1905 年《教育世界》报道了美国举办儿童制品展览会的情况，介绍了在玛赛邱寨兹省（马萨诸塞州）亚希腓尔市举办儿童制品展览会的初衷，展览的内容以及今后继续举办的打算。① 1909 年《大同报》以个人游记见闻的方式，介绍了瑞士儿童的情况，称赞瑞士儿童谦逊、礼貌、好学，并在比较中瑞两国儿童时称，“吾之所学在书，彼之所学在物”。② 1910 年的《教育杂志》则关注了日本东京比谷图书馆内专设儿童图书馆的新闻，对图书馆设置的八类儿童图书予以介绍，并对反对办儿童图书馆的意见一一进行回应，强调儿童

① 《教育世界》1905 年第 105 期。

② 《大同报》1909 年第 18 期。

读书的多样性，犹如食物多样化，是儿童精神发达之必须。儿童读探险小说，对心理发达也有裨益，不会有什么危险。[①] 该杂志还关注了日本大阪举办的第二届儿童博览会，称该会将展览东京西京两大学关于人类学、医学、小儿科、妇人科之贵品，及由全国各研究团体所搜集，可为儿童研究之东西珍品，无虑一万余种。另有儿童玩具教育、运动具等，欲使入场之男女儿童皆大欢喜。[②]

（二）促人反思的儿童研究成果

除了普通新闻，晚清报刊中还有不少关于儿童教育方面的专业研究成果与建议。如 1904 年《教育世界》第 84 期以“就儿童之研究”为题，发表了美国学者就儿童之身心开展的比较研究成果，包括儿童之头径与心力关系，劳动与不劳动对于身体、学业之影响，男童与女童之区别，白人与有色人种之区别等十五项研究结论。[③] 在同年第 89 期刊登了国外对儿童学校体育之关注，提出近人于学校之建筑与光线、温度、换气、卫生器具等颇知注意，但学生之体格仍不好。分析了器具使用不当、坐姿不正、户外游戏准备不完等七个原因，建议学校冬夏之日增加室外活动、废长假屡代以短假，老师增加卫生知识，注意学生听力、视力等。[④]

---

① 《教育杂志》1910 年第 2 期。
② 《教育杂志》1911 年第 2 期。
③ 《教育世界》1904 年第 84 期。
④ 《教育世界》1904 年第 89 期。

不仅如此，儿童心理学及儿童教育相关著作的介绍引进，说明晚清时期人们对于儿童的认识已经超越感性的认识阶段，开始了对儿童心理问题的深层科学探索。1905 年《教育世界》第 5 期至 11 期，连续刊载了樊炳清翻译的“萨烈氏之儿童心理学”，是晚清较早引进的儿童心理学著作。该著作从儿童的想象、推理、思考、绘画等诸多方面与成人的不同之处，介绍了儿童心理及其成长发展规律，使得人们得以从科学的角度看待儿童成长过程中的诸多行为，从而理解儿童与成人的种种不同，进而理解儿童期这一人生的特殊阶段。显然，这一理解会促进对儿童教育及相关儿童政策的思考。此后，儿童心理学陆续被介绍，《蒙学丛书》第 21 期至 23 期，介绍了普通儿童心理学，并提出了“对儿童之处置，责罚不如感化”，将儿童心理学与刑事政策产生了关联。而至 1909 年《教育杂志》第 5 期刊登张景良撰写的《儿童心理学序》①，说明除了译介外国著作，晚清时国内已有人开始对儿童心理学进行研究。

1906 年的《教育世界》，以书评的方式介绍了瑞典女史哀灵开于 1900 年所著的《儿童世纪》一书。“该书对现代教育之理论及实际之活动，洵一报警之钟，当头之棒也”。并称“今谓女史为巾帼之尼采，教育界之革命家，殆非过誉也”。该书提出“二十世纪儿童当为如何之人乎，其教育之道当如何乎，其社会上之关系当如何规定之乎”等颇具深度与前瞻性的问题，哀灵开强调人之高尚尊贵，强调对儿童个性的造就与自由发展，反对

① 《教育杂志》1909 年第 5 期。

对儿童的禁压与揭抑，强调家庭教育的作用及教育子女是妇女的天职，强调学校教育的平等[①]，其诸多观点在今日之中国看来，仍有颇多让人反思之处，其观点对清末时代中国人之震撼，不难想见。尤其是该书评中对儿童的理解，已经从心理学的科学层面，转至尊重人的价值这一哲学层面，这对于清末中国来讲，已不仅仅是知识的传播，更具有思想上启蒙的意义。

需要说明的是，在晚清的新闻报刊中，在国际儿童相关新闻之外，我们还渐次发现了对中国儿童问题的相应思考与建议。这说明，晚清报刊关于儿童国际新闻的关注，绝不仅仅停留在“看西洋景”的层面，还有着对中国少年问题的思考与努力。西方儿童文化的传入，不仅让国人“开了眼”，也让国人“动了脑”，开始反思我们自己的儿童教育与研究问题。如在1905年的《女子世界》第2期与第3期，以“儿童教育话”为题，连载了作者競华关于中国儿童的家庭教育问题的思考。作者结合当时中国学校教育设置，提出，“大概儿童的教育分为三个时代，三四五岁为家庭教育时代，三四岁至六七岁是幼稚园教育的时代，六七岁起是学校教育的时代。现在吾国里中小学正在渐渐设立，幼稚园是绝对没有的。所以，讲到教育普及一句话，凡儿童从三四岁到六七岁时候，没有一天不在家庭教育范围里头。”[②] 作者讲到了家庭教育的重要以及与学校教育的不同，提到家庭教育中爱与威施用不当的危害，介绍了家庭教育中智育、德育、体育相结合的完全教育方法。其理念之先进，方法之细致，至今仍可为父

① 《教育世界》1906年第11期。

② 《女子世界》1905年第2期。

母者所借鉴。

（三）初步觉醒的儿童保护意识

除了儿童教育，晚清报刊还表达了对儿童保护问题的关注，包括童工问题、儿童禁止烟酒问题等。比如1906年《教育世界》连续介绍了国外儿童保护问题。在第6期介绍了“丹麦之保护儿童规则”，明确规定了十二岁以下之儿童禁止从事的四类职业，十二岁以上到学龄终之前，每日所为事不得超过五小时，并规定了早六点前、晚八时后以及授课时间等禁止工作的时间段。[①] 第17期刊登了“奥国保护劳动儿童制”，详尽介绍了奥匈帝国保护劳动儿童法规在近100余年来的历史沿革，包括与学校义务教育法、营业法的衔接，历次修改法律过程中的倡议与不同意见，等等，介绍了现行法规（1880年12月16日修正）“十二岁以下儿童全然禁止劳动，十四岁以下每日六小时为限，其雇主应担任儿童就学之义务”等规定[②]，展示了奥匈帝国为保护儿童所做的细致而周全的考虑。第11期则报道了法国议禁少年饮酒的新闻，少年近年饮酒者日多，17岁至21岁者尤多犯罪。法国文部省要求各校长从各种方面教育少年饮酒之害。[③] 1910年的《教育杂志》第2期，介绍了“英国保护小儿法”的要点，包括禁止儿童吸烟、餐馆酒肆不得带十四岁以下儿童进入，不得置小儿于有火处等。除该新闻性报道外，该期杂志还深度报道了日

---

① 《教育世界》1906年第6期。
② 《教育世界》1906年第17期。
③ 《教育世界》1906年第11期。

本、英国、美国关于未成年人饮酒之禁，并强调指出，“未成年人身心尚未成熟，卫生之事益当请求”①，这反映了当时对未成年人身心特殊性的认识，另从该报道提及的“吾国学部前年亦颁此令”来看，烟酒对于未成年人之危害亦为满清政府所认识，并采取了相应的行动。这也表明，儿童这一群体的特殊性及其保护，已经开始进入了晚清政府的视野。

二、少年中国说与中国少年

（一）被突然“发现”的中国少年

1900年，在20世纪伊始，也就是美国芝加哥少年法院成立后的次年，“中国少年”首先出现在晚清报端。当年的《清议报》第35期刊发了梁启超先生著名的《少年中国说》。该文章着眼于“少年中国”，落脚于“中国少年”，将中国命运与中国少年紧紧地联系在一起。由于其用意深切，用语华美，读起来朗朗上口，气势磅礴，在国难当头的时代背景下，可给人以振奋和力量，所以一经发表便广为传诵，引起了深远的影响。时至今日，“少年智则国智，少年强则国强”等语句仍被不断传诵和引用，几乎成为谈论少年问题必备的开篇之语。从某种程度上讲，正是任公这篇脍炙人口的《少年中国说》，使“中国少年”成为国人熟知的热门词汇，也正是这篇文章，使中国少年作为一个特殊的社会群体，开始被国人“发现”。

① 《教育杂志》1910年第2期。

当然，发现中国少年绝不仅仅是任公一篇文章之功。如同欧美在传统社会看不到儿童，直到19世纪从传统农业社会向工业化、城市化转型才逐步“发现儿童”一样，中国对少年的发现，也与19至20世纪社会转型的大背景有关，其中包括对科举的废除与现代教育的兴办①，外国经济入侵对传统农业与手工业的冲击，以及西方观念影响下以家族为中心的社会的逐渐瓦解，等等。只不过相比欧美，中国社会的转型不是一种完全自然而然的推动，而是在外来压力下被迫进行，并且1900年后，晚清政府在内忧外患之下主导的转型，具有很强的应急性和功利性，相应地，社会转型中对少年之发现也显得有点儿突然，并略显戏剧性。

梁启超发表《少年中国说》，起源于日本人称中国是“老大帝国”，背景是中国在列强一再入侵下，面临被瓜分和亡国之患，全国上下“灰心短气”。悲愤与激情之下，任公要用文章唤醒、激励国人，顺应世界历史潮流，去除国内老人式的保守、怯懦、苟且、永旧之气，代之少年式的进取、豪壮、冒险、日新之精神，建设现代性的“少年中国”。文章以全球的视野和历史的眼光，论证了现代国家的基本特征，分析了中国历史与现状，之后指出，“造成今日之老大中国者，则中国老朽之冤业也；制出将来之少年中国者，则中国少年之责任也。使举国之少年而果为

① 1903年（癸卯年），张百熙、张之洞、荣庆等人拟定《奏定学堂章程》，在全国公布施行，史称“癸卯学制”，标志晚清新式教育的开始。据当时学部统计，1907年各省有新式学堂37 888所，学生1 024 988人；1908年新式学堂47 995所，学生1 300 739人。1907年外出留学生达12 000余人。参见龚书铎主编：《中国近代文化概论》，中华书局1997年版，第231—234页。

少年也，则吾中国为未来之国，其进步未可量也。使举国之少年亦为老大也，则吾中国为过去之国，其澌亡可翘足而待也。故今日之责任不在他人，而全在我少年。少年智则国智，少年富则国富，少年强则国强，少年独立则国独立，少年自由则国自由，少年进步则国进步，少年胜于欧洲则国胜于欧洲，少年雄于地球则国雄于地球。”梁启超以其无比的豪迈激情和无可辩驳的论证力量，将中国之命运与中国少年紧紧相连。在失望、恐惧、焦虑、悲愤等情绪弥漫的晚清帝国，任公的文章不免让人一振，中国少年也在梁启超的呼唤下登上历史舞台，成为中国的希望。

（二）被赋予历史重任的中国少年

中国少年的历史出场，开始便具有悲壮性。因其被赋予拯救中国、振兴中华之历史重任，所以，少年的出场不是欢笑而是沉重。实际上，这不仅仅是少年的沉重，而是整个时代的沉重，是全体中国人的沉重。“从十九世纪下半叶以来，焦虑和紧张的心情始终笼罩和控制着中国知识人的思想，他们觉得不超过西洋人，不战胜东洋人，就不能证明中国文明存在的意义，也不能证明中国民族存在的价值。正是因为当时人们已经开始把中国置于全球背景中，而全球万国之间又以强弱论英雄，而强弱又以富与强划分，是非则以成王败寇来定，所以，‘富强’就等于‘文明’，这种关于‘文明’的思路引起一系列的观念转变。他们开始反省历史，从最直接的原因开始调整自己文明的视角，‘富’和‘强’成了最重要的价值标准。这时，传统中国观念中至高无上的‘王道’渐渐让位给了并不很光明的‘霸道’，富国强兵成为最重要的事情。”① 梁启超的《少年中国说》，也充分流露了这种求“富”求“强”以及“胜于欧洲”、“雄于地球”的思想，只不过其把实现如此宏图的希望寄予了少年。

中国少年沉重的历史责任背后，是晚清盛行的国家主义与社会达尔文主义。“自梁启超在日本吸收新学时起，他就开始把中国问题置于世界史的背景中审视。为了给改良运动寻找理论支持，他选取了当时风行世界的社会达尔文主义。”② 不独梁启超，整个晚清中国知识界之思想由“王道”向“霸道”转变，本身就是对社会达尔文主义的吸收。这种吸收，既有对中国面临弱肉强食局面的现实反省，又有严复 1898 年翻译出版《天演论》的巨大影响。“据说严复译好《天演论》之后还没拿出去印，却在不久就已经不胫而走，陕西味经售书处抢先把它拿去印刷出版，很快就风行一时，特别是一开头的‘物竞’、‘天择’两词，给处在十九世纪末那种难言心境的中国人，增加了几分紧张，几分焦虑。”③ 天演之说在当时社会中的影响广泛深远，被人们普遍遵奉为公理。“方入廿世纪以来，欧美之风潮大播于东土，天演之公理深入于脑中”。④ 应当说，中国在危难之时拿社会达尔文

① 葛兆光：《中国思想史》（第二卷），复旦大学出版社 2013 年版，第 408—409 页。

② ［美］费正清：《中国：传统与变迁》，吉林出版集团有限公司 2013 年版，第 361 页。

③ 葛兆光：《中国思想史》（第二卷），复旦大学出版社 2013 年版，第 485 页。

④ 《选报》1902 年第 32 期。

主义自警自励，有其积极的历史意义，但同时我们不得不说，社会达尔文主义致命的缺陷是与人文主义相悖，优胜劣汰与弱肉强食的主张背后，缺乏对人的基本温情，缺乏对人与生命的基本尊重，其恶果已在第二次世界大战中显现，尤其因奥斯维辛等纳粹集中营臭名远扬。所以，社会达尔文主义在晚清的盛行，使晚清中国向现代社会的转型中，失去了发掘人的价值与尊严的启蒙机会。当自强成为中国知识分子思想的中心词语，人、人性以及人的自由、幸福，也就失去了在主流社会的话语权，只能屈居于边缘地位。

与社会达尔文主义并行的是国家主义。梁启超的《少年中国说》虽然发现了少年并重视少年，但其最终落脚点在“中国”而不在“少年”。富与强的目标下，国家是主体，少年只是实现富强责任的承担者。这对于少年来讲，无论如何都抹不去工具主义的意味。清末修法中，法理派的重要人物杨度，在资政院审议新刑律议案，其作为政府特派员陈明修律主旨时，就明确提出，修法就是由家族主义变为国家主义。杨度指出，在家族主义下，中国“只能算有四万万人，而不能算四万万国民。因为此四万万人都是对家族负责任，并非对于国家负责任”。① 在其后专门撰写的《论国家主义与家族主义之区别》的文章中，杨度再次指出，家族主义下，“全国无一国民，又无一为国事而来之官，国乌得而不弱，乌得而不贫。故此问题者，非区区一刑律之问题，更非区区刑律中一二条文字句之问题，乃中国积弱之根本原

---

① 高汉成主编：《〈大清新刑律〉立法资料汇编》，社会科学文献出版社2013年版，第596页。

因，而此后存亡所关之大问题也。”[①] 可以看出，杨度所称之国家主义，其强调的核心也是个人对国家的责任，即把个人从家族中独立出来，直接对国家负责。这种思想在当时对于促进个人摆脱父权、夫权等伦常束缚，进而从家族中解放出来，成为一个独立的个人，显然具有历史的进步意义。但以今人的眼光看，因其更多强调个人对国家之责任，而将国家对个人权利与自由之保障放在次要地位，作为让个人对国家承担责任的手段或“奖励”来看，所以，就没有为个人主义的发展预留太多的空间。[②] 再加上此种国家主义与主张进化论的社会达尔文主义缠绕在一起，在救亡图存的现实逼迫下，共同将国家富强推崇为首要的、不容置疑的时代目标，而对于每个国民个体的关怀，只能被湮没在这一

① 高汉成主编：《〈大清新刑律〉立法资料汇编》，社会科学文献出版社2013年版，第785页。

② 有学者将晚清杨度所提倡的国家主义理解为“就是个人为本位的国家制度”，并引用杨度所讲的“国家对于人员有教之之法，有养之之法。即人民对于国家亦不能不负责任，其对于外，则当举国皆兵以御外侮；对于内，则保全安宁之秩序，必使人人生计发达，能力发达，然后国家日臻发达，而社会也相安于无事”。详见周少元：《中国近代刑法的肇端——〈钦定大清刑律〉》，商务印书馆2012年版，第78页。笔者认为此观点值得商榷。本书认为，杨度在讲国家主义时虽然也提及国家使个人“具有独立之生计与独立之能力，与他以营业、居处、言论等自由”，但所讲的最终落脚点，还是“使其对国家担负责任”，还在于“国富”与“国强”。杨度主张个人直接对国家负责而不是对家族负责，以使那些对国家来讲是贪官，而对家庭来讲却是“孝子慈父、贤兄悌弟”的人，都变成“忠臣”，由实现从爱家到爱国的转变。其以君主立宪国举例，“国君如家长，而全国之人民，人人皆为家人而直接管理之，必不许间接之家长以代行其立法、司法之权也。”因为在杨度看来，“对于国家担负责任，始可称为国民。”“人民对于国家负担责任，国家即与之以自由之权利。”因其所第一强调的个人对国家的责任，而不是国家对个人的保障，在个人与国家的关系问题上还是强调国家本位，所以其与以个人本位的国家制度还有些许距离。笔者认为，这一以国家为本位的思想与国家面临危亡的时代背景相关。

宏伟的历史潮流中了。这种“救亡”与“启蒙”之间的紧张，成为中国思想史在近现代发展的一个重要特征①，也影响着中国发展的方方面面。②

（三）被劝诫、责问的中国少年

中国少年在这样的历史语境下出场，就决定了其在国家与社会中的地位，决定了国人对于少年的基本态度。自从被发现，中国少年一直就被看作是国家的未来，民族的希望。这一认识其实等于承认少年对于国家与民族的重要价值，这对少年来讲，应该是福音，应该是从被漠视到被重视的开始。然而，吊诡的是，在晚清发现儿童的价值之后，中国并没有像美国那样产生一种社会与国家对于儿童的公众责任，相反，却在国家主义、进化论以及救亡与富强的目标下，催生出一种少年对于国家的责任。所以，鼓励少年发奋图强，为国家富强奋斗，为民族自立拼搏，自始便成为关于少年的最正统的话语，而对于少年的关爱、呵护、帮助

---

① 葛兆光：《中国思想史》（第二卷），复旦大学出版社 2013 年版，第 484 页。

② “救亡”的急切性使诸多被认为对“救亡”有效的事业都变得功利和急切起来，而“启蒙”的长期性使其在“救亡”面前被搁置或冷落。比如晚清的法学教育，有学者称其具有政治性、实用性、盲目性的特点，并评价称“法学教育的政治性特点，使人对法律制度和法学教育寄予了不切实际的厚望，对法律致富功能的过分强调使得中国近代法学教育一开始便担负着无法完成的富国重任。过分强调法学的实用性，把我国法学教育引上了注释法学的道路，学法者关注的主要是法条，而具有法学教育启蒙功能的法理学、法律哲学、法律方法论等很少受到重视，很少有人对法律进行理性思考，法学大师难以出现。盲目性导致其畸形扩张，本欲富国固本的法学教育却培育了一批目光短浅、知识结构不合理、对各种法律制度只知其然而不知其所以然的新式官僚”。详见周少元：《中国近代刑法的肇端——〈钦定大清刑律〉》，商务印书馆 2012 年版，第 203—217 页。

等却退居其次。1904 年《萃新报》刊登的“劝游学书——敬告处金衢严之少年”①，体现的就是这样一种关于少年与国家关系的基本思想。从题目看，作者显然是对浙江东部处金衢严本地少年的劝诫。文章核心意思是劝处金衢严之地少年出国游学，学成后报效国家。文章开篇即以国难相告：“夫近祀以来国步维艰，时势危机，祸已切于燃眉矣。”从文章描述与时间看，当时正处日俄为我东北三省战争期间，呼吁少年振奋精神为国外出游学。作者如同梁启超在《少年中国说》中的观点一样，“老年人不足责，幼年人不足待”，无论是国家将来之痛苦还是国家之功业，惟有少年来承担，一上来就把国家责任牢牢地置于少年身上。“当此危亡一发之时代，不急储其学识以尽区区之国民义务，则我辈少年茧足此尘球上。”而储其学识的最佳途径，就是外出游学。为激励本地少年，作者介绍了当时的社会背景，“各省之少年已大唱游学之声，高张游学之帜。自欧美游学招待会，日本各省留学同乡会设立以来，渡黄海涉太平洋游学于日本欧美者交错于道。而各省封疆大吏及京师学务大臣亦以多派游学生为首务。去岁京师大学堂派出洋之学生留欧美者三十人，留日本者二十六人。近如四川新派二百人游学日本，两湖之留学生多达五百余人。即以我浙论，留学于东邦者亦不下二百余人，游学之业亦发达矣。”作者还讲了学部及朝廷对游学的奖励、支持政策。从其描述可见，少年为拯救国家外出游学，在晚清已经成势。在此基础上，作者对处金衢严少年外出求学的人太少提出了批评，“我

① 《萃新报》1904 年第 3 期。

处金衢严何闭锢如是?!我处金衢严少年何醉梦若是?!”同样受社会达尔文主义之影响，作者以亡国灭种之患警示、激励少年：“西人之策中国曰十年灭国，百年灭种。优胜劣败，天演公例，无可幸逃。吾少年一念及此，其恐怖否？其羞耻否?”批评、指责与警示之后，作者提出，“虽我詈我少年，我咒骂我少年，我又原谅我少年，羡慕我少年，希望我少年。”接下来，作者从浙东地处万山之中的地理闭锢之势开始，分析列举束缚少年的各种观念，其称之为科举魔、家庭魔、生计魔、夷夏魔、暴弃魔等，鼓励少年放弃“考据词章无用之学”，“游历四海外广积而益智”，以免“误己误国”。

这篇情真意切的劝游学书，可谓晚清关于少年态度的缩影，可让我们管窥并体味当时社会对于少年的普遍心态。在普遍的忧郁、焦虑、愤懑情绪中，“少年中国”与“中国少年”的出现，无疑给了人们一点光亮。然而，与希望相对的是失望，与劝勉、鼓励相对的还有斥责与鞭策。当社会将希望寄予少年而少年又表现的不如人们所愿时，失望便不可避免，爱恨交加的情感下，对少年的批评指责，也就在所难免了。1902 年《选报》选录了中国日报的一篇名为“少年性质”的文章①，同样反映了这种心态与思想。该文在将少年分为精神之少年与形骸之少年的基础上，又将精神之精神与形骸之精神予以区分辨别，“以存少年之真相”。“形骸少年者，有其表而无其实也。精神少年者，有其实兼有其表者也。虽然所谓精神少年者，亦岂尽有其实兼有其表者

① 《选报》1902 年第 32 期。

哉?”在对精神少年进行质疑的基础上，文章接着对精神少年再行区分，将那些对新知识新理念只知其然而不知其所以然甚至多有谬舛的少年，称为形骸上之精神少年。“虽然，其充塞于脑筋泛滥于口吻者，固种种之新理想、新学问也，然其理想学问果若何哉?放荡而为自由耳，傲慢而为独立耳，不特于社会上无益，反于新界上有碍，则将来文明之影响未呈，而新机之程度绝矣。是不可以不留意也。”谈及少年的现状，作者称“吾不禁为少年贺，亦不禁为少年悲矣。贺者所以贺国民之进步，而悲者所以悲少年之谬舛也”。为了“革少年形骸之精神而生其精神之精神”，作者列举了大言、高傲、放荡、装饰、首鼠（不顾首尾）、掊击（不问是非）等六个方面的少年性质，细细分析其表现与危害。最后作者满怀深情地指出，“之六者，殆廿世纪少年之公共性质也。呜呼，此等性质尚可留之于今日少年之身乎?少年者，新世界之表率人也，新中国之代表人也。为新世界之表率，为新中国之代表，而不勉励之、改进之，则将来之文明未覩，先殆少年之羞；维新之影响未呈，先藉顽固之口。况于此新旧交代之时，文野过渡之日，而兢兢于终日者，又乌得不为我辈少年忠告乎?无他，大言之反面则实际，高傲之反面则谦和，放荡之反面则修束，装饰之反面则践实，首鼠之反面则血性，掊击之反面则爱群。而后言竞争、言自由、言独立者，庶得无弊，敢于质诸今之欲创新世界欲造新中国者。”

这篇“少年性质”的文章，与少年中国说及劝游学书，在精神上一脉相承。都是在国难当头的背景下，寄中国希望予少年，将少年作为新中国的代表，赋予其救亡图存的历史使命，赋予其振兴中华的历史重担。在此背景下，少年群体获得了国家和社会的关心与关注，而所有的关心与关注中，主旋律便是对少年的鼓励、劝诫与忠告。当自身应当被呵护和关爱的孩子，转变为身负国家富强历史重任的中国少年，他们的脸上自然会少了些许纯真无邪的欢笑，而在个性张扬与自我独立的道路上，却可能少不了有一些步履维艰。而加之于越轨少年的评判与司法，也会受“怒其不争”之情绪左右，在“爱恨交加”的取舍中挣扎。可以说，晚清时期的报刊文章，基本再现了晚清社会的背景、心态与少年观念，而此种少年观念尤其是少年与国家的关系，国家与社会对于少年的角色定位，为其后历史时期的少年政策，以及少年司法的萌生、发展，奠定了基调。从后续的历史发展来看，这一基调影响了整个晚清与近代民国，甚至直至今日，仍未发生根本性改变。

第二节　译介少年司法制度与最新刑法理念

晚清社会在发现少年并关注少年群体的同时，也关注着国际上关于少年犯罪以及少年司法的新制度与新理念。尤其是在晚清修律过程中，这种关注已不仅是社会民众与专家学者的兴趣，而是晚清政府学习、引进西法的重要任务与修律活动的重要内容。清末报刊及相关史料中，我们可以较为清晰地看到对少年司法制度与刑法理念为主的译介、引进活动。

一、对少年司法制度的关注与译介

从晚清报刊来看，晚清社会对少年司法制度关注较早，并且较为持续和系统。相关的译介文章，由最初的新闻消息到相关制度的介绍，再到制度背后的理论研究，经历了一个由浅入深、由表及里的过程，反映了晚清时期国人对少年司法制度由感情认识到理论解读的过程。

（一）关于国外少年司法制度的介绍与感叹

早在1897年，《利济学堂报》就刊登了其转录自《官书局报》的消息——日本拟兴感化学校。[①] 这篇简短的消息稿中介绍，日本某名士个人筹银12.5万元筹建感化学校，专门收养犯罪后被释放的孤儿。其动因是孤儿出狱后无人可依而良心易销、恶心将动，故收养之教以人生当务之事，将使渐得衣食之计，为社会之良民。从现在眼光看，这种感化学校与少年司法中的感化教育还是有些不同，因为它不是司法过程中对不良少年的处遇措施，不是对刑罚的替代，而是在刑罚执行完毕后对无家可归孤儿的善后安排，具有很大的慈善性。从刑法角度上讲，因其属于对重点人群的犯罪预防，这种善后安排还具有保安处分的性质。至1898年，《新知报》报道的日本感化莠民学校[②]，则已系少年司法中的感化教育思想。该报道转载了西历六月二十三日东京日日新闻的消息，称东京市养育院内设感化部，感化不良少年，欲化莠为良，导邪之正。本则消息借感化院委员长演讲之口，道出了感化教育之必要，浮浪恶少之行“防之不胜，治之不给，故非感化不能清其源也”。同时，还表达了对少年不良行为的理解，

① 《利济学堂报》1897年第13期。

② 《新知报》1898年第62期。

“呜呼，人生谁欲就恶哉？乃根于非贫即昧之故。”这种对少年不良行为的理解，或者说对其不良行为社会学原因的解释，使对不良少年之感化教育具有了理论基础，而惩罚之无效，则从实践的角度论证了感化手段之必须。这则报道里边，蕴含着对传统的少年犯罪原因及应对手段的重新思考，所以，该消息虽短，但其传递的信息与思想，却是值得当时的国人细细体味的。

1902年《大陆报》在介绍“美国之恶青年教育法”[①]时，就伴随着对少年司法制度的评价与思考。该文介绍了美国纽约少年避罪院、少年院、感化院、少年裁判所以及1874年创立的美国纽约防遏虐遇少年协会等情况。从其文中“此院创立以来，已阅七十余载”来看，避罪院可能就是本书第二章所提到的成立于1924年的纽约第一个儿童庇护所。报道称该避罪所成立七十余年来，“前后入院之少年男女不下二万八千余名。其感化之程度虽未深知，然其大益于社会，殆无可疑也。”这种对感化程度的推断，体现了赞同感化制度的鲜明态度。这一态度，在对纽约少年院相关事宜进行评价时，再次表露无余。作者认为：“家族制度与农业法，固感化恶少年之良方法，而近来各国所通认者也。”而纽约少年院因土地狭隘而采取杂居制度、不以农业为宗旨，“不能利用新思想之改良，殊为可憾云。”接下来，文章对纽约少年院拟另择新址并采用理想的家族主义新法颇为赞赏，称“兹闻已仿行，则彼狡童兮，获福于无极”。文章还饶有兴趣地介绍了名为“少年共和国”的少年感化院，在该感化院内实行

① 《大陆报》1902年第2期。

由少年自治的共和制度，院内有大统领、裁判所、陪审官、律师、警察、市民以及银行商店等，均由少年充任和运营。该感化院之所以采用此种方式，是“以为若执禁止抑制主义以冀感化少年，是反使恶少年日漓其根性而趋于恶也”。“此院成效昭著，世人尤褒之。盖由院长调度有方，感化有道。”此外，文章还介绍了伊利脑（伊利诺伊）州、玛萨基赛芝（马萨诸塞）州与纽约少年裁判所也就是少年法院的情况，评价少年裁判所为“儿童之救济保护所不可缺”。而对于纽约防遏虐遇少年协会对于儿童之保护，文章则称之为“大事业”。总之，该文章既是对美国少年司法制度较为系统的介绍，同时还表达了对少年司法相关制度的赞誉之情，反映着晚清时代对于少年司法的认知水平与基本态度。

关于对西方少年司法的关注在晚清不断深入。感化制度、少年犯罪及其法律规定陆续通过译介进入国人的视野。1905 年《教育世界》报道了德国少年犯罪人数近三年来不断增加的消息①，当年的《蒙学报》介绍了普鲁士刑法对少年犯罪的规定②，“十二岁以内虽犯法亦例不究治。十二岁以外者乃始定罪。然儿童在学龄期限内所犯之罪，裁判官得以通融缓治。为研究其犯罪之性质，及详察其本人之性行，即通知其旨于学校长与视学官，令特别注意此童之教育，如察看其在学中实有改悛之效，则既满学龄得以赦免其罪。此为普鲁士之现行法律，其爱护国民为何如也。”殊不知，在感叹普鲁士“爱护国民为何如也”的同

① 《教育世界》1905 年第 96 期。

② 《蒙学报》1905 年第 12 期。

时，这简短的普鲁士法律介绍中，刑事责任年龄、缓刑以及观护制度都蕴含其中。只不过，这些最新的少年司法制度与理念，对于晚清的国人是新鲜而陌生的，也是无法从法学理论的视角来理解的，所以只能从国家对于国民的爱护的角度表示感叹。

（二）关于少年司法的理论探究与实践关注

关于感化制度的理论研究文章很快也被译介进来。1906年，汤化龙翻译了日本刑狱学大家小河滋次郎的《不良少年感化制度》，并将之发表在《法政交通杂志》上。[①] 小河滋次郎在该文章中首先谈到，文明进步中社会竞争愈烈，从而引起少年犯罪增加的现象，并指出“不良少年及幼年犯罪之增加，于国家前途，实最可怖可悲之先朕”。因为现行监狱制度会导致少年犯罪者最终成为职业犯罪者，危害社会，所以，“晚近以来，欧米（美）各国于一般少年保护中，更生少年感化之问题。”接下来，文章在概述欧美各国感化事业后总结道，“要而言之，各国犯罪之增减，必与其国之感化事业之整否相响应。犯罪多者必感化制度之不备，感化制度告备者，犯罪之割合必居其少数。此尽人所知，非余一人之私言也。”之后，小河滋次郎重点详尽介绍了独逸（德国）、英国的感化事业，包括其发展历程、当下收容人数、年度开支等。小河滋次郎指出，“取犯罪之萌芽而芟除之，此感化事业之最终目的也。故必此事业之普及，使社会一般犯罪之减少，而后得称为感化事业之成效。”文章以英国人口增加而犯罪

① 《法政交通杂志》1906年第1期。

日益较少的统计数字，证明了感化事业之成效与意义。接下来，小河介绍了感化事业之开办与运行，“欲行感化事业，必得确定之财源，此不易之理也。或有依个人慈善事业从事于此者，其美举诚可嘉，其惠泽之所及，究局于范围而不能徧。”所以，作者反对将感化事业完全依赖于慈善，主张向不良少年之双亲或抚养义务者征收费用，同时由与感化事业有最直接利害关系的地方团体承担费用，并强调国家对此事业的责任，“由国库与以补助，确定其财源之道”。关于感化院施行之方法，作者指出通例有亲族交付与感化院交付两种，并结合日本情况提出根据国情采用公设感化院的观点。译文之后，汤化龙针对中国现状表达了自己的急切之情，“吾国人壹不知感化院为何物，亦不知社会需此何用，奄然颓敝，不能自返，坐使不良之子蔓延日积，蠢蠢焉为长为社会之忧，良可悯恨。抑吾国有所谓迁善局、改过所、自新所者，纳不良少年于其中而约束之，入之不罪囚，出则复为善类，意亦犹是，然一县仅容十余人，无一毫感化之事实。且昼夜与隶卒为伍，无可消遣，惟以吸鸦片掷骰子等为乐。他日出局，游手好闲如故，不良之根性如故，乃濡染益深焉。”所以，作者以小河滋次郎自励，译其书并企盼中国之变革。

汤化龙的这篇译文较为全面地介绍了感化制度的理念及实际运作，代表晚清社会对少年感化制度的了解从表面开始走向深层。之后的晚清报刊中，对感化制度的介绍亦进一步详尽、具体、深入，乃至到了如何具体操作的层面。比如，1908 年《浙江教育官报》第 4 期，介绍了欧美诸国感化不良少年之事业时，细致到国库支出的具体钱数。“每岁自国库支出补助金，英国达于二百五十万元，美国约五百二十八万元。”1909年《预备立宪公会报》连载由何棫译的普鲁士国之感化救济事业[①]，则既详尽介绍了普鲁士之感化事业的历史沿革，从官方运动与民间运动两个方面介绍关于少年保护情况，又详细介绍了其国内较为著名的感化院，如柏林市役所之少年部，林喜天甫路之感化院，以及最先进之兹爱林德鲁甫感化院，还介绍各感化院别出心裁的感化方法，如院儿交换的方法、将少年送至海上远征或田园远征的方法等，最后还介绍了柏林市之社会事业，包括保护幼儿之协会事业，经营社会各方面之事业，如幼稚园、小学校、年后俱乐部、食事及入浴、保姆教习所、家政讲习所、家政及料理学校等。无疑，这种详尽的全景式的介绍，使中国的学习、辨别与借鉴变得更加容易。而当年的《教育杂志》连载的王我臧翻译的日本琢原政次的《不良少年论》[②]，从先天与后天两个方面对少年不良行为原因的深入分析，显然会使读者对不良少年的认识耳目一新，并在深度理解不良少年的基础上，重新思考恰当的应对措施。由此也不难想象，在上述译介文章的影响下，关于建立中国少年司法的想法，恐怕已在不少读者的心中蠢蠢欲动了。

二、对本国刑法及监狱制度的检讨与新理念引进

在译介国外少年司法制度的同时，晚清报刊中还陆续刊载了一批对中国刑法及监狱状况进行检讨与反思的文章。从后来的历史发展情况看，这两者恰恰是少年司法进入中国的重要端

① 《预备立宪公会报》1909年第16、17、18期。

② 《教育杂志》1909年第1、3、5期。

口——刑法的修订改革从立法角度确立了对少年进行惩治教育的理念，而监狱的改良则从实践的角度促进了少年与成年的分管分押，实现了少年司法与成人司法的初次分离。所以，对传统刑法与监狱制度的反思，同时意味着崭新的少年司法制度的孕育。

（一）中国传统刑法的检视与改革思索

1904 年《中国白话报》刊载光汉所写的刑法[①]，以中外比较的方法对古代中国刑法进行了检视，“中国定律，以礼制为主，外国定律，以权利为主。但礼制二字，本是专制时代的护符，以礼制定刑，自然就不能平等，所以中国的法律特别重君权父权夫权的，一点没有臣权子权女权。中国的刑法以权势为主，并不以公理为主。有权势的人，都说他合公理，没有权势的人，都说他不合公理。中国的学术，都是以刑罚为可缓，说修明道德，自然能够不用刑罚，所以把刑罚看得太轻，但到了用刑罚的时候，却又严酷异常，一点儿不存宽厚，真真是不可思议了。历代的法令，是专制国的法令，不是立宪国的法令，是族制国的法令，不是民政国的法令。所以，所用的刑罚，大抵还是野蛮。”同年的《政法学报》刊登作者耐轩撰写的“中国历代刑法之变迁”[②]，也表达基本相同的观点，并认为古代中国法律残酷，造就了领事裁判权，应当顺社会推移而加以革新。

与对中国刑法批评相应的，便是对国际最新刑法理论的介绍

---

① 《中国白话报》1904 年第 13 期。

② 《政法学报》1904 年第 7、8 期。

以及改革中国刑法的设想。汤化龙所译的比利时法学家阿德夫普兰斯原的《最近刑法论》[1]，从欧洲刑法发达之沿革到刑法之学理的基础，都有系统的介绍。该著作由日本胜本勘三郎、浅见伦太郎译介到日本后，“讲新刑法学者翕然崇之”，所以汤化龙又将其译成中文介绍到国内。对于国内读者来讲，这显然是一部开拓刑法理论新视野的著作。

1904年《东渐杂志》第2期，在译著选纂类栏目刊登的《论中国改革刑法》，详细探讨了中国刑法改革的问题。该文章没有署名，但显然是翻译外国人之作，另从文章用语来看，作者极可能是日本人。该文首先分析了中国刑法的特点，“中国刑法以礼制为主，以家庭为本位，尊上抑下习为固然，君主专制之世不得不如此。中国定律以妨害朝廷为重，西国定律以妨害社会为重。”作者描述了当时中国朝野对改革刑律的认识，“近日以来，有志之士渐知中律之残酷，谓中国定律宜法西人，而改革刑律之说遂胜于朝野。”作者提出，“改革刑律固为今日之要务，然今日之急宜改革者，则律外之刑。一曰差役之弊，差役胥吏挑争架讼，从中渔利。二曰牢狱之苦。中国牢字从牛，狱字从犬，是中国视犯罪之人本与畜类无异。中国牢狱固以污秽不治闻天下矣，私刑之惨胜于官刑。”接着作者对其原因进行了分析，认为“二弊源于国家轻视刑律（轻视刑律轻视民之原因也），一无司刑之官，州县公务及审判过多，难以应对，为快结案不得求之刑讯。二无知律之人。中国习申韩之术者舍刑名之外别无深明律学之

---

① 《法政学交通社杂志》1907年第5期。

儒。中国刑狱之弊丛生，推其原因，悉由于上无司刑之官，下无知律之人，而非尽由于定律之失也”。所以，作者认为，“故欲救中国刑律之失，必先设法学堂造就律师，又必设地方裁判之官，与县官分治。庶胥吏之弊，牢狱之苦渐可改良。”同时，作者还对中国政府主导的刑律改革表达了自己的担心，“今律师之才未选，裁判之所未开，骤欲革胥吏清牢狱，谓非不揣其本而齐其末也，吾恐其亦将有名无实也。”同时指出，中国政府将收回治外法权作为改革刑律的目标是存在问题的，“然推其改革之意，非真见于中律之过酷也，不过欲取媚西人收回治外法权耳。至谓通商之地可从西律，各省腹地仍从旧章，夫同为中国之民，徒以所居之异地而罪异罚，公理何存？故知欲改西律诸公，非真见于中律之宜改也，观于今之政府，于此等思想仍不能信其决无。吾是以为中国之新法危也。”最后，作者还详细列举了西律运行的社会文化背景及中国的差距，认为中国简单学习西法存在较大的文化障碍，“西国知身命之尊而以财产刑代替身体刑，要之皆以爱民为本，而中国视民命为甚轻于此，而望其改革刑法岂不难哉”。应当说，这篇出自外国人之手的改革建议，无论是对中国国情之掌握，还是对中国刑法之评价，都是非常到位的。这说明，在晚清，反思并改革刑律，不仅为中国朝野上下所热议，还为国际所关注，是一个较为“热闹”的氛围。

（二）监狱改良的意义与具体方案设想

在不断地讨论与思考中，社会关注的焦点逐步聚积在监狱改革问题上。1906年《新民丛报》第10期一篇名为"监狱改良大纲"的文章，开宗名义地指出，"狱政之良否，一国之文野所关。英谚有云：入其国先观其监狱，则其内政足见一斑。旨哉言乎。或者曰我国若欲收回领事裁判，非改良监狱，则外为鄙我为野蛮，将不服我法权，其说是也。虽然，此犹仅对外一方面言之耳，夫监狱者，内政之一，且人民生命财产名誉之所关，非细故也。外国人不居黑暗监狱，岂本国人无所不可欤？收回领事裁判即改良监狱，岂未收回领事裁判遂听其污秽不治欤？"这种对监狱问题的认识，不可谓不精深，不可谓没有高度。

至1909年王元增发表《改良监狱说》，则标志着对改良监狱问题的认识已相当系统。王元增首先揭示中国监狱之黑暗现实：卫生差、法纪乱、风化伤，"为养成罪恶之大魔窟矣，尚何有悔过迁善之望哉。"接着，王元增指出，"夫人之犯罪也，必有其原因，贫也，家庭教育之不良也，精神之不完全也，皆其因也。即果思因，固不能不悲其境遇之不幸，而为社会抱此遗憾，则保护之、感化之。凡为社会之一分子者皆当尽此天职，负此义务。"现在看来，王元增所述，已是当时犯罪学中对犯罪原因之最新解释，对于犯罪人，其秉持的是感化、教育之最新刑法理念。接下来，文章提出了十二条系统的改革建议："一调查各省监狱，二派监狱学生赴各国实习，三设监狱学堂，四设模范监狱，京师宜先立一所，五是多设独居室并采用阶级制，独居室至少占四分之一，以防交叉感染；六是归并各县监狱，每州设一二所已不少；七是改良各县未决监，待质公所宜改良；八是分设女监；九是养成教诲师，监狱之目的不徒在使犯人皆能执业，又在感化之使其悔过迁善，出狱后不再犯罪；十是养成监狱医；十一是各监狱附设犯人出狱保护会，帮助其顺利就业；十二是筹经费。”从后来王元增参与监狱改革实践的情况看，这篇文章既属于学术讨论，也具有监狱改革工作规划的意味。

三、参加万国监狱会议及会议精神之传递

晚清，关于国外少年司法以及刑法的新理念，除了以新闻及学术译介的方式进入中国外，还有国际会议的渠道。尤其是晚清直接派员参加万国监狱会议，不但使参会官员对国际刑法与少年司法的状况有了最直接感受，还使这些国际上最新的制度与理念有了直达朝廷的机会。这对于官方主导的修律与改革来讲，其作用是不能小视的。如果说，国外少年司法制度及刑法理念的译介，使晚清社会看到了异于本国制度与理念的另一种存在，并引发了对本国情况的思考，那么，相关国际会议的实际参与，则使晚清政府切实意识到，这些新的制度与理念已绝非一家之言，而为万国列邦之共识，采用这些新的制度与理念，已是一种不可违逆的世界潮流。这一实际参与式的体验感受，无疑会进一步强化晚清政府修律与改革的决心，加快中国引进少年司法制度的步伐。

（一）参加万国监狱会议并考察列邦司法

晚清政府于1910年派员参加了第八届万国监狱会议。史料

显示，这可能是中国第一次参加此类国际会议。[①] 而在此之前，关于万国监狱会议及万国刑事会议的相关信息已经通过报刊传入我国。比如，1906 年《东方杂志》发表的“第七次万国监狱会议与狱制改良之前途”一文[②]，系由日本小河滋次郎叙述贺肩佛翻译而来。根据小河滋次郎叙述，第七次万国监狱会议于 1905 年在匈加利（匈牙利）召开，小河作为委员代表日本参加。小河介绍了万国监狱会议之渊源及之前例次会议的情况，其中，1847 年会议专门研究了幼年犯罪者之待遇。1895 年第五次会议在巴黎召开，增加了关于不良或犯罪幼年者之保护感化制度一项，会议由原来三部分变为四大部分。第七届会议相关决议中，关于刑罚执行的决议，“行刑上认有犯罪者分类之必要，不但性质最恶之犯罪者当区别于性质之善者，如未成年者之监狱，尤不可不全然特别之”。关于幼年保护事项的决议：“国家为如何方法得使幼年远于刑之宣告与？不良或犯罪少年于如何方法比较的为适当处遇乎？决议是：国家保护此等人，委之家族主义为必要，若果不能之时，则当对之开置建物，且不论其不良。若少年有生理的变调者，当分离于专门的特别之建物内。国家于未陷犯

① 法部派员赴会折中称“系初次知照我国”，相关新闻报道中亦称“吾国未尝与闻也”。但日本小河滋次郎对第七次万国监狱会议的叙述中提到，前两次参加会议的东亚国中除日本外还有中国，参加第七届会议东亚国中则只有日本。从其他史料看，因第六届会议于 1900 年，第七届会议于 1905 年，距 1910 年第八届会议时间较近，所以，清廷如果派人参加前两届会议应有记载，法部也不可能不知，其在奏折中不可能称首次知照我国。所以，本书认为系中国第一次参加。对于小河滋次郎之说暂存疑待查。详见《四川官报》1910 年第 8 期“法部派员赴会折”、《国风报》1910 年第 5 期“法部派员赴万国监狱会”、1906 年《东方杂志》第 5 期“第七次万国监狱会议与狱制改良之前途”。

② 《东方杂志》1906 年第 5 期。

罪状态前，不可不先讲保护之道，故与慈善团体等，认常有保存连络之必要。又犯罪少年者与不良少年，可为相当之区别而处遇。务必依公私慈善的教育之施设，而不可不使远于刑罚也。”小河还指出，“一国文明之消长，得以其监狱整否卜之。古之监狱之目的在拘禁罪人以痛苦之，今则以监狱为执行刑罚之所。故以改良感化为必要。”小河滋次郎的叙述，让晚清中国初步知晓了万国监狱会议，初步了解了会议决议中蕴含的新的司法制度与理念。对犯罪人由惩罚到感化，对少年人由惩治到保护并使之远离成人刑罚系统，这些理念的转换，对于转型时期的国人来讲是新鲜的，可能也是改革的操刀者们苦苦思索并渴望了解的。

类似的国际会议的信息也在同期译介到国内。1906 年《新译界》翻译发表了“第六次万国刑事人类学会报告”①，其中，“预防幼年犯罪者之实际的组织”部分指出，第五次会议之后设立的家族保护院日臻完备，对犯罪幼年的生物学实验，发现大部分为慢性病，认为幼年犯罪大部分由于身体构造有欠缺。于是组织教育治疗院。实施以来，幼年犯罪渐形其少。在“法国实验之家族的保护法”部分，介绍了鉴于诉讼上年龄减少之事实，设置了家族的保护院收容幼年犯罪者，其目的无他，欲使犯罪者之免入惩治场所而已。并且根据家庭调查情况，分类进行判决和对待。若其父兄为善者，因其无遗传传染之可能，则从生理上心理上详加考察。以今天的眼光看，上述内容体现了刑法实证学派的影响，对少年犯罪之原因，从生物学与社会学角度予以了双重

① 《新译界》1906 年第 2 期。

解释，对少年予以生理与心理的双重关注，对少年的家庭环境予以了相当的重视。这些关于少年犯罪的理论，至今在国内仍具有深入普及之必要，其对于一百年前身处传统社会的国人之冲击力，可以想见。

1910 年，第八届万国监狱会议由美国承办。年初，美国即知照清廷外务部是否派员参加。外务部将此事分别咨送大理院与法部，结果，大理院与法部均表现出非常的热情，分别奏请朝廷请求派员参加，朝廷也均予以恩准。法部在奏折中汇报了此事的由来以及会议之历史与宗旨，对万国监狱会议充满赞誉之情。"万国刑律监狱改良会之设系于三十七年前，倡始于美国，欢迎于欧洲各邦，其立会宗旨系对于各种刑事罪犯，力求阻止防范与感化保护之法，务使人格日趋于高尚，世界日进于文明。开会七次，成效可观。"对于美国为何知照我国参会这件事，法部在奏折中也作出了"敦睦邦交，良堪欣幸"的正面解读。至于会议内容、目的以及中国参会的意义，奏折更是作出积极的阐述，"检阅原册提议之件，都为四端，一曰刑律，二曰监狱，三曰阻止罪犯，四曰保护童稚，用意深厚，条间綦详。诚以世界愈远，人类愈增；事实愈纷繁，学理愈精密。举帆研究本国之规制，参考列邦之情形，比较与国之成绩，会通各员之学说，皆与此会大有关系。而在我国，尤匪独内治攸关，抑且为外交所系。"接下来，法部向朝廷举荐了徐谦和许世英二人参会，前者系京师高等检察厅检察长，后者时任奉天高等审判厅厅丞，均通晓中西法律，为当时司法界的精英。从该奏折的内容看及举荐人选来看，法部显然将参会作为一次重要的学习列邦的机会，其派员参会的心情是热切的，而其奏折最后建议徐谦和许世英会后再到东西各国考察司法制度情况，进一步显示了法部了解、学习列邦法律的真诚愿望。朝廷以“知道了，钦此”批准了这份奏折。[①] 同时，大理院选派候选知府刑科第三厅推事金绍城，法科进士候补从五品推事李方参会的奏折也得了准许。宣统二年七月初十大理院专为启程日期上奏，称二人拟于七月十六日从上海经日本赴美，事后再往欧洲各国并至日本调查法厅规则审判办法，回国后确实报告。[②] 法部、大理院分别上奏派员参加会议，也可多少看出两部门沟通存有龃龉之处，由此也可想见当年“部院之争”的情况。而清廷对两部门奏请均予批准，既可解读为对部院之平衡，也可理解为朝廷对参加国际会议、学习西方持以积极的态度。

社会上对中国此次参会给予了及时回应与积极评价。《国风报》以“法部派员赴万国刑律监狱改良会”为题，以简讯方式对法部奏请京师高等厅检察长徐谦、奉天高等审判厅厅丞许世英赴会进行了报道。[③] 报道称“万国刑律监狱改良会创始于美国，宗旨在对于各种刑事罪犯，力求阻止防范与感化保护之法。定章每局五年开会一次，至今已开七届，吾国未尝与闻也”。而《丽泽随笔》则直接以“可美哉监狱改良会”[④] 为题，表达对此事

① 奏折内容详见“法部奏遴员赴美国万国刑律监狱改良会折”，载《四川官报》1910 年第 8 期。

② “大理院奏美国举行万国刑律监狱改良会派定会员启程日期折”，载《浙江教育官报》1910 年第 29 期。

③ 《国风报》1910 年第 5 期。

④ 《丽泽随笔》1910 年第 5 期。

的赞誉与期盼。该文先对中国监狱之黑暗进行了细致的描述：处处步步收费，卫生条件恶劣，人人倾轧，“真道不堪入耳”。又讲外国监狱“有如学堂，虽有做工受苦之事，却有读书为善之益，一切都有深意，美难备述”。后介绍万国监狱会议讨论监狱改良之方法，并对中国法部、大理院分别派遣员参加会议及会议对我国之影响表示了乐观，“要之过会回国，我中国的监狱即可仿效改良。我们百姓，可不知道”。需要特别指出的是，该文报道称“中国法部所派沈其昌、许世英、徐健拟先美后英，大理院所派李方等拟先英后美”的说法，从另外角度证明了法部与大理院分别派人参加并走了不同路线的事实。许世英回国撰写的报告中称中国到会人数为八人①，也说明法部与大理院所派参会人员，除了奏折上的名单还有其他随行人员。只不过该报道中将“徐谦”误写为“徐健”，这应为报道者未能详核之误或者报刊文印之误。

（二）具有跨时代影响的参会与考察成果

从参会者回国撰写的报告看，本次参会取得了丰硕的成果，且影响深远。许世英、徐谦回国后分别撰写了万国监狱会议报告书与各国司法制度报告书，由法部先后代奏于朝廷。万国监狱会议报告从万国监狱改良之缘起、万国监狱会之沿革、第八次万国监狱会之概况、会场演说、议案、闭会后预备等六个方面对该会

① 民国司法部公报处、司法院秘书处等编：《司法公报》（第1册），国家图书馆出版社2013年版，第111页。

议予以了详细介绍①，而考察各国司法制度报告书，则共分法部制度、审判制度、监狱制度、感化制度、司法警察制度五个部分向朝廷进行了详尽汇报。② 在法部代奏各国司法制度报告书中，按语“方今世界，法制趋于大同，彼行于欧美各国无不宜者，或不致行之中国而不宜”，表达了世界主义的观点下中国宜效法西方的基本态度。在感化制度部分，除了详细介绍所考察国家感化院的类别、收容对象、资金来源、规模与内容之外，对我国借鉴学习提出了具体建议。“感化院性质与监狱迥殊，无论男女以及是否经过裁判，概以学生资格待遇之，养其性天，重其廉耻，纯然道德上之事，而非刑罚上之事。我国监狱虽已改良，而感化事业尚未兴办。曾于万国监狱会议报告书中建议在京师先办一模范，收容弃儿或迹近弃儿者、有不良行为者及有犯罪行为未达刑事责任者三类幼年。”“依议，钦此”的朱砒说明，朝廷对报告中介绍的西方法律及司法制度是认可的，对于效法西方的具体建议也是表示赞成的。总之，中国本次参会，达到了将国际会议精神直达并影响最高决策者的效果。只可惜，清廷在宣统三年四月十九日批阅了法部呈递的考察各国司法制度报告书奏折，而之后不到半年便爆发了辛亥革命，奏折中建议采取的措施未及全面展开，清廷即亡，这也使得本次参会对清朝之影响主要停留在思想观念的层面上，具体行动的任务只能留待民国后人了。

尽管如此，报告对新的刑法与监狱理念、少年司法和感化教

① 民国司法部公报处、司法院秘书处等编：《司法公报》（第1册），国家图书馆出版社2013年版，第107—111、255—260、355—362页。

② 《国风报》1911年第15期。

育问题的申述还是值得充分注意。比如，万国监狱会议报告的决议部分，对于“近世感化制度应根何良法方为合宜，犯人入院应否分年岁等级，应否将少年犯罪及不改过之犯特别监视，入院后是否俟其恶性全化日始行释放”之问题，其决议是，“一、凡犯人无论年龄如何及再犯累犯，总宜令其改过迁善，不可存绝无希望之心；二、凡犯罪人在监禁时需从惩戒及感化两方面着手；三、凡感化犯人须并用智育、体育、德育三种，使其出院后足以自立；四、感化院期限以长期为宜，比之短期释放后或至再犯为有益耳，且可养成完全人格；五、感化院制度既定长期，必须兼用假出狱制度，惟出院时必经临时法庭认定，出院后必须有合宜之人随时监督；六、凡幼年犯罪者，应当有特别管理法，其法如左（下）：甲、幼年犯罪应付感化院者，其期之长短由审判官临时酌定，不必拘定法律，总以幼年人何时可以改变性质为断；乙、长期之犯如于刑期未满时确能改悔自新，经临时法庭许其出院，则原判决之审判官亦当认可，不得异议；丙、凡幼年犯罪者候审时，应与短期监禁人分别场所，不得合在一起。”在幼年保护制度部分，对于“幼年犯罪是否用普通刑事法科办，如不用普通刑事法，应以何法为善”问题的决议是：“一、幼年犯罪者当特别办理，不得以普通刑事法科断；二、审判幼年犯罪者当照下列各条办理：甲、审判官当有心理学、社会学之智识，方能通晓幼年人之种种习惯及其性情；乙、幼年犯罪者亦适用假出狱制度，出狱后必有特定之人监督，惟此监督人当法庭审问时必须到庭听审，俾深知其犯罪原因；丙、当未审判之先，必须令深通心理学、社会学之医生，详细考究其犯罪原因密告于审判官以助其审判；丁、当发觉后拘捕时其脑筋必隐受伤损，是宜以别法令其到庭，不可拘捕；戊、拘留场所当与成年人分别，审判时间亦当与成年人距离。”对于“年龄太稚者犯罪，既不宜收入监狱，知识未开，亦不宜送入感化院，应以何法管理”问题，其决议是，“应多设幼稚园，多教手工，令其心有所系，仍须多设运动场，俾其性情活泼。”对于“大城镇之幼童应用何法约束以防其游惰犯法”问题，决议指出，“一、法律应明定三种法：甲、幼童犯罪者父母当负其责任；乙、有不顾家族之人法律应强迫令其扶持家族；丙、父母有恶习，家庭教育不良者，应将其幼稚移入感化院令受相当教育；二、应多设演说场讲演家庭教育，使有子女之父母来听，并劝令教堂帮同演讲，至报馆亦当注重家庭教育，以鼓吹世人。”另外，相关决议对假出狱（假释）制度、犹豫执行（缓刑）制度的理念、原则、条件均有明确回应。①

可以看出，第八届万国监狱会议的决议，较为完整地总结了以感化教育为主旨的新刑法理念以及少年司法制度的基本原则与具体要求及工作方法。许世英、徐谦为代表的中国参会者准确领会了这些会议精神，并将之带回国内，上通过法部呈至朝廷，下通过报刊普及于百姓，使中国与万国监狱会议之间有了直接贯通。虽然相关建议未及实施便清帝退位，但民国之初，这一报告于民国元年再次被连载刊登在民国《司法公报》第 1 期至 3 期上，说明这些新理念和新制度的引进与借鉴，在中国具有跨时代的意义。时至今日，一百余年过去，该报告中所提诸多问题，如

---

① 民国司法部公报处、司法院秘书处等编：《司法公报》（第 1 册），国家图书馆出版社 2013 年版，第 357—360 页。

不同于普通刑事法的少年法，专门知识的少年法官，专业医生的辅助支持，少年犯罪者的分管、分押，判后的专人跟踪观护，对不良家庭的及时干预，对家庭教育知识的普及，等等，仍然还是中国少年司法努力的方向。

第三节　惩治教育理念入律与少年司法草创

伴随着晚清对少年群体的关注及对国际上少年司法制度与理念的介绍、引进，少年司法的理念与制度渐渐步入了晚清修律与实践操作的层面。尤其是大清新刑律的制定过程中，惩治教育作为新法的重要理念与原则被确立，并明确规定对法定年龄以下有触罪行为的少年作非犯罪化处理而施以感化教育，从而为少年司法在中国的诞生奠定了法律基础。地方上对幼年审判厅及感化院的先行试办，则标志着少年司法在中国已经落地生根并破土见日，开始了其稚嫩的萌芽期。总之，晚清立法与地方实践的双重推动，使少年司法从源于西方的制度与理念转换为在中国的探索与实践，开启了其在中国大地的成长历程。

一、惩治教育原则的确立与刑事责任年龄的确定

（一）“众所认同”的惩治教育原则

1907 年 10 月 3 日（光绪三十三年八月二十六日），修律大臣沈家本在完成刑律草案的起草后，向朝廷进奏“修订法律馆奏刑律草案告成分期缮单呈览并陈修订大旨折”，详尽说明修律

宗旨、内容与缘由。其中，惩治教育被列为修律的五大重要原则与内容之一，这标志着少年司法在晚清已从观念引进走向法律创制，迈开了少年司法中国化的坚实步伐。“一曰惩治教育。犯罪之有无责任，俱以年龄为衡，各国刑事丁年自十四以迄二十二不等，各随其习俗而定。中国幼年犯罪，向分七岁、十岁、十五岁为三等，则刑事丁年为十六岁以上可知。夫刑罚为最后之制裁，丁年以内乃教育之主体，非刑罚之主体。如因犯罪而拘置于监狱，熏染囚人恶习，将来矫正匪易。如责付家族，恐生性桀骜，有非父兄所能教育，且有家本贫窭无力教育者，则惩治教育为不可缓也。按惩治教育始行之于德国，管理之法略同监狱，实参以公同学校之名义，一名强迫教育，各国仿之，而英尤励行不懈，颇著成绩。兹拟采用其法，通饬各直省设立惩治场。凡幼年犯罪，改用惩治处分，拘置场中，视情节之重轻，定年限之长短，以冀渐收感化之效。明刑弼教，盖不外是矣。”①

这段简短的陈述中，蕴含的是与原大清律例中恤刑、幼小犯罪赦宥制度迥异的少年司法思想和刑罚理念。首先，整个刑罚理念的变更。“夫刑罚为最后之制裁”，表达的是对刑罚功能的重新认识，是对适用刑罚不得已性的把握，用现在的话讲就是指刑罚的谦抑性，这一点其在刑律草案十一条所附的理由中有更直接的表达，“夫刑者乃出于不得已而为最后之制裁也”。② 这在一百

① 高汉成主编：《〈大清新刑律〉立法资料汇编》，社会科学文献出版社2013年版，第21页。

② 高汉成主编：《〈大清新刑律〉立法资料汇编》，社会科学文献出版社2013年版，第35页。

年前是国际最新的刑罚理念，是对古典刑法学派报应主义的扬弃，也是对我国传统刑律中报复、威吓主义刑罚理念的否定。用山东巡抚袁树勋在草案签注中的话来讲，这一刑罚理念的变化，是“由峻刑主义到博爱主义”。扩展来看，这种理念的转变是作用于整部刑律的，而非仅仅是幼年。刑律草案中规定的犹豫行刑（缓刑）、假出狱（假释）、时效等制度，都是博爱与教育主义理念的体现。而东三省总督徐世昌更是将之放在立宪背景下整个刑法观念的改变去看待，认为“宪政之基根于法律，煌煌圣训深切著明，内外臣工允宜确守此意以为讨论，是不知立宪之政体者，必不足与言新律之发明”。“总则草案之宗旨，大抵以生命为重、以平均为义、以宥过为本旨，故过失皆得减刑；以人格为最尊，故良贱无所区别。约举数端，皆于立宪政体适相吻合。”① 从刑律草案的全文内容看，这一评价，显然是切合修律者本意的。

其次，对感化教育的主张。“丁年以内乃教育之主体，非刑罚之主体”，强调了所有的幼年人接受教育的该当性，为对幼年犯罪者实施感化教育奠定了基础。接着奏折从反面指出不予教育而予惩罚的恶果，“如因犯罪而拘置于监狱，熏染囚人恶习，将来矫正匪易”。而在刑律草案十一条所附的理由中，则从正面对感化教育的目的与必要进行了叙述，“幼者可教而不可罚，以教

① 高汉成主编：《〈大清新刑律〉立法资料汇编》，社会科学文献出版社2013年版，第197页。

育涵养其德性而化其恶习，使为善良之民，此明刑弼教之义也。"① 最后，"感化教育者，国家代其父兄而施以德育是也"②的概括，既是对感化教育的准确定位，又可谓是用中国语言对国家亲权精准解释。可见，奏折话语虽然不多，但前后照应，并借中国明刑弼教之传统话语，精准地解释了感化教育制度与国家亲权，全面、有力地论证了中国实施感化教育之必要。

最后，传递了对少年进行转处的理念。前文第二章已经述及，转处是少年司法得以独立存在的首要理念，将少年从成人刑法体系中解放出来，是其主导性动机。该份奏折中就清晰地表达着这样的理念：奏折将人以丁年为界，划分为丁年与幼年两类，并分别对应着刑罚与教育两类不同的措施，且明确强调，"幼者可教而不可罚"，从而将幼年与成年划清了界限，为将之从成人刑罚体系中转处出去做好准备。之后，介绍了已经取得显著成效的国外感化学校，为转处出来的幼年找到了可去之地与处置方案。最后，特别强调感化教育要在监狱之外另设感化学校，感化学校的规则要在刑法之外另行规定，对感化教育之决定是对犯罪情节之外的家庭情况另行考虑，"因其情节而命以感化教育，盖以未满十六岁者，虽有触罪行为，不应置诸监狱，而应置诸特别之学校。至感化场规则，当另行纂定，不在刑律之内。对所谓情节者，非指罪状轻重而言，乃指无父兄，或有父兄而不知施教育

① 高汉成主编：《〈大清新刑律〉立法资料汇编》，社会科学文献出版社2013年版，第35页。

② 高汉成主编：《〈大清新刑律〉立法资料汇编》，社会科学文献出版社2013年版，第35页。

者。感化教育者，国家代其父兄而施以德育是也。”① 总之，刑律草案意在成人刑事司法之外为少年建立一个独立的处置体系，将之从成人刑罚体系中转移出去。无疑，这为建立独立的少年司法体系奠定了基础，埋下了伏笔。

惩治教育的理念虽然先进并与传统之刑罚观念完全不同，但其因与“明刑弼教”之传统法律文化有暗合之处，且奏折聪明地将惩治教育只针对幼年来讲，从而使其与恤幼之文化传统相符，所以，在刑律草案中提出后，从表面上看，并没有多少人直接明确反对。就连对刑律草案强烈指责的礼教派先期领军人物张之洞，在其签注原奏中也对惩治教育表示了认可甚至肯定，“原奏惩治教育一条，用意甚善，可以仿行。惟原定凡犯罪在十六岁以下不论大小轻重皆无刑事上之一切责任，一以惩治教育处之限年太宽，恐滋流弊。此惩治教育之尚需酌定年限也。”② 这种肯定惩治教育原则而认为十六岁刑事责任年龄过高的意见，也是绝大部分签注的基本态度。正是这一态度，将惩治教育从根本的原则问题导向了具体的刑事责任年龄问题。

（二）论争纷繁的刑事责任年龄

对于沈家本提出的惩治教育原则，虽然中央各部及地方非常一致地表示认可甚至赞誉，但一旦论至该原则的落实，谈及具体

---

① 高汉成主编：《〈大清新刑律〉立法资料汇编》，社会科学文献出版社2013年版，第35页。

② 高汉成主编：《〈大清新刑律〉立法资料汇编》，社会科学文献出版社2013年版，第189页。

刑事责任年龄，草案的意见却引来反对声一片。如此迥异的反应，深刻地体现了少年司法制度初入中国所面临的文化冲突与困境。细究起来，对具体刑事责任年龄的争执中，实际上包含着或反映着对惩治教育理念的不解甚至反对。比如，安徽巡抚签注原奏中，首先对刑法舍报复主义而取感化主义的世界趋势予以认同，但同时提出中国适用感化主义为时尚早，十六岁之刑事责任年龄过高，应定为十二岁，并渐次从宽。“盖今日东西各国刑法皆取感化，不用报复，而草案即以此为圭臬。夫报复之说，本非刑律之平，为今日法律学者所鄙议，然并惩戒而不用，转欲以感化为能，恐未能适合于今日人民之情势。以中国社会不良、教育未普，凡十五六岁之童子，知识已完，能力亦无不足，几于无罪而不可犯。若犹不论其罪，则幼年子弟必至无所忌惮、无恶不为，是以欲以道德化民，转足以坏其道德。诚宜仿日本旧刑法十二岁以下不论罪及十二岁以上宥恕减轻之例，比较今律，固已迥然不同。俟将来教育广播、道德发展之时，年龄责任渐次从宽，再与各国竞争文明，尚未为晚。”①

这种将幼年期分成两期并逐步展开的观点看起来中庸稳健，相对草案中十六岁以下一律不为罪的规定，有其现实合理的成分。但其以中国教育未普及、国人素质不高，若不为罪便会肆无忌惮的论证，却暗含着逻辑矛盾和对感化教育制度的误解。首先，该观点以教育未普及为由而拒绝实施感化教育，是一种自相矛盾，因为教育未普及的情况下应强化教育，而不是相反施以报

① 高汉成主编：《〈大清新刑律〉立法资料汇编》，社会科学文献出版社2013年版，第194页。

复性惩罚，何况幼年是教育之主体。其次，法律规定不为罪少年便肆无忌惮、无恶不为的假设，完全是一种没有事实和理论依据的“假想恐惧”，既不符合犯罪学的基本原理，也不符合少年身心成长的自然规律，更不符合感化教育的基本设计，因为在感化教育制度中，不为罪并非放任自流，而是以感化教育替代刑罚，对触法少年进行积极有效干预。所以，对于这种观点，沈家本等修律者未予采纳，且在修正刑律草案的按语中予以了简短而有力的驳斥，“感化教育乃减少犯罪之良策，各国行之其效卓著，不论何时何国俱可采用，从未闻有以民智未睿为口实而避之者，则第二说（感化主义于我国尚早）亦非通论。幼年犯重大之罪，科之以刑，实无惩戒之效。以教育感化或可冀其改悔，此东西各国多年考验之实情。本条采用感化教育，初非置犯罪于不问，为第三说（幼年犯重大之罪不可不罚）者，殆未即道德齐礼之哲言而寻绎之也。”①

需要说明的是，安徽巡抚的观点与论证方式具有很强的代表性，在晚清中国具有很深的社会土壤。如湖广总督、山西巡抚、湖南巡抚等，在签注原奏中均以国情不符合、教育未普及或其他辅助配套措施不具备等为由，主张感化教育不宜立即实行。② 这类观点看似温和，实则比直接反对者更具有杀伤性，成为消解革新者过于激情的重要力量。后来的发展历史证明，正是此类意见

① 高汉成主编：《〈大清新刑律〉立法资料汇编》，社会科学文献出版社2013年版，第480页。

② 高汉成主编：《〈大清新刑律〉立法资料汇编》，社会科学文献出版社2013年版，第204、207、216页。

主导了惩治教育与少年司法在中国的发展方向。沈家本主持的修律馆虽对上述签注意见进行了驳斥，但为了平衡，在修正刑律草案中将草案中的十六岁“酌定为十五岁”，并删除了草案第四十九条对十六岁至二十岁犯罪者得减一等的规定。即便如此，该条规定在宪政编查馆核订时仍认为不妥，在“宪政编查馆核订新刑律告峻敬谨分别缮具清单请旨交议折”中向朝廷提出，认为“总则于不论为之罪推及十五岁，年龄过长，恐滋流弊”，并建议“照德意志等国刑法缩为十二岁，并修复宥恕减轻之例”①。该奏折获朝廷批准，递交资政院审议。审议中，经资政院法典股审查后，又将宪政编查馆提出的修正意见予以否决，改回到修律馆所提的十五岁的修正意见中，对此法典股汪荣宝以教育主义立法思想及刑律与《违警律》的衔接为主要理由，对本条修正案进行了说明。尽管如此，本条规定仍然受到议员的强烈挑战，以议员陈树楷为代表，仍提议将十五岁以下刑事责任年龄分为两期，并与议员江辛、江谦等展开争辩，其间，虽经法典股员长汪荣宝对本条规定背后的教育主义理念反复申明，但双方仍是激烈争辩，难分上下，最后经强制表决，以六十四人赞成多数通过了股员会的修正案②，即“凡未满十五岁者之行为不为罪，但因其情节，得命以感化教育”。同时，删除对十六岁以上未满二十者减轻责任之规定。但资政院表决通过并未能给这一条规定以最终

---

① 高汉成主编：《〈大清新刑律〉立法资料汇编》，社会科学文献出版社2013年版，第589页。

② 资政院审议笔录，详见高汉成主编：《〈大清新刑律〉立法资料汇编》，社会科学文献出版社2013年版，第595、609、628—632页。

的效力。在军机大臣会同资政院总裁、副总裁联名具奏的“资政院为议决新刑律总则缮单会陈请旨裁夺折”中，刑事责任年龄问题再次被提及，并认为资政院决议不妥，“与其责任年龄过迟而无宥减办法，不如责任年龄稍早而有宥减办法之较有折中，故于第十一条之十五岁，主张仍改为十二岁，而于现第五十条所定喑哑人或满八十岁人得减本刑一等或二等条文中，将‘或未满十六岁人’字样加入，并原案二条为一条，云‘喑哑人或未满十六岁人或满八十岁人犯罪者，得减本刑一等或二等’，以免变动条目之繁。”① 这一建议得到朝廷上谕的明确支持并予颁布。② 刑事责任年龄问题几经周折，在十六、十五、十二岁之间来回打了几个转，终于定格在了十二岁之上。

（三）论争背后的文化冲突与纠结

关于惩治教育和刑事责任年龄问题的争议，体现了晚清中国对感化教育欲迎还拒的矛盾心态，也体现着晚清社会转型中，在新旧之间取舍难定的纠结心境。这种心境，不仅体现在惩治教育理念与刑事责任年龄问题上，还体现在围绕刑律草案展开的系列“礼法之争”问题中。比如关于“子孙违反教令”是否入律问题的争执，就是另外一个角度透露着晚清中国关于卑幼、家族以及教育与刑罚关系的系列观念。前文第一章已经提及，“子孙违反

① 高汉成主编：《〈大清新刑律〉立法资料汇编》，社会科学文献出版社2013年版，第699页。

② “著将新刑律总则、分则暨暂行章程先为颁布以备实行谕”，载高汉成主编：《〈大清新刑律〉立法资料汇编》，社会科学文献出版社2013年版，第697页。

教令”从唐朝起入律，直到明清。该条规定如同“达摩克利斯之剑”，始终悬在卑幼的头上，成为家长管控卑幼的有效“器具”。所以，大清刑律草案将之列为教育问题而不再规定为罪时，必然会引起家长们的不安与不适，卑幼者将不听家长教令以至无所畏惧并为所欲为的假想恐惧随之而来。不仅如此，卑幼独立必然会影响父权的行使，而父权又与君权相连，如前文所述，父权不仅是传统家庭的支柱，也是圣人贤者经心塑造的“君君、臣臣、父父、子子”，“长幼有序、尊卑有等、亲疏有别”理想社会结构模式的基础。所以，志在将礼法分离、抛弃传统伦常，而采用西式法律思想的新刑律，遭到强烈指责与反对也是必然的。然而在清末社会，礼法纲纪均已松弛，“官坤普遍对礼法的厌倦，对推行礼法的敷衍塞责，对礼法的主动破坏，使得违礼现象禁而不止，说明礼法规则已脱离了社会生活。”① 在这样的社会环境下，卑幼与妇女从家族中走出而逐渐独立，已呈一种必然的趋势。修律者正是顺应了这样的社会趋势，新刑律才得以通过。礼教派虽有诸多不甘与不舍，但毕竟大势已去，礼法相合的社会基础已经变化，革新图存的社会环境也不允许他们坚守，子孙违反教令最终未能入律，以至于在舆论界他们也声名大跌，“诸家报章辄以反对新刑律相讥，嘲讽诋讥不一而足。”② 在争执与纠结中，惩治教育为代表的系列新刑法理念终被立法所确认，

① 张仁善：《礼·法·社会——清代法律转型与社会变迁》，商务印书馆2013年版，第328页。

② 《新刑法修正案》，转引自张仁善：《礼·法·社会——清代法律转型与社会变迁》，商务印书馆2013年版，第288页。

源于西方的少年司法首先从立法上得以移植。

然而，立法上的确立，并不代表着顺利的成长。首先从社会学的角度看，清末礼法分离还具有不彻底性，在中国这样传统深厚、地广人多的国度，在内忧外患频仍、救亡图存任务艰巨的局面下，新式法律精英们在接受外来法律文化、竭力改革中国传统法律的过程中，必然会存在相当的局限性。从社会基层来说，因为在历史传统长期形成过程中，礼法观念已经深植人心，许多地区尤其是广大经济不发达地区的农村民众，他们的社会生活观念和社会习惯与近代意义上的国家制定法还有相当的距离，以往“情、理、法”相提并论的礼法意识还在很大程度上为他们所接受，传统礼法维系社会秩序的功能还未完全丧失①，卑幼从家庭中走出并真正独立，还有相当的距离。从社会精英层来讲，立法过程中各地方大员及中央官员、议会议员在系列争辩所展现出的种种思想与心态，具有较广泛的代表性和强大的影响力，并在一定程度上左右着国家的方向。其次，从法学的角度看，立法中关于刑事责任年龄的争辩，还基本建立在对儿童身心状况的感觉层面上，儿童身心的特殊性具体是什么，为什么幼年只可教而不可罚，其身心成长的规律是什么，十二岁与十五岁少年的身心差别是什么，等等，诸如此类的问题，无论是法理派还是礼教派，都缺乏科学、理性而深入的认识，缺乏在此认识基础上对立法规定的分析。没有儿童心理学知识背景的支撑，也使得争辩变成一种没有评断标准仅凭感觉与经验的争吵，谁也无法将谁说服，最终

① 张仁善：《礼·法·社会——清代法律转型与社会变迁》，商务印书馆2013年版，第354页。

只能提交皇帝圣裁。就是这样一个综合的社会思想文化体系，构成了少年司法在近代中国诞生的基本文化土壤。

二、幼年审判厅与少年感化院的拟章试办

在预备立宪的背景下，晚清政府在修订大清新刑律的同时，还启动了以“司法与行政分立，民事诉讼与刑事诉讼分理”等为主要特点的司法改革①，大力推行以西方为模板的司法机关体系、诉讼模式、审判方式以及行刑方式。这期间，筹建幼年审判厅、幼年监狱、少年感化院等机构，也被论证并写入相关法律文件，并在地方实践中予以试办，从而使少年司法在晚清中国走向了实践性行动。

（一）崭露头角的少年感化院

晚清对少年司法机构的筹建，是从对旧监狱系统反思及对国外少年感化院制度的借鉴开始的。如本章第二节所述，晚清在引进介绍国外少年感化制度的同时，社会关注的焦点逐步聚集在对我国监狱问题的反思上。中外的巨大反差，促使国内一些有志之士开始筹划少年感化院的筹建。1908 年，安徽巡抚冯煦订章饬办感化院。这一国内首开先河的做法，立即成为重要的新闻，引起社会关注。当年的《广益丛报》报道说，“皖抚冯中丞以近世风俗颓坏邪说迭乘，幼年子弟未能厕身，学校往往辨认不真，执迷不悟，若非别谋教育为之辅助，恐异日入狱之罪囚即今日失学

① 张晋藩：《中华法制文明史》（近、当代卷），法律出版社 2013 年版，第 320—327 页。

之童稚，特定章程十五条札饬藩台沈方伯会同学臬两司，就省城工艺厂附设感化院一处，以补学校之不及。”① 《东方杂志》调查栏目则以“安徽感化院之创立”为题，对此事进行了更为详尽的报道。关于创办感化院的初衷，报道略引皖抚札饬藩司创办感化院之文称，“慈幼卹孤，周官要政。道德齐礼，鲁论雅言。盖国家无不可化导之人民，家庭无不可教育之子弟，本部院师前贤之遗志，仿列国之成规，拟创办感化院一处。附设于工艺厂，为各府厅州县之模范。”其中，“师前贤之遗志，仿列国之成规”的表述说明，创办感化院实属学习借鉴国外之举，只不过将这一举动放在圣贤文化内，进行了中国式解读。关于感化院的定位，则为“补学校之不及，省刑罚于无形”。可见，创办者将其定位于一种特殊的教育，作为预防犯罪的特殊措施。应当说，这与感化教育制度自身的定位是契合的。关于感化院的场地、经费、人员等具体运营与设置，该报道均依据章程作了列举说明，其中，感化院接受的对象，主要包括“在皖本省或外省幼年，十三以上二十以下者，包括有并无亲长及家族管理之人，而有游荡及乞丐或滥交行为者；犯轻罪以下者幼年子弟被判令入习艺所而该地方无习艺所或虽有习艺所但未设伦理各科者，以及习艺所期满者等”。可见，无论从人员年龄、人员类型还是籍贯等，该感化院接受人员范围是宽泛的，既包括犯轻罪者又包括游荡、浮浪者，既包括本地人亦包括外来者，既包括十五岁以下的幼年，又包括十六岁以上的青少年。从接受人员上看，这一感化院与美国少年

① 《广益丛报》1908 年第 182 期。

感化院类似。

如同美国的少年司法从少年庇护所与感化院开始运营并逐步深入发展一样，安徽感化院如若按章程设立运营，必将起到“为各府厅州县之模范”作用，对少年司法在中国的发展，也将会起到重要的推动和引领作用。不过从史料记载看，冯煦任安徽巡抚时间很短，自光绪三十三年（1907 年）五月二十八日至三十四年（1908 年）六月二十五日，前后仅一年一个月。① 而拟章创办感化院在 1908 年，这一年，冯煦仅在任半年。在传统的社会中，主政者对各项事业的推动起到关键作用，“人亡政息”实属于正常现象。由冯煦倡导创立的感化院是否真正创办起来并发展下去，尚未查到相关史料，从后续的晚清期刊未见相关报道情况看，其创立发展可能并不如当年之设想，再加上三年后清廷告倾，安徽感化院的命运基本上可以想见了。

不管最终运营情况如何，安徽感化院的创办，代表着晚清开创中国少年司法实践的冲动与真实努力。这种冲动与努力，也绝非冯煦一人所有。1910 年，《江南警务杂志》刊发了黄鸿寿撰写的《中国宜亟设感化学校论》②，呼吁中国亟须学习日本创建感化学校，这说明，创建感化学校，在晚清已经形成了一定的舆论力量。在这篇文章中，作者首先考察了日本关于少年犯罪的法律规定和感化教育学校情况，认为“感化教育学校有数善：一是养成其人格，二是广开其生路，三是尊重其人权”，并指出，我

① 高汉成：《签注视野下的大清新刑律草案研究》，中国政法大学 2005 年博士学位论文。

② 《江南警务杂志》1910 年第 6 期。

国“对未丁者亦不治罪，然置而不问而已，遑问其改过与否，遑计其成丁后再犯与否。以致青年犯，内无悔过思怀，为出狱后纯良之本，外无相当工业，为出狱后生活之规，非唯有害于社会治安，且有害于幼年资格，岂良策哉?”最后，作者建议，“改良之法，计唯仿日本青年监狱之制，亟设感化学校”。

除了学者在报刊上的呼吁，还有体制内的正式建议。在前文第二节已经提及，1910年奉天高等审判厅厅丞许世英与徐谦参加了第八次万国监狱会议。在会后的万国监狱会议报告书中，就曾“申请法部通饬全国，设立幼年监及感化院”[①]，在其提交的考察各国司法制度报告书中，许世英、徐谦再次建议创设感化院，并对创设感化院应注意的问题分四项作了具体说明，“第一，种类宜分别也”，主要指对应受感化教育的对象分为三类，弃儿或迹近遗弃者；有不良行为者；有犯罪行为者。“第二，法制宜规定也”，主要介绍了英、法、德三国刑法及关于感化院的规定，并建议我国“立法之始，自宜博采众长，以臻完密”。“第三经费宜预算也”，主张以人口为依据进行预算，并介绍了按照人口英、法、普三国的人口与预算情况。“第四、管辖部宜商酌也”，主要建议对感化院的管辖在内部与法部之间酌定，且宜一不宜二，宜合不宜分。[②] 可见，许世英、徐谦的建议已经非常具体，具有很强的可操作性。对于法部代奏的这份报告，朝廷

① “奉天高等审判厅咨呈提法司拟请先于承德地方审判厅特设一厅名为幼年审判厅请分别转督宪、法部备案文”，载汪庆祺编，李启成点校：《各省审判厅判牍》，北京大学出版社2007年版，第251页。

② “法部代奏会员考察各国司法制度报告书”，载《国风报》1911年第15期。

作了“依议”的批示表示同意，这说明，筹建感化院之事，在体制内部从法部至朝廷，都已取得了共识。若不是清廷灭亡，开工建设只是早晚的事了。

（二）着力筹建的幼年监

与筹建感化院同时开展的，还有旧式监狱的改良及幼年监的规划与筹建。前文已经论及，清末在引进西方法律制度的同时，还特别注意了监狱问题，认为“狱政之良否，一国之文野所关”，这一认识已经具有相当的高度，并且，还把监狱改良与收回领事裁判权相关，所以，监狱问题成为清末司法改革中的重要问题。光绪三十三年（1907 年），修律大臣沈家本曾对监狱改良专题上了奏折，朝廷将批给法部，法部就建议问题逐一回复①，并在全国展开监狱改良运动。从法部奏折内部看，沈家本从改建新式监狱、养成监狱官吏、颁布监狱规制、编辑监狱统计四个方面提出了具体建议。法部对于颁布监狱规制、编辑监狱统计两个问题均依建议照办。对于改建新式监狱之提议，法部从政治文明与收回领事裁判权两方面肯定了其重要意义，只是因经费问题对沈所提议的各省会及各通商口岸先建模范监狱一所稍作变通，建议“天津、上海、汉口、奉天、江浙闽广等处或繁盛大都或通商巨镇，一切规模，自宜参酌东西洋办法，以示文明与诸国。腹地省份、财力稍逊之区以及府县，则由按察使实力筹倡”。对于习艺所，法部建议分为罪犯习艺所和人民习艺所，前者由法部来

① “法部奏议覆修律大臣沈奏实行改良监狱折”，载《北洋法政学报》1907 年第 43 期。

管，并让各省筹办，而收留无业贫民的人民习艺所，则建议由民政部监督，且“中国各省多未筹建，等将来善会发达，自能逐渐推广”。关于养成监狱官吏一节，法部亦表示赞同沈家本所奏，“实行诸才之法，在京师法政学堂设置监狱学一科，京外法政学堂一律增设监狱学专科。已设新监狱之处，并应附设监狱学堂。”

从法部奏折可见，晚清政府已着手全面对监狱问题进行改良。史料显示，法部该奏折获批后，即开始部署行动，饬令各省改良监狱。相关报刊新闻对此予以了报道，称“北京法部已决定饬令各省改良监狱，并把旧有禁卒一律更换，以除积弊，打算以一年为改良期，一年后派员往各省大小衙门视察，监狱曾否改良，禁卒是否凌虐犯人，如违即凭该管督抚是问”。[①] 从报道所用的语气看，这次改良并非仅是做秀式的官样表态，而是切实部署，是要“动真格的”。在改良监狱的过程中，幼年监、男、女监分立，都是重要的考虑。除了实践方面的推动，幼年监问题还写入了1910年颁布的《大清监狱律（草案）》。该草案第2条规定，“幼年犯罪之人，血气未定，往往一入监狱，传染种种恶习，不惟不能改良，且愈进于不良。”所以，“特设或区划拘禁场所，拘禁18岁以下、刑期2个月以上的少年犯，对之进行惩治教育。”[②] 幼年监写入监狱法，标志着筹建独立的少年司法机构有了法律依据。该法律虽未及颁布清廷即亡，但其规定在民国

① 《竞业旬报》1907年第8期。

② 尤志安：《晚清刑事司法改革整体性研究》，中国政法大学出版社2013年版，第251—252页。

时期得到了继承和延续，并促成了济南和湖北少年监狱的成立。

（三）呼之欲出的幼年审判厅

在感化院、少年监问题不断推进的同时，少年法庭也呼之欲出。这一革新的主要推动者便是参加万国监狱会议的奉天高等审判厅厅丞许世英。许世英所在的奉天高等审判厅，本来就是晚清筹设新式审判机构的先行者，属于晚清司法改革中开风气之先的地方，敢于创新是其既有的特征。所以，在许世英参加万国监狱会议之后，其一方面通过法部奏折向朝廷建议在全国范围内试办幼年审判厅，同时即着手在自己的管辖范围内先行筹办。其草拟了《奉天高等审判厅幼年审判庭试办章程》，并拟文咨呈提法司并分别咨呈督宪和法部备案。① 在咨呈备案文中，我们可以明显地感受到，许世英作为晚清能够贯通中西方法律的精英，其对于晚清司法改革及创办少年司法的急切之情和真挚努力。该文开篇简要介绍少年司法的独立运作及其意义，“窃以近世各国刑事政策，皆趋重幼年保护，故一案之来，始则特别审判厅以审理之，终则有幼年监与感化院以教养之。良以幼年犯罪者，有悛改之日；即成年犯罪者，有减少之期。正本清源，舍此莫由。”接下来，便讲少年司法在世界之发展趋势和中国设立独立少年司法体系的必要性、急切性，“幼年审判制度创于美，继于英、德，近则几有弥蔓全欧之势”，“惟事欲观其成，必先肇造始基，而后

① “奉天高等审判厅咨呈提法司拟请先于承德地方审判厅特设一厅名为幼年审判厅请分别转督宪、法部备案文”，载汪庆祺编，李启成点校：《各省审判厅判牍》，北京大学出版社 2007 年版，第 251—252 页。

逐渐推行，乃能得完全之效果，是则幼年审判厅之设有不容缓者。”“我国刑事制度久落后步，今者改良伊始，尤宜急起直追，一则期犯罪者之减少，一则期领事裁判权之拒回。”为使督宪与法部进一步了解少年审判之情况，许世英在文中又简要介绍了经其考察的外国幼年审判办法之大略，还摘录引用了万国监狱会议关于幼年保护之决议，并强调称，“见之于事实既如彼，而决议于会场者又如此，可知泰西各国无不以幼年审判为刑事重大之问题，近且日益研求，推阐真理，彼此竞争，如同国际。”如此这般的反复表述，无非是让督宪与法部鼎力支持其筹办事业。为获得通行，许世英还考虑了经费、人员等问题，力求在不增加开支或尽可能少开支的情况下，寻求最为切实的办法，“奉省审判厅开办最早，尤宜先树规模，以为之倡，拟于省城先行试办，于承德地方审判厅特设一庭，名为幼年审判厅，凡遇幼年犯罪案件，由该厅厅长于推事中，择其略通心理学并熟悉社会情形者三人兼理之，不另支薪。俟办有成效，再行扩充。其为此事之后盾而俾令收实效者，而在幼年监与感化院，唯创造监、院经费浩繁，厅丞仍拟筹一轻而易举、简而易行之法，俟拟订章程再行具报。”如此周全考虑，既反映了当时筹办之困难，还体现了许世英办事的务实与严谨。如此艰难条件下，许世英为使少年司法能“收实效”，筹划将幼年审判厅与幼年监、感化院一体筹办，可见其对少年司法之精深认识和切实将之引进中国的决心与勇气。

许世英起草的幼年审判厅试办简章，虽仅有区区十条，但在今天看来，仍不失先进与周全，为品评之方便，特录全文如下：

奉天高等审判厅幼年审判庭试办简章[①]

第一条　于承德地方审判厅设立幼年审判庭，专理十六岁以下之犯罪案件，暂借高等未用之法庭应用。

第二条　审问幼年犯罪案件，用合议制，以能通心理学，并熟悉社会情形之推事兼任之，（乃）［仍］支原薪。

第三条　审问幼年者，须详细调查其家庭状况及其个人关系之事情。

第四条　推事须令医生劄考幼年人之犯罪原因，以助其审判。

第五条　如系与成年者共犯之案，非必不得已时，不得同庭审问。

第六条　无论被控案情若何，不得使幼年人跪供。

第七条　在待质室或未决监或押送时，须与成年犯分隔。

第八条　审判时间须与成人犯距离。

第九条　公开时，禁止旁听，并不得以判词宣示于众。

第十条　判决后，除死罪外，均应送入感化院。唯感化院并未筹办，应仍送模范监狱或习艺所。但监所内应划出一部分，为收容之地。并应峻墙严绝，不得与成［人］犯接触。

---

① 汪庆祺编，李启成点校：《各省审判厅判牍》，北京大学出版社 2007 年版，第 334—335 页。

仔细研究一下这份简章，可以发现，简章虽只有十条，但却内容丰富，自成体系：既有对审判场所、感化场所的安排及要求（第一条、第十条），还有对审判人员、法官薪水问题的安排与解决（第二条）；既包含少年司法制度基石的人格调查制度（第二条、第三条），又包括对旨在少年保护的分案审理制度（第五条、第七条、第八条）、不公开原则（第九条），以及对少年犯转处、实施感化教育的制度安排（第十条），而第六条“无论被控案情若何，不得使幼年人跪供”之规定，则颇具中国与时代特色，展示了近代司法的文明。总之，从内容看，这份章程已经囊括了西方少年司法制度的核心内容，全面而清晰地勾画了中国少年司法应有的形象。相比传统的中国司法，无疑，这一形象是崭新的，不带有任何传统幼小犯罪审判制度的色彩。这也预示着，按此章程新筹建的少年司法系统，将与传统司法中幼小犯罪审判制度彻底脱钩，走向一个全新的少年司法时代。所以，这是一份完全近现代意义上的少年司法章程。就如同美国伊利诺伊州在1899年通过的《少年法院法》开启了少年司法的时代一样，我们可以说，奉天高等审判厅制定的幼年审判庭试办简章，标志着中国少年司法的近代萌生。①

---

①　现有史料未载明《奉天高等审判厅幼年审判庭试办章程》准确拟定日期，但从文中表达及其他史料印证，该章程应拟定于1911年的年中或后半年，因当年10月就发生了辛亥革命，第二年清帝退位，历史进入民国时期。再加上民国成立后许世英离开奉天任了司法总长，所以其该幼年审判厅的筹办情况如何，实际动作与否尚未有史料确证。即便如此，我们也不能否认该章程在中国少年司法史中的地位，毕竟，它是中国第一份近现代意义上的少年审判庭章程。

第四章　少年司法的内在调适

——中西文化冲突与暗合

在晚清西法东渐的大潮中，少年司法也在官方修律与民间呼吁的共同作用之下，在中国大地上萌芽。少年司法作为发源于西方的司法制度，虽然被公认为是衡量一个国家司法文明的标志，代表着近现代司法发展的方向，但作为一种新生的文明，她在古老的中华文明中能否找到共鸣之音？作为一种舶来品，她能否适应于其本土的文明？换个角度来讲，中国将少年司法引进之后，如何发掘传统文化中与少年司法相匹配的成分，为其在中国成长提供营养？为避免“南橘北枳”，又如何将传统文化中不适于少年司法生长的部分，改造、培育成为利于其成长的新土壤？在探寻了中国少年司法的传统文化及少年司法自身的文化品格，并观察了其在中国的萌芽过程之后，接下来，我们便结合史实对上述问题进行梳理，以期以史为鉴，为少年司法文化的内在调适找准基点和方向。

第一节　中国传统文化与少年司法理念的两点暗合

人类毕竟是同一个物种。虽然肤色不同，语言不同，生活习惯不同，甚至天各一方，互不沟通，各过各的日子，但作为人类，其文化总是有相通的地方。少年司法虽最早诞生于美国，且之前与遥远而封闭的东方中国基本没有文化上的交融，但少年司法之于中国传统文化，仍然有相通和暗合之处。

一、明刑弼教观念与感化教育理念的暗合

少年司法制度中，对越轨少年不施以刑事处罚而施以感化教育，这是其最为核心的制度设计，也是其最为核心的理念之一。这一理念与中国传统文化中的明刑弼教观念是相吻合的。在古代中国，关于道德教化与适用刑罚的关系问题，重教化而省刑罚，既是思想界一贯主张，也是治国理政者的终极理想。早在西周，教化而非刑杀已是一种明确的治国理政思想。"上也王启监，厥乱为民。曰：'无胥戕，无胥虐，至于敬寡，至于属妇，合由以容。'"① 也就是说，周王封建诸侯，大率为了教化民众。王说："不要相互残害，不要相互暴虐。对于那些鳏夫和寡妇，对于那些孕妇，都要同样给予教导和宽宥。"② 到了春秋时代，孔子更是明确提出："道之以政，齐之以刑，民免而无耻；道之以德，

① 《尚书·梓材》。

② 李民、王健：《尚书译注》，上海古籍出版社 2004 年版，第 283 页。

齐之以礼，有耻且格。”[①] 自此，主张德礼教化为先，刑罚为后，反对不教而诛，便成为儒家思想的一项鲜明的特征。汉武帝“罢黜百家，独尊儒术”之后，“德主刑辅”便被确立为自汉以后历朝立法与司法的根本指导思想，成为中国司法传统的主流。在中华法系的代表作《唐律疏义》的《名例》篇中，更是以极为经典的语言将德教与刑罚的关系进行了总结：“德礼为政教之本，刑罚为政教之用，两者犹昏晓阳秋相须而成也。”这一总结，生动地诠释了中国的明刑弼教思想，唐代以后直至晚清，这一思想便一直被历朝治国者奉为圭臬，未曾改变。深谙中国传统法律文化的沈家本，正是看到了明刑弼教与感化教育的暗合之处，所以，在对修改法律的说明中，巧妙地直接地用中国的明刑弼教解释少年司法中惩治教育理念与感化教育制度，取得了良好的效果。如前文第三章所述，即便是对刑律草案反对最为激烈的礼教派领军人物张之洞，对惩治教育也表示赞赏，称“惩治教育一条，用意甚善，可以仿行”。这说明，明刑弼教观念是少年司法进入中国最为恰当的文化入口。

二、父母官观念与国家亲权理念的暗合

少年司法在西方诞生的过程中，国家亲权理念以及由此衍生的公共责任，是少年司法得以存活和发展的重要动力。在该理念下，国家成为儿童最后的父母，当儿童失去父母或生身父母不适格时，国家会尽力给予儿童像父母那样的关照。而这一点，与中

① 《论语·为政》。

国的传统文化中父母官观念具有相通之处。在中国，君王及官员自比为民之父母，可谓源远流长。《汉书·刑法志》在开篇不久就引用《尚书·洪范》中的话来表达君与民关系。“《洪范》曰：‘天子作民父母，为天下王。’圣人取类以正名，而谓君为父母，明仁爱德让，王道之本也。爱待敬而不败，德须威而久立，故制礼以崇敬，作刑以明威也。”① 意思是说，《洪范》说，天子身为百姓的父母，就是天下的帝王。圣人采用与此相似的说法来确定名分，称君主为父母，这正是彰明仁爱、施恩天下、实行王道的根本。仁爱要依靠恭敬才能不致衰败，恩德要凭借威严才能恒久，所以制定礼义以崇尚恭敬，制定刑罚以彰明威严。② 可以看出，对于整个国家治理来讲，中国的父母官观念相比西方的国家亲权，具有更广泛的内涵，也具有更加基础性的地位和作用。因为西方的国家亲权，主要是针对儿童而言，而中国的父母官，面对的是所有百姓。西方的国家亲权，主要针对儿童福利事业，而中国的父母的名分，则是君主施行王道，施展一切治理措施根本，君主的一切施政措施，都是从为人父母展示仁爱的角度出发的。君主为天下父母，施恩天下，而作为主政一方的地方官，则相应地自比为地方百姓父母，其最高理想便是“为官一任，造福一方”。几千年来，官为父母，为民作主的观念，不仅成为官方文化，也进入民间社会，成为整个中国妇孺皆知、众所认同的

① 高潮、马建石主编：《中国历代刑法志注译》之《汉书·刑法志》，吉林人民出版社 1994 年版，第 5 页。

② 高潮、马建石主编：《中国历代刑法志注译》之《汉书·刑法志》，吉林人民出版社 1994 年版，第 6 页。

传统文化。所谓“当官不为民作主，不如回家卖红薯”的民间传唱，便是最为生动的反映。由于中国父母官的观念相比西方国家亲权涵盖性更强，所以，以父母官观念理解国家亲权，并不存在思想上的障碍。这在中国官员看来，这简直就是为官的“题中应有之义”。修律大臣沈家本对于此中道理显然也是了然于胸的，所以，才有了“感化教育者，国家代其父兄而施以德育是也”的绝妙解释。而从各部及各地签注的反应看，这一解释确也得到了包括礼教派在内的广泛认同，从而为感化教育引进中国开启了大门。

第二节　中国传统文化与少年司法理念的三处冲突

尽管沈家本极力用中国传统文化的语句来解释少年司法，并初步获得了各方认同，然而，关于新刑律中刑事责任年龄的规定，以及子孙违反教令是否入律问题上的激烈争执，还是体现着中国传统文化面对少年司法这一新生事物的种种不适。“礼法之争”所争论的虽然只是具体问题，但体现的却是文化的冲突。

一、秩序为本、国家本位的思想与个体自治理念的冲突

前文第二章已经提及，美国少年司法的诞生，从思想根源上讲，与欧洲的启蒙运动及文艺复兴有关。历史学家雅各布·布克哈特在《意大利文艺复兴时期的文化》中提出，文艺复兴的特点是：个人表现出对世俗生活日益浓厚的兴趣，并且他们自觉地

渴望创造自己的命运。这个特点是理解近代思想的关键。[①] 文艺复兴最具特征的思想运动是人文主义运动。系列人文主义思想家，以各种方式表达个性解放，主张每个人都要全力以赴，冲破上帝从外部强加的命运的罗网，认为每个人都可以自由地决定自己的命运，唯有历史的经验，现实的环境力量，以及人类个体本性的推动力，才能影响每个人的命运。他们批判封建神权、教权与专制制度，呼吁宗教改革与社会改造，重视个人的自我表现、自我完善，重视个人的潜在才能的实现，赞美英雄、荣誉和个人成就，讴歌现实生活，颂扬生命与青春。[②] 简而言之，文艺复兴一方面发现并尊重个人的价值，产生了以对人的关怀为主题的人文主义；另一方面，还萌生了个体自治和冲破一切外在束缚的个体自由的理念。这些理念在新大陆的美国得到了淋漓尽致的表现：在人文主义观念下，他们关心个体的命运，并产生了对陌生人的责任感；在个体自由的理念下，他们时时处处对政府权力充满了戒心和防范，尽最大努力为个体自治争取最大的空间。在诸多的领域，他们宁可自己行动，而不愿交给政府，更不愿依靠政府。正是这样的文化背景，使美国少年司法自产生之日起，就具有鲜明的福利性和公众性的特点，在民众与政府的共同参与下，追求着儿童福利的最大化。

然而，少年司法背后的上述文化在古老的中国是陌生的，并

① 郭守兰、曹全来：《西方法文化史纲》，中国法制出版社 2007 年版，第 134 页。

② 郭守兰、曹全来：《西方法文化史纲》，中国法制出版社 2007 年版，第 135 页。

且与其相应，中国传统文化强调是皇权至上，国家至上，秩序至上。在前文第一章中我们已经提到，无论是儒家还是法家，维护社会秩序都是其最终的目的，秩序为本是中国古代法律文化的基本特征。同时，我们在前文已经分析到，在秩序为本的前提下，共性得以提倡，个性受到压抑，个人自由与个人自治，是基本没有生存和发展空间的。在以秩序为依归的思想影响下，人被群体化，人的形象被模糊化，人总是作为一个集合的或者抽象的概念存在，或者说是以一种面目模糊不清的标准人的形象出现，缺乏个体的独特性和鲜活感。在这种文化环境下，个性是得不到尊重的，少年与成人的差别是不去充分注意和深究的。在此背景下，少年司法中注重对少年个人的调查，并针对每个少年的不同而制定个性化的矫正方案，显然是无法理解和不可想象的。晚清时期，传统文化虽然得到反思甚至受到一定的批判，但在国家危亡的特殊历史境况下，拯救国家于危难、拯救民族于危亡成为时代的首要任务，国家富强成为时代的最强音。于是，中国文化由家族主义转向了国家主义，昔日的秩序为本、皇权至上变种成了国家本位、富强为本，至于人的价值、人的自由、人的个性解放与个体自治，成为一个刚刚萌动而又来不及深究的问题，在滚滚的历史洪流下被淹没了。杨度在资政院的慷慨陈词，其所呼唤的“国民”，充其量也只是以国家为本、为国家尽责的民众，而不是一个个鲜活而自由的公民。在个人没有凸显、个性不被张扬的文化环境下，个性化的少年司法难以得到根本认同。所以，礼教派一方面赞同惩治教育原则，赞同对少年进行个性化的感化教育，另一方面却在刑事责任年龄争执中表现出对这一问题的不理解，其前后矛盾的表现，其实可以从上述文化冲突中得以解释。

二、尊长抑幼的传统文化与儿童福利为中心理念的冲突

少年司法的诞生背后，是日益清晰而完整的儿童观念。随着生物学、心理学、社会学在西方的发展，人们对儿童发展有了新的理解，拓展了“早期”的概念，并发展出一种更精确的儿童概念——有着其自身需要和兴趣的独立而独特的个体，以及一种儿童期的概念——学习、生长和玩耍的特殊时期。[①] 儿童自从被“发现”起，就逐渐变成了一个独立的群体，其情感价值、社会价值等都得到重视，家庭开始围绕儿童来组织，义务教育、童工保护、儿童庇护所、感化院等系列社会福利措施，也都以儿童为中心运转。儿童的生活状况得到人道主义者们热情而持续的关注，为改善儿童生活状况，他们发起了“拯救儿童”运动，开展了一系列卓有成效的工作。在这些运动中，儿童问题始终是作为一个社会问题来对待，儿童的地位更加凸显，成为全社会共同关注的对象。“美国革命之后，少年被视为政治进步的守望者——担负着将技能、知识和价值观世代传承的重任。”[②] 就是在这样的文化背景下，儿童的福利最大化成为全社会共同努力的

---

① ［美］玛格丽特·K. 罗森海姆、富兰克林·E. 齐姆林、戴维·S. 坦嫩豪斯、伯纳德·多恩编：《少年司法的一个世纪》，高维俭译，商务印书馆2008年版，第31页。

② ［美］玛格丽特·K. 罗森海姆、富兰克林·E. 齐姆林、戴维·S. 坦嫩豪斯、伯纳德·多恩编：《少年司法的一个世纪》，高维俭译，商务印书馆2008年版，第22页。

目标，儿童福利保障日益完整，而少年法院作为儿童福利机构之一，应运而生。

中国虽有爱幼恤幼之思想，但实际生活中践行的却是以尊压贱、以长欺幼的文化，幼小的主体地位一直未能凸显。如前文第一章所述，古代中国，“幼”总是与“卑”相连的，“卑幼”作为一个词汇，生动地再现了古代中国幼小的生存境况。在中国传统文化中，尊卑之间、长幼之间，是一种严重不对等的权利义务关系，对于幼小而言，基本上全是单向的义务，而无实在的权利。比如说“尊老爱幼”作为一个国人皆知的体现中华民族传统美德的词语，“尊老”与“爱幼”在历史上并不是并列的存在，更不是互为条件。“孝是一种绝对的伦理。不论家长、父母的状况如何，人们必须承担对他们的孝行和对家庭的奉献义务。”① 对此，最著名的例证莫过于广为传诵的舜的故事。“虞舜，瞽瞍之子。性至孝。父顽，母嚚，弟象傲。舜耕于历山，有象为之耕，鸟为之耘。其孝感如此，帝尧闻之，事以九男，妻以二女，遂以天下让焉。”② 舜在父顽、母嚚、弟傲的情况下，仍然坚持行孝，即使自己险些被他们害死，却仍然要反过来坚持安慰父母，让其不要过于自责。无独有偶，在经典的孝文化故事中，“舜之父母、曾子的父亲、闵子骞的继母，都属于不慈之人，他们虐待子女，没有亲情”③，如此境况下，其子却仍然要

① 陈映芳：《“青年”与中国的社会变迁》，社会科学文献出版社 2007 年版，第 151—152 页。

② 王玉德：《〈孝经〉与孝文化研究》，崇文书局 2009 年版，第 17 页。

③ 王玉德：《〈孝经〉与孝文化研究》，崇文书局 2009 年版，第 11 页。

有至孝与至敬的表现。而晋代八岁的吴猛恣蚊饱血，更以一种近似自虐和残酷的方式表达孝心。妇孺皆知的孔融让梨的故事，传达的也是应当以幼让长的观念。“尊老”与“爱幼”之间如此这般的不对等性，无非是在强调幼小对尊长义务的绝对性，这种绝对性体现的就是对幼小绝对压制的文化。之所以如此，其原因在第一章已经阐释，那就是，幼小对尊长的孝悌，在儒家看来是“仁之本”，是整个儒家文化的基本假设，也是构建国家与社会秩序的基础，是绝对动摇不得的。这也是清末修律时，礼教派对废除子孙违反教令入律表现出极端恐惧的原因。因为他们深知，一旦幼小摆脱了尊长的控制，由不孝继而引发不忠，整个以三纲五常为核心的社会秩序就要坍塌了。这种深层次的文化冲突，涉及对整个儒家文化秩序的再造，显然不是短期内就可以消解的。

三、严苛的刑事司法传统与康复治疗的转处理念的冲突

少年司法制度中，转处是一个十分重要的支撑性理念。它将刑事处罚视为一种恶害，并认为此等恶害加诸少年是对其极大的伤害，也是为国家培育成熟的犯罪人。所以，将少年从刑事司法系统中转移出去，另行创立一种康复治疗的矫正措施，让少年回归正途。显然，这种康复治疗的矫正措施是非犯罪化的，体现的是一种轻缓、宽容、温和的司法理念。在古代中国，“儒家提倡‘仁者’司法，要求法官以仁慈的心态来对待司法活动，追求司法公正。儒家提倡‘哀矜折狱’，是要求法官用一种哀怜或同情的心理从事司法审判（包括对罪犯的同情），反对司法中的酷暴

行为（如一些酷吏嗜杀成性），因而具有一定的人道精神。”① 儒家的仁者司法思想如若能够实现，与少年司法所要求的文化环境显然是相应的，将会成为促进少年司法在中国成长的营养成分。然而，众所周知，古代中国司法理念与司法实践是多有距离的，对此，持有上述论点的学者也是深知的，所以，其在阐述上述观点时特意用括号所做的补充解说，表达的其实是其最期望而又最担心的部分：期望法官即便对于罪犯也要以仁慈之心对待；担心的是法官们对于罪犯“嫉恶如仇”，最终“嗜杀成性”。不幸的是，相关的史料显示，论者所担心的，恰恰却是古代中国司法的一种常态——在仁者司法的理念下，严苛却吊诡地成为真正的中国司法传统。

翻看中国历代刑法志不难发现，虽然中国自古君王皆力倡仁政，在司法上讲究用刑宽简，且也曾有虞舜象刑而治的传说，但严苛却一直成为古代中国司法的基本特征。比如说汉朝著名的文景之治时代，虽从立法上一再削减肉刑，控制笞杖之法，以致张释之任廷尉时“刑罚大省，至于断狱四百，有刑错之风”，即因刑罚宽简无人犯罪，短期内形成了致使刑罚搁置不用的情形，“然酷吏犹以为威”② 的局面却没有根本性扭转。到汉宣帝时，因“间者吏用法，巧文寖深”，官吏玩弄法律陷人入罪愈演愈

---

① 崔永东：《中国传统法律文化与和谐社会研究》，人民出版社 2011 年版，前言第 8 页。

② 高潮、马建石主编：《中国历代刑法志注译》之《汉书·刑法志》，吉林人民出版社 1994 年版，第 27—31 页。

烈，以致宣帝亲自审案。① 整个汉代，这样的局面一再重现：“今之狱吏，上下相驱，以刻为明，深者获功名，平者多后患。谚曰‘鬻棺者欲岁之疫。’非憎人欲杀之，利在于人死也。今治狱吏欲陷害人，亦犹此矣。”② 也就是说，在汉代，司法官员上下级之间竞相追逐，把处刑苛刻当作执法严明，并且用法苛刻的人可以获得功名利禄；执法公正平允的人，反倒后患无穷。对于为何形成这样一种现象，史志中用卖棺材的人希望每年都有瘟疫流行的民谚作比，称司法官可以从严苛的司法中获利使然。

为什么会出现上下级司法者竞相严苛的司法局面呢？司法者从严苛中所获之利又是什么呢？“今汉承衰周暴秦极敝之流，俗已薄于三代，而行尧舜之刑，是犹以鞿而御駻突，违救时之宜矣。且除肉刑者，本欲以全民也，今去髡钳一等，转而入于大辟。以死罔民，失本惠矣。故死者岁以万数，刑重之所致也。至乎穿窬之盗，忿怒伤人，男女淫佚，吏为奸臧，若此之恶，髡钳之罚又不足以惩也。故刑者岁十万数，民既不畏，又曾不耻，刑轻之所生也。故俗之能吏，公以杀盗为威，专杀者胜任，奉法者不治，乱名伤制，不可胜条。”③ 也就是说，汉代刑法与社会治安状况不匹配，刑罚结构不合理，死刑过重，生刑太轻，以至于一般人认为有能力的官吏，就公开把滥杀盗贼作为威严。一味主

① 高潮、马建石主编：《中国历代刑法志注译》之《汉书·刑法志》，吉林人民出版社 1994 年版，第 33 页。

② 高潮、马建石主编：《中国历代刑法志注译》之《汉书·刑法志》，吉林人民出版社 1994 年版，第 43 页。

③ 高潮、马建石主编：《中国历代刑法志注译》之《汉书·刑法志》，吉林人民出版社 1994 年版，第 46 页。

张滥杀的人被认为是胜任职责，依法行事的人反倒被视为不善治理。如此评价体系下，司法官为了自己的前途与声誉，必然会竞相严苛。用今天的话说，立法出了问题，再加上不科学的司法官考评任用体制，导致了司法的严苛。

这样的境况不仅出现在汉代，从汉至清，一直如此，从另一个侧面反映着中华法系“辗转相承，绵延不绝”[①] 的特点。《魏书·刑法志》中记载：“太宗即位，修废官，恤民隐，命南平公长孙嵩、北新侯安同对理民讼，庶政复有叙焉。帝既练精庶事，为吏者浸以深文避罪。”[②] 从刑法志记载来看，魏朝太宗明元帝是一个非常贤能之君，其爱官恤民，即位后不久即恢复秩序，政务井然有序。可就是在这样的一个好政治环境里，官吏们仍然坚持苛刻司法来避免自己入罪，其直接原因竟然是皇帝对各项事务的精通。“孝昌已后，天下淆乱，法令不恒，或宽或猛。及尔朱擅权，轻重肆意，在官者，多以深酷为能。”[③] 而在孝昌以及朱尔专权时期，国家混乱，法律被肆意轻重，此时，司法官员多数以用严刑酷罚为能事。魏书中两段记载给我们呈现了一个非常值得注意的历史现象，那就是，在古代中国，无论是贤能君主还是昏庸君主当政，无论是国家稳定还是政局混乱，对于官吏来讲，自保避罪都是极其重要的事，而自保避罪的重要手段就是苛刻司

---

① 张晋藩：《中国法律的传统与近代转型》，法律出版社 2009 年版，前言第 1 页。

② 高潮、马建石主编：《中国历代刑法志注译》之《魏书·刑法志》，吉林人民出版社 1994 年版，第 147—148 页。

③ 高潮、马建石主编：《中国历代刑法志注译》之《魏书·刑法志》，吉林人民出版社 1994 年版，第 180 页。

法，在皇帝与上级官吏面前摆出一副革命与清廉的架势来。这进一步使我们相信，苛刻用刑是整个中国古代司法的传统。

唐代陈子昂在向武则天上书时，曾对这一历史现象进行了精辟的总结阐述："观三代夏、殷兴亡，已下至秦、汉、魏、晋理乱，莫不皆以毒刑而致败坏也。夫大狱一起，不能无滥。何者？刀笔之吏，寡识大方，断狱能者，各在急刻，文深网密，则共称至公，爰及人主，亦谓其奉法。于是利在杀人，害在乎恕，故狱吏相诫，以杀为词。非憎于人也，而利在己。故上以希人主之旨，以图荣身之利。徇利既多，则不能无滥，滥及良善，则淫刑逞矣。"① 陈子昂所言可谓洞见。首先他将三代夏、商的兴亡，以及秦、汉、魏、晋的治乱，都归结为刑罚苛酷而致。其次讲了司法官吏滥用刑罚的根本原因，那就是用法紧严苛酷，往往被认为是断案能手，善于罗织法网严密的，大家都说他最公平，即使是皇帝，也说他奉行法令。这样，对司法官吏来说，处死犯人于己有利，公平宽恕于己有害。所以，司法官吏之间互相告诫的言词，就是要处死犯人，并不是憎恨别人，而是对自己有利。所以，对上用来迎合皇帝的旨意，以便图谋使自身荣耀的福利，曲从私利的事情办的多了，不能不滥用刑罚，刑罚乱用到善良百姓的身上，必然是滥用刑罚恣意而为。② 陈氏虽看透了问题的根源所在，但因根在帝制，他也无力使唐朝走出这一历史怪圈。后世

---

① 高潮、马建石主编：《中国历代刑法志注译》之《旧唐书·刑法志》，吉林人民出版社 1994 年版，第 274 页。

② 高潮、马建石主编：《中国历代刑法志注译》之《旧唐书·刑法志》，吉林人民出版社 1994 年版，第 275 页。

人虽若读陈子昂所言会击节兴叹，但帝制仍然，司法严苛依然，谁也无力改变。至明朝，厂卫制度更是将司法之苛刻残酷发挥到了极致。清代虽将厂卫制度废除，但帝制未改，司法严苛如故。前文第一章引述的由军机大臣奏请将逆犯七岁幼子俟十一岁阉割的案例，足可见其一斑。总之，司法严苛与滥用刑罚在中国历史上就如同一匹烈马，一直难以驯服，直到把本朝带向灭亡。后朝之初一般会借前朝之鉴，采取用刑宽简之策，但过不多久，会不自觉间严苛又起，如此周而复始，直到清帝退位，也没有走出这一历史怪圈。在如此深厚历史的严苛司法传统面前，在少年司法中要想真正地施以宽容、温和与轻缓，显然是一项重大的文化挑战。

结　论　少年司法的文化培育
——重塑与展望

如果说，中国传统文化与少年司法理念的暗合，为少年司法引进中国打开了大门，那么，中国传统文化与少年司法的冲突，无疑又使少年司法在中国的成长道路布满荆棘，注定其成长之缓慢，前进之艰辛。

民国初立不久，前清奉天高等审判厅厅丞许世英继王宠惠之后出任司法总长，并于元年十一月拟写司法计划书，印刷50册咨送地方征求意见①，其中包括组建幼年法庭、筹建感化院的详尽规划与论证。② 但该计划实施之初便因人才、经费等问题不断变通、展缓，民国二年十月，许世英因宋教仁案等原因对袁氏不满辞职③，其司法计划遂基本搁浅。其后北京政府人员更迭频繁，后又战事不断，少年司法除了个别地方在监狱内部设置幼年

① 民国司法部公报处、司法院秘书处等编：《司法公报》（第1册第4期），国家图书馆出版社2013年版，第407页。

② 《司法计划书》，首都图书馆藏。

③ 民国司法部公报处、司法院秘书处等编：《司法公报》（第2册第10期），国家图书馆出版社2013年版，第467页。

监室、1922年司法部颁布《感化学校暂行章程》并于1923年组建北京感化学校[①]外，未有其他建树。南京国民政府在全国统一后，于1929年颁布了《司法部训政时期工作安排》，对六年内的司法工作进行了规划，包括少年法庭与少年监狱建设。[②] 1934年，济南少年监狱由山东第五监狱改设而成，1935年，湖北少年监狱由湖北第一监狱分监改设。[③] 1935年修改刑法，提高刑事责任年龄至14岁，并增加保安处分与之对接[④]，同年7月1日司法行政部为配合新法颁行了《审理少年案件应注意事项》[⑤]，少年立法算是在晚清修律基础上有了较大之实质进步。之后战事又起，直到国民党退居台湾，少年司法再无特别之进展。待1962年台湾地区颁行"少年事件处理法"[⑥]，少年法院于1999年在高雄成立，[⑦] 少年司法在中国蹒跚前行了一个世纪。

一个世纪以来，从晚清沈家本修律确立惩治教育原则，到许世

① 孙雄编：《监狱学》，商务印书馆2011年版，第156页。

② 民国司法部公报处、司法院秘书处等编：《司法公报》（第55册第32号），国家图书馆出版社2013年版，第751—767页。

③ 孙雄编：《监狱学》，商务印书馆2011年版，第82页。

④ 杨幼炯：《近代中国立法史》，范忠信、范晓东、范依畴、胡荣明校勘，中国政法大学出版社2012年版，第254页。

⑤ 民国司法部公报处、司法院秘书处等编：《司法公报》（第74册第115号），国家图书馆出版社2013年版，第98—99页。

⑥ 朱胜群编著：《少年事件处理法新论》，台湾三民书局有限公司1976年版，第47页。

⑦ 高雄少年法院是台湾第一座专业法院，也是目前唯一的一座少年专业法院。1999年9月15日正式成立，原管辖旧高雄县市（俱为今高雄市）及屏东县之少年事件，2002年1月1日，屏东县之业务回归屏东地方法院管辖。成立时暂借高雄高等行政法院之院舍办公，2003年5月9日院舍落成启用。2012年6月1日改制为台湾高雄少年及家事法院。详见维基百科网站，http：//zh. wikipedia. org/wiki/，2015年3月18日访问。

英拟章试办的幼年审判庭，再到民国时期对少年监狱建设的推进，以及国民党退居台湾后对少年司法的承继，经过一代又一代人的不懈努力，中国少年司法在台湾这一分枝上总算有了众所期盼的成果。

而在大陆的土地上，随着1949年后旧法统的全面废除，少年司法重新进入了新的历史起点。众所周知，1949年到1978年间，包括少年司法在内的法治建设走过了一段崎岖而艰难的路程。1979年改革开放后，少年司法的发展迎来了春天。1984年上海长宁法院成立第一个少年刑事案件合议庭至今，少年司法在新的道路上走过了30余年。如在绪论中所述，30余年来少年司法工作取得了很大成就，但仍面临着诸多瓶颈性的困难。制定专门的少年法，成立专门的少年法院与矫正机构，建立专业的审判与辅助人员队伍，仍然是各界之真挚努力与殷切期盼。回望少年司法从晚清以来一个世纪的发展历程，审视少年司法在当前所面临的系列问题与困难，我们不难发现，西法东渐背景下少年司法初被移植中国时所面临的文化冲突，至今并未完全消解，促进少年司法文化与中国传统文化的进一步融合，培育有中国特色的少年司法文化，是一个至今尚未完成的历史课题。弘扬中国传统法律文化与少年司法文化的暗合之处，消弭少年司法与中国传统法律文化之冲突，促使中国少年司法在文化的滋养中快速成长，我们仍需要诸多转变。

一、从“中国”到“少年”——少年责任向国家责任转变

美国少年司法是在“拯救儿童”的运动中发展起来的，相

反，中国少年是在“拯救中国”的特殊时刻被发现并被委以拯救民族、拯救国家之重任的。美国少年司法的产生，始终围绕着儿童的境况、儿童的需要与儿童的权利来进行，到19世纪末期的时候，“预防残害儿童协会”的成立与“反暴行行动”的开展，使美国儿童已经拥有了连父母也必须尊重的权利。中国少年的发展，则围绕着国家的前途与命运来进行，强调的是少年对国家的责任，是对少年献身祖国、报效祖国的鼓励与劝诫。少年与中国的关系上，中国是目的，少年是手段。梁启超在《少年中国说》中对少年的赞扬与期待，在晚清中国形成了一种“少年崇拜”，并经民国“五四”运动演变成为一种“青年崇拜”。“在种种因素相互作用而形成的‘青年崇拜’中，不难看到某种功利性的存在。‘青年崇拜’就像我们从当时的政论中可以看到的那样，依然是以‘青年’的社会角色的有用性为其实质意义的。——常常听人说，青年是祖国的瑰宝。为什么是瑰宝呢？这当然不仅因为青年有热情、有理想、有对新鲜事物的敏锐感觉、有值得骄傲的充满生命力的青春，更重要的是，因为我们青年能够把这一切都献给祖国，能够把自己同祖国的命运紧紧地联系在一起，能够用自己全部青春的力量来热爱祖国，热爱人民，热爱社会主义事业，能够为祖国、为人民、为社会主义事业而进行战斗。”①

中国少年与国家的关系，形成于特殊的历史时期。所谓“国难当头，匹夫有责”，在国家危亡之时，强调少年的国家责

① 陈映芳：《“青年”与中国的社会变迁》，社会科学文献出版社2007年版，第168页。

任是理所应当的。然而，这毕竟只是特殊时刻的特殊理念，而不能将之作为一种永恒的原则。毕竟，国家存在之合法理由，就是保障每个公民的权利、自由与幸福，而不是相反。“作为社会角色的担当者而得到承认的青年，其自身价值以及个人权利从一开始就没有得到充分的肯定。在扮演反抗家庭、改造社会、谋求民族独立和民众解放的社会角色的过程中，‘五四青年’始终面对着群体本位与个体本位，即角色使命与个人的权利、自由的两难状况。正是这些青年，当全能主义的政治体制形成之时，必须接受为了人民和国家而放弃个人的选择，顺应了国家的意识形态。”① 对此，胡适先生有着独到的评论：“社会若能保持一种水平线以上的清明，一切政治上的鼓吹和设施，制度上的评判和革新，都应该由成年的人去料理；未成年的一代人（学生时代之男女）应该有安心求学的权利，社会也用不着他们来做学校生活之外的活动。但是我们现在不幸生在这个变态的社会里，没有这种常态社会中人应该有的福气；社会上许多事被一班成年的或老年的人弄坏了，别的阶级又都不肯出来干涉纠正，于是这种干涉纠正的责任遂落在一般未成年的男女学生的肩膀上。这是变态的社会里一种不可避免的现象。”②

当前，中国正全面推进依法治国，经济发展已经进入新常态，晚清与民国那段特殊的历史时期早已成为过去。少年与国家之关系，亦当认真梳理——卸去少年肩头的沉重责任，让其在国

---

① 陈映芳：《“青年”与中国的社会变迁》，社会科学文献出版社 2007 年版，第 180 页。

② 胡适：《中国人的人生策略》，中国城市出版社 2013 年版，第 276 页。

家责任的精心呵护下，快乐学习，轻松成长，为成为具有独立之人格、自由之思想的公民做着全方位的准备——这应当是中国与少年关系的新常态。

二、从秩序到自由——秩序为本向以人为本转变

社会秩序与个人自由是人类社会的一对基本矛盾，两者的对立冲突与协调发展，推动着人类的前进，贯穿着人类社会的始终。少年司法所诞生的文化背景，是凸显个人价值和个人自由的文艺复兴与启蒙运动。在此文化背景下，整个国家的法律价值选择以尊重和保障个人自由为目的，在个人自由得到充分尊重的基础上，促成个人自由与社会秩序达成新的平衡。而在少年司法领域，在个人自由与社会秩序的关系上走得更远——少年司法对刑罚及其基本理论的排除适用，等于宣告了刑法“打击犯罪、维护社会秩序”功能在少年司法领域基本无效，从而将少年健康与自由成长的价值，旗帜鲜明地置于社会秩序之上。反观我国传统法律文化，如第一章案例所展示的那样，秩序为本是古代中国的主流思想，维持秩序也是刑事司法的核心功能。在秩序为本的理念下，个体的自由、个性张扬都是被打压的对象。为了维护以伦理为核心秩序，司法者即便是越法施刑，也往往受到皇帝的赞赏，这又促成了严苛的司法传统。维护社会秩序为本位的司法越是严苛，个人自由越是无从启蒙和发展。从而形成了中国古代秩序与自由的恶性循环。

晚清时期的西学东渐，带来了个人自由、个人权利的新思

想，以致杨度在资政院的演说中，数次引用“个人本位”的概念[①]，这意味着个人自由理念在中国开始觉醒。少年司法就是在这样的时代背景下被引入中国。然而，厚重的传统文化具有很强的历史惯性，秩序为本的理念仍然在法律文化中起着主导性作用，这在晚清修律的争执中清晰可见。大学堂总监督刘廷琛在《奏新刑律不合礼教条文请严饬删尽折》[②] 中，为维护纲常为核心的旧秩序，反对自由平等之思想，对修律馆进行了严厉指责，称其立法宗旨发生了根本性错误。“外国风教攸殊，法律宗旨亦异，欧美宗耶教，故重平等，我国纵孔孟，固重纲常。法律馆专意摹仿外人，置本国风俗于不问，既取平等，自不复顾纲常，毫厘千里之差，其源实由源于此。”之后，刘将法律之争执问题，直接上升为主张平等自由的西方文化与主张纲常礼教的中国文化的选择问题，上升为中国礼教之存废问题，直逼皇帝表态，“臣今请定国是者，不论新律可行不可行，先论礼教可废不可废，礼教可废则新律可行，礼教不可废则新律必不可尽行，兴废之理一言可决。”一位大臣对皇帝的奏折上竟然透露出如此咄咄逼人之气，大概不会仅是其个人头脑发热所至。刘廷琛身为大学堂总监督，显然是在尽其维护官方意识形态和传统文化之职，其“理直气壮”的奏折背后，正是强大传统文化力量。

时至今日，晚清之后虽历经了民国与共和国的更换，我们仍

---

① 高汉成主编：《〈大清新刑律〉立法资料汇编》，社会科学文献出版社2013年版，第595页。

② 高汉成主编：《〈大清新刑律〉立法资料汇编》，社会科学文献出版社2013年版，第790页。

不敢说秩序为本的文化观念已随历史消散。过分强调“维稳”的思维，以及维稳语境下不断曝光的侵犯基本人权的新闻，提醒我们秩序为本在当今现实生活仍然具有强大的生命力。强调刑法的打击犯罪功能，忽视其人权保障功能，并由此导致了系列冤假错案，仍是当前刑事审判领域需要认真面对的严肃话题。普罗泰戈拉说，“人是万物的尺度”，包括社会秩序在内的世间万物，都应当为人而存在。所以，无论如何，以人为本的理念应当树立，个人自由应当予以充分提倡，个人自由与社会秩序的关系上，我们还应当强调个人自由第一。因为，“在刑法领域，以个人自由为第一位，自由与秩序处于和谐之中，在对立中获得统一；以社会秩序为第一位，自由与秩序则由对立发展为严重的对抗，结果会两败俱伤。”①

三、从“犯罪”到“少年”——注重犯罪向关注少年转变

在转处理念下，少年司法从传统的刑事司法中成功分离，成为一个独立的司法体系。尽管少年司法一再极力排除刑法理论在其理论的适用，并创造了自己独特的话语体系，但其毕竟脱胎于刑事审判，考察其背后的法律文化，刑法理论的痕迹依然清晰。前文第二章已经论及，少年司法建立在对古典报应理论和实证主义的双重吸收利用之上，报应主义的刑罚恶害为其将少年从刑事司法体系中转移出来提供了借口，而刑法实证主义的目的刑、教

① 曲新久：《刑法的精神与范畴》，中国政法大学出版社 2003 年版，第 74 页。

育刑理论给了少年司法创建者启发和灵感，将司法的关注重点由犯罪转移到犯罪人，强调对行为人的康复矫治和个别化处置。古代中国虽然具有极其发达的刑法，但其刑法理论与犯罪学理论一直停留在注释刑法学的层面，在维护伦理纲常的目标下，“出礼入刑”成为刑法的基本原则，而对于犯罪的原因缺乏深入的研究。司法中虽有“原心论罪”之法，但其标准依然是伦理纲常。在此境况下，犯罪问题被简单化了，犯罪原因不予细究，犯罪人的个体情况也基本被忽略了，而建立在对犯罪人个体关注基础上的个别化处遇，更是无从谈起。

晚清修律时虽然注重世界先进刑法理论之借鉴，但鉴于强大的传统文化影响，教育刑、目的刑以及刑罚个别化等理论未能完全采用，更未能在社会普及，除少数社会精英能知晓刑罚个别化的精神外，对于广大社会民众乃至司法者而言，心中仍然是传统的刑法观念。新修订的法律对于少年犯罪的认识，也基本停留在报应主义理论水平上。这一状况，从晚清到民初，没有根本性改变。对此，中国台湾学者林纪东先生有着精彩的评论：“古代关于少年犯罪矜恕之规定，盖本于人道观念，有所不忍者也。其后报应主义发达，以自由意思，为论罪科刑之基础，因少年年事尚轻，智虑尚未成熟，未必有自由意思，不宜与成犯同一处理，故有绝对无责任，相对无责任之说，绝对无责任者，固应不予处罪，相对无责任者，亦得减轻其刑，并不得科以死刑或无期徒刑，如‘我国刑法’① 第十八条：‘未满十四岁人之行为，不

① 指国民政府于1935年颁行的刑法。

罚。十四岁以上未满十八岁人之行为，得减轻其刑。’及第六十三条：‘未满十八岁或满八十岁人犯罪者，不得处死刑或无期徒刑，本刑为死刑或无期徒刑者，减轻其刑’之规定，盖即沿袭旧时报应时代之遗迹也。顾此类规定，仍将少年犯罪之处理，附丽于刑法之中，所根据者，为意思自由论，为道义责任论，以少年有无自由意思，应否负道义责任为断。至促使少年犯罪原因为何？少年有无刑罚之适应性？应否科以刑罚？其科罚之方法，应否与一般成人相同？审理之方法，应否与成年犯殊异？毫未顾及，盖当时所置重者，仍在‘犯罪’二字，而非‘少年’二字，偶有少年犯罪之规定，亦以犯罪为主，以少年为从，与今日之置重少年者不同。”①

当前我国关于少年犯罪之规定，无论其理念基础还是具体条文，基本相当于民国1935年刑法之水平，且我国不满十八岁之少年，可以判处无期徒刑，更显出其强调报应性的一面。虽然2013年新实施的《刑事诉讼法》规定了少年刑事审判程序，但距专门的少年法尚多有差距。置身于刑事犯罪领域的我国少年司法，其置重的仍然是“犯罪”而非“少年”。从犯罪到少年的转变，仍是中国少年司法尚未完成的重要课题。

四、从不忍到不应——彰明仁爱向维护权益转变

“《洪范》曰：‘天子作民父母，为天下王。’圣人取类以正

① 林纪东：《少年法概论》，“台湾国立编译馆”1972年版，第46—47页。

名，而谓君为父母，明仁爱德让，王道之本也。”① 君主以天下父母自居，并以彰明仁爱、施恩天下，作为实行王道的根本。所以，在王道的理想目标下，其所有的治国理政措施，都要以彰明仁爱、施恩天下为出发点。中国古代关于幼小犯罪之司法处置，就是基于这样的逻辑。对犯罪幼小的赦宥，其目的是展示君主的仁与恩，是出于哀怜的一种不忍之举。也就是说，对犯罪幼小予以赦宥，是出于君主的需要，而非幼小的需求。对此，前文第一章已经通过判例论及，在此不再赘言。只是特别强调的是，在彰明仁爱的基本逻辑下，对幼小之赦宥完全是司法者的权力，幼小则如同那只被君猎得之麛，是一种完全被动的客体，赦宥与否，全在于司法者的“觉”与“不觉”。需要特别指出的是，在古代社会的大部分时间里，仁君与仁爱的司法者并没有如民众所盼的那样及时显身，在严苛的传统下，仁者司法在古代中国更多的是一种传说。翻看史料触手可及的史实是，皇帝多半猜忌而任性，如《隋书·刑法志》中记载：“高祖性猜忌，素不悦学，既任智而获大位，因以文法自矜，明察临下。”② 这种性情猜忌而又不爱学习的皇帝，是导致司法严苛和滥用的根源，对于幼小之赦宥，更是任性之举。就如第一章提到的，虽然法律明确规定“七岁以下虽有死罪不加刑”，但对于七岁以下幼小致毙人命却仍然要照例声请，且有的声请不但没有获得赦宥，反倒会加重处

① 高潮、马建石主编：《中国历代刑法志注译》之《汉书·刑法志》，吉林人民出版社 1994 年版，第 5 页。

② 高潮、马建石主编：《中国历代刑法志注译》之《隋书·刑法志》，吉林人民出版社 1994 年版，第 225—226 页。

罚。而作为刑事司法的重要内容，赦宥被皇帝当作为太后治病、为两宫祈福、作佛事的手段，恣意而为。在此文化背景下，幼小是没有任何法定权利而言的。

而少年司法的诞生与发展，则建立在日益清晰的儿童观念与儿童权利之上。在生物学、心理学、社会学等诸多学科的支撑下，身心不成熟理论的精细解释、践习许可与发展机会的观念、标签理论等，都为认知成长中的少年、理解少年越轨行为提供了有效的理论工具。也就是说，少年司法的成立与运作，建立在对少年科学认识、深刻理解的基础上。而对少年科学认识、深刻理解的前提下，对其越轨行为加诸刑事处罚，就不再仅仅是一种感性层面上的恶害，而变成一种理性层面上的不当之举。换句话说，在能够对少年科学认识、深刻理解的情况下，当其有其越轨行为时，就不应再对其处以不适当的刑罚，而应在科学理论的指导下，予以最个性化的诊断和康复矫正措施。这从少年的角度来讲，免遭不当的刑罚伤害，获得及时有效的康复矫正措施，就变成了一种正当的权益。少年司法正是为维护少年正当权益而生，维护好少年的正当权益，是少年司法者的法定责任，是一种严肃谨慎的义不容辞之举。

可见，从“不忍”到“不应”，虽然只是一字之差，显示的却是一种巨大文化差异。这里边既有对少年的理解和认识问题，还有司法者的自省与角色定位问题。从“不忍”到“不应”的转变，实际上是一个极其复杂和艰难的文化转型。所谓“书中一句话，生活多少年”，文章中的一字之变，恐怕需要数年的艰辛实践。但是，不管文化转型的过程多么艰辛，也不管文化转型的感受多么痛苦，为了孩子，为了明天，这都是我们这些成人们必须承担并坚定不移地去完成的。因为，我们知道，只有成人的担当，才有孩子的幸福。只有真正将“不忍”转变为“不应”，少年司法才能真正成为一个“理解成长中的孩子，并寻求保障其在正常社会中健康有序发展之方法”① 的制度体系。也唯有此，我们的梦，才能成真。

---

① ［美］富兰克林·E. 齐姆林：《美国少年司法》，高维俭译，中国人民公安大学出版社 2010 年版，第 62 页。

参考文献

一、典籍与史料档案类

1.《周礼》。

2.《礼记》。

3.《论语》。

4.《孟子》。

5. 李民、王健:《尚书译注》，上海古籍出版社 2004 年版。

6. 睡虎地秦墓竹简整理小组:《睡虎地秦墓竹简》，文物出版社 1990 年版。

7. 张家山 247 号墓竹简整理小组:《张家山汉墓竹简》(释文修订本)，文物出版社 2006 年版。

8. 高潮、马建石主编:《中国历代刑法志注译》，吉林人民出版社 1994 年版。

9. 刘俊文点校:《唐律疏义》，法律出版社 1999 年版。

10. 薛梅卿点校:《宋刑统》，法律出版社 1999 年版。

11. 怀效锋点校:《大明律》，法律出版社 1999 年版。

12. 田涛、郑秦点校:《大清律例》，法律出版社 1999 年版。

13. （明）张居正：《张居正讲解〈论语〉》，中国华侨出版社 2009 年版。

14. （清）全士潮、张道源等纂辑：《驳案汇编》，何勤华、张伯元、陈重业点校，法律出版社 2009 年版。

15. （清）祝庆祺、鲍书芸、潘文舫、何维楷编：《刑案汇览三编》，北京古籍出版社 2004 年版。

16. （清）许梿、熊莪纂辑：《刑部比照加减成案》，何勤华、沈天水等点校，法律出版社 2009 年版。

17. 陈重业辑注：《古代判词三百篇》，上海古籍出版社 2009 年版。

18.《名公书判清明集》，中国社会科学院宋辽金元史研究室点校，中华书局 1987 年版。

19.（清）沈家本：《历代刑法考》，商务印书馆 2011 年版。

20. 《教育世界》1904 年第 84、105 期，1905 年第 96 期，1906 年第 6、11、17 期。

21.《大陆报》1903 年第 7 期。

22.《大同报》1909 年第 18 期。

23. 《教育杂志》1909 年第 1、3、5 期，1910 年第 2 期，1911 年第 2 期。

24.《女子世界》1905 年第 2 期。

25.《选报》1902 年第 32 期。

26.《萃新报》1904 年第 3 期。

27.《利济学堂报》1897 年第 13 期。

28.《新知报》1898 年第 62 期。

29.《大陆》1902 年第 2 期。

30.《蒙学报》1905 年第 12 期。

31.《法政交通杂志》1906 年第 1 期，1907 年第 5 期。

32.《预备立宪公会报》1909 年第 16、17、18 期。

33.《中国白话报》1904 年第 13 期。

34.《政法学报》1904 年第 7、8 期。

35.《东方杂志》1906 年第 5 期。

36.《新译界》1906 年第 2 期。

37.《四川官报》1910 年第 8 期。

38.《浙江教育官报》1910 年第 29 期。

39.《国风报》1910 年第 5 期，1911 年第 15 期。

40.《丽泽随笔》1910 年第 5 期。

41.《广益丛报》1908 年第 182 期。

42.《江南警务杂志》1910 年第 6 期。

43.《竞业旬报》1907 年第 8 期。

44.《清议报》1900 年第 35 期。

45. 高汉成主编：《〈大清新刑律〉立法资料汇编》，社会科学文献出版社 2013 年版。

46. 汪庆祺编：《各省审判厅判牍》，李启成点校，北京大学出版社 2007 年版。

47. 许文濬：《塔景亭案牍》，俞江点校，北京大学出版社 2007 年版。

48. 汪楫宝：《民国司法志》，商务印书馆 2013 年版。

49. 民国司法部公报处、司法院秘书处等编：《司法公报》

（共88册），国家图书馆出版社2013年版。

二、著作类

1. 姚建龙：《长大成人：少年司法制度的建构》，中国人民公安大学出版社2003年版。

2. 姚建龙：《超越刑事司法——美国少年司法史纲》，法律出版社2009年版。

3. 林纪东：《少年法概论》，“台湾国立编译馆”1972年版。

4. 康树华、施琦、杜立：《青少年保护·立法与少年司法》，人民日报出版社2013年版。

5. 姚建龙主编：《中国少年司法研究综述》，中国检察出版社2009年版。

6. 熊月之：《西学东渐与晚清社会》，中国人民大学出版社2011年版。

7. 张鸿巍：《少年司法通论》，人民出版社2008年版。

8. 瞿同祖：《中国法律与中国社会》，中华书局2003年版。

9. 方立新：《传统与超越——中国司法变革源流》，法律出版社2006年版。

10. 梁启超：《中国历史研究法补编》，中华书局2010年版。

11. 葛兆光：《中国思想史》，复旦大学出版社2013年版。

12. 姚建龙：《少年刑法与刑法变革》，中国人民公安大学出版社2005年版。

13. 张晋藩：《中国法律的传统与近代转型》，法律出版社2009年版。

14. 崔永东：《中国传统司法思想史论》，人民出版社 2012 年版。

15. ［美］斯塔夫里阿诺斯：《全球通史：从史前史到 21 世纪》（第七版修订版），吴象婴、梁赤民、董书慧等译，北京大学出版社 2005 年版。

16. ［美］玛格丽特·K. 罗森海姆、富兰克林·E. 齐姆林、戴维·S. 坦嫩豪斯、伯纳德·多恩编：《少年司法的一个世纪》，高维俭译，商务印书馆 2008 年版。

17. ［美］富兰克林·E. 齐姆林：《美国少年司法》，高维俭译，中国人民公安大学出版社 2010 年版。

18. ［美］巴里·C. 菲尔德：《少年司法制度》，高维俭、蔡伟文、任延峰译，中国人民公安大学出版社 2011 年版。

19. ［法］菲利浦·阿利埃斯：《儿童的世纪：旧制度下的儿童和家庭生活》，沈坚、朱晓罕译，北京大学出版社 2013 年版。

20. 郭守兰、曹全来：《西方法文化史纲》，中国法制出版社 2007 年版。

21. ［法］米歇尔·福柯：《规训与惩罚》，刘北成、杨远婴译，生活·读书·新知三联书店 2012 年版。

22. ［美］尼尔·波兹曼：《童年的消逝》，吴燕莛译，中信出版社 2015 年版。

23. ［英］韦恩·莫里森：《理论犯罪学——从现代到后现代》，刘仁文、吴宗宪、徐雨衡、周振杰译，法律出版社 2004 年版。

24. [美] 约书亚·德雷斯勒:《美国刑法精解》，王秀梅等译，北京大学出版社 2009 年版。

25. [美] 罗纳德·J. 博格、小马文·D. 弗瑞、帕特里克亚·瑟尔斯:《犯罪学导论——犯罪、司法与社会》，刘仁文、颜九红、张晓艳译，清华大学出版社 2009 年版。

26. [美] 费正清:《中国：传统与变迁》，吉林出版集团有限公司 2013 年版。

27. 张晋藩:《中华法制文明史》，法律出版社 2013 年版。

28. 刘广安:《晚清法制改革的规律性探索》，中国政法大学出版社 2013 年版。

29. 龚书铎主编:《中国近代文化概论》，中华书局 1997 年版。

30. 张仁善:《礼·法·社会——清代法律转型与社会变迁》，商务印书馆 2013 年版。

31. 尤志安:《晚清刑事司法改革整体性研究》，中国政法大学出版社 2013 年版。

32. 陈映芳:《"青年"与中国的社会变迁》，社会科学文献出版社 2007 年版。

33. 王玉德:《〈孝经〉与孝文化研究》，崇文书局 2009 年版。

34. 崔永东:《中国传统法律文化与和谐社会研究》，人民出版社 2011 年版。

35. 孙雄编著:《监狱学》，商务印书馆 2011 年版。

36. 杨幼炯:《近代中国立法史》，范忠信、范晓东、范依畴、胡荣明校勘，中国政法大学出版社 2012 年版。

37. 朱胜群编著：《少年事件处理法新论》，台湾三民书局有限公司 1976 年版。

38. 曲新久：《刑法的精神与范畴》，中国政法大学出版社 2003 年版。

39.《马克思恩格斯全集》，人民出版社 1956 年版。

40. 杨湘钧：《帝国之鞭与寡头之链——上海会审公廨权力关系变迁研究》，北京大学出版社 2006 年版。

41. 公丕祥主编：《近代中国的司法发展》，法律出版社 2014 年版。

42. 梁治平：《礼教与法律——法律移植时代的文化冲突》，上海书店 2013 年版。

43. 李学智：《民国初年的法治思潮与法制建设》，中国社会科学出版社 2004 年版。

44. 李鼎楚：《事实与逻辑——清末司法独立解读》，法律出版社 2010 年版。

45. 谢冬慧：《中国刑事审判制度的近代嬗变——基于南京国民政府时期的考察》，北京大学出版社 2012 年版。

46. 俞江：《近代中国的法律与学术》，北京大学出版社 2008 年版。

47. [荷] 冯客：《近代中国的犯罪、惩罚与监狱》，徐有威等译，潘兴明校，江苏人民出版社 2008 年版。

48. 李连贵：《近代中国法制与法学》，北京大学出版社 2002 年版。

49. 孙邦正编著:《六十年来的中国教育》,“台湾国立编译馆”1971 年版。

50. 王健编:《西法东渐——外国人与中国法的近代变革》,中国政法大学出版社 2001 年版。

51. 李启成:《晚清各级审判厅研究》,北京大学出版社 2004 年版。

52. 俞荣根、龙大轩、吕志兴:《中国传统法学述论——基于国学视角》,北京大学出版社 2005 年版。

53. 何永军:《中国古代法制的思想世界》,中国法制出版社 2013 年版。

54. 谢振民编著:《中华民国立法史》,中国政法大学出版社 2000 年版。

55. 侯强:《社会转型与近代中国法制现代化:1840—1928》,中国社会科学出版社 2005 年版。

56. [法] 安德烈·比尔基埃等主编:《家庭史》,袁树仁、姚静、肖桂译,生活·读书·新知三联书店 1998 年版。

57. 费孝通:《生育制度》,商务印书馆 1999 年版。

58. [美] 威廉·A. 科萨罗:《童年社会学》(第二版),程福财等译,上海社会科学院出版社 2014 年版。

59. [美] 费正清编:《中国的思想与制度》,世界知识出版社 2008 年版。

60. 周少元:《中国近代刑法的肇端——〈钦定大清刑律〉》,商务印书馆 2012 年版。

61. 赵晓耕主编:《中国传统文化下的法律变迁》,湘潭大学出版社 2012 年版。

62. 吕丽、潘宇、姗姗：《中国传统法律制度与文化专论》，华中科技大学出版社 2013 年版。

63. 朱岚：《中国传统孝道思想发展史》，国家行政学院出版社 2011 年版。

64. ［澳］迈克尔·R. 达顿：《中国的规制与惩罚：从父权本位到人民本位》，郝方昉、崔洁译，清华大学出版社 2009 年版。

65. 杨国枢：《中国人的价值观——社会科学观点》，中国人民大学出版社 2013 年版。

66. 胡适：《中国人的人生策略》，中国城市出版社 2013 年版。

67. 沈国琴：《中国传统司法的现代转型》，中国政法大学出版社 2007 年版。

68. 张东平：《近代中国监狱的感化教育研究》，中国法制出版社 2012 年版。

69. 江照信：《中国法律“看不见中国”——居正司法时期（1932—1948）研究》，清华大学出版社 2010 年版。

70. 金林祥：《20 世纪中国教育学科的发展与反思》，上海教育出版社 2000 年版。

71. ［英］大卫·帕金翰：《童年之死》，张建中译，华夏出版社 2005 年版。

72. ［美］泰勒·何德兰、［英］坎贝尔·布朗士：《孩提时代：两个传教士眼中的中国儿童生活》，王鸿涓译，金城出版社

2011年版。

三、论文类

1. 田幸:《建立少年法院的几点设想》,载《青少年犯罪问题》2001年第4期。

2. 马婷婷:《中国古代少年司法制度》,载《河南公安高等专科学校学报》2005年第4期。

3. 雷海锋:《我国古代未成年人犯罪刑事政策初探》,载《青少年犯罪问题》2005年第4期。

4. 张利兆:《"仁政"思想与我国古代未成年人犯罪刑事政策》,载《青少年犯罪问题》2005年第11期。

5. 赵若辉、张鸿巍:《我国古代少年司法与少年刑事政策初探》,载《广西政法干部管理学院学报》2008年第3期。

6. 张鸿巍:《儿童福利视野下的少年司法路径选择》,载《河北法学》2011年第12期。

7. 胡铭:《联合国刑事司法准则视野下的我国少年司法程序》,载《北京青年政治学院学报》2005年第2期。

8. 王雪梅:《少年司法的特殊理念和价值取向》,载《青少年犯罪问题》2006年第5期。

9. 张美英:《论现代少年司法制度——以中、德、日少年司法为视角》,载《青少年犯罪问题》2006年第5期。

10. 康树华、施琦:《青少年立法与少年司法制度的发展趋势》,载《青少年犯罪问题》2012年第6期。

11. 鞠青:《少年司法的边界在哪里?——探讨构建中国少

年司法制度的方向选择》，载《青少年犯罪问题》2006 年第 6 期。

12. 张鸿巍：《少年司法的顶层设计与架构——以桥接、互动的双轨制为基点》，载《预防青少年犯罪研究》2014 年第 1 期。

13. 赵国玲、常磊：《少年司法改革中法官与公众认知之比较》，载《国家检察官学院学报》2010 年第 1 期。

14. 狄小华：《少年司法理论基础之少年特殊性》，载《山东警察学院学报》2012 年第 4 期。

15. 徐建：《少年司法是向传统理论的挑战》，载《青少年犯罪问题》2008 年第 4 期。

16. 高维俭：《少年司法之社会人格调查报告制度论要》，载《环球法律评论》2010 年第 3 期。

17. 戴一云：《少年司法制度的理念、发展与改革》，载《青少年犯罪问题》2010 年第 5 期。

18. 钱晓峰：《少年司法制度建设专题调研考察报告》，载《青少年犯罪问题》2008 年第 3 期。

19. 高晓莹：《少年司法制度论纲》，载《中国刑事法杂志》2010 年第 7 期。

20. 李茂生：《台湾地区新少年司法与矫治制度实施十年的经验与展望》，载《青少年犯罪问题》2010 年第 2 期。

21. 周羚敏：《我国少年司法配套工作体系的内涵、使命及前景》，载《山西青年干部管理学院学报》2011 年第 3 期。

22. 康均心：《我国少年司法制度的现实困境与改革出路》，

载《中国青年研究》2008 年第 3 期。

23. 牛凯：《我国少年司法制度的现状及其完善》，载《预防青少年犯罪研究》2012 年第 2 期。

24. 皮艺军：《中国少年司法理念与实践的对接》，载《青少年犯罪问题》2010 年第 6 期。

25. 王新：《中国少年司法热点问题概览——少年司法理论与实践研讨会综述》，载《中国青年研究》2011 年第 5 期。

26. 王顺安、韩冰：《中国少年司法制度的成就、问题和出路》，载《预防青少年犯罪研究》2014 年第 6 期。

27. 皮艺军：《中国少年司法制度的一体化》，载《法学杂志》2005 年第 3 期。

28. 王海涛：《中国少年司法制度改革中的若干基本问题研究》，载《东南大学学报》2014 年第 3 期。

四、学位论文类

1. 钱燕：《中国古代未成年人保护制度研究》，西南政法大学 2008 年硕士学位论文。

2. 孙宏亮：《唐律未成年人犯罪制度初探——以现代刑法学为视野》，苏州大学 2010 年硕士学位论文。

3. 张叶航：《唐代未成年人保护制度探析》，复旦大学 2012 年硕士学位论文。

4. 葛敬静：《中国古代宽宥制度研究》，青岛大学 2012 年硕士学位论文。

5. 于国旦：《少年司法制度研究》，中国政法大学 2004 年博士学位论文。

6. 张璇：《中国少年司法制度建构的相关问题探讨——以美国少年司法制度为借鉴》，中国政法大学2011年博士学位论文。

7. 高汉成：《签注视野下的大清新刑律草案研究》，中国政法大学2005年博士学位论文。

8. 程翠翠：《论儿童权利的法律保护机制》，内蒙古大学2011年硕士学位论文。

9. 王正：《少年司法理念与制度重构》，青岛大学2007年硕士学位论文。

10. 李季：《少年违法犯罪与少年司法体系——少年违法犯罪的政策分析》，中国政法大学2007年博士学位论文。

11. 唐大宇：《刑事司法多元发展的示范与契机——以少年司法之研究为核心》，中国政法大学2009年博士学位论文。

12. 尤丽娜：《借鉴与反思：未成年人恢复性司法的本土化构建》，华东政法大学2008年硕士学位论文。

13. 盛海波：《宽严相济刑事政策与少年司法制度》，西南政法大学2008年硕士学位论文。

14. 宋淑华：《论我国少年刑事审判的发展与完善》，中国政法大学2009年硕士学位论文。

15. 葛懿：《论我国少年刑事责任制度》，西南政法大学2008年硕士学位论文。

16. 姚建龙：《少年法院研究》，华东政法学院2003年硕士学位论文。

17. 刘洪印：《少年犯罪的定罪与人格》，西南政法大学

2010 年硕士学位论文。

18. 郝健:《〈唐律疏义〉未成年人保护制度研究》, 郑州大学 2011 年硕士学位论文。

19. 杨盛欢:《中美少年司法制度比较研究》, 华东政法大学硕士学位论文。

20. 盖巍:《宋代少年犯罪及保护研究》, 河南大学 2009 年硕士学位论文。

21. 张译夫:《论我国未成年人刑事审判制度》, 吉林大学 2013 年硕士学位论文。

22. 花海涛:《未成年人刑事审判制度》, 吉林大学 2011 年硕士学位论文。

23. 李俊:《晚清审判制度变革研究》, 中国政法大学 2000 年博士学位论文。

24. 张德美:《晚清法律移植研究》, 中国政法大学 2002 年博士学位论文。

25. 黄金兰:《法律移植研究》, 山东大学 2006 年博士学位论文。

26. 宇培峰:《"家长权"研究——中西法律文化视野中的"家长权"》, 中国政法大学 2011 年博士学位论文。

27. 冯江峰:《清末民初人权思想的肇始与嬗变》, 中国政法大学 2006 年博士学位论文。

28. 张明敏:《中国传统司法审判制度法文化内涵研究》, 山东大学 2009 年博士学位论文。

29. 蓝俏彦:《中国传统司法理念的现代转型》, 中南民族大学 2007 年硕士学位论文。

30. 张越：《沈家本审判改革思想研究》，辽宁大学 2013 年硕士学位论文。

后　记

本书是在我博士论文的基础上修改而成。即将付梓之际，心中有很多感谢的话要说。

首先要感谢的是老师。感谢我的导师崔永东教授，没有他收我入门，也就没有我的博士生活，其他的感谢也就无从谈起。读博三年中，崔老师从带领学生阅读经典、做读书报告，到C刊论文撰写与发表，再到毕业论文的全程悉心指导，可谓充分尽到了一位导师的责任。特别感谢的是，在我毕业之后，崔老师尽管工作繁忙，但并没有将我这位毕业生“交还给单位”了事，而是继续关注我的读书情况，为我参加学术活动提供机会，为我毕业论文的出版牵线搭桥，将之纳入其主持的“司法学研究”系列，并一再催促。所以，做崔老师的学生，我除了荣幸就是感激！感谢张晋藩先生，作为中国法律史学界的泰斗，先生不顾八十多岁高龄，仍然坚持亲自为学生上课，从为人到治学都在不遗余力地进行传授，实在让人敬佩至极！非常荣幸的是，读书期间我有幸到先生家中为其书房“搬家”，得以见识先生充栋的藏书，得以亲见先生“身居斗室，心怀天下”的现实场景，确令学生震撼！先生至今仍笔耕不辍，成果不断推出，实在让后生汗颜！感谢朱勇教授、郭成伟教授、曾尔恕教授、刘广安教授、林乾教授、郑显文教授、徐世虹教授、张生教授、郭世佑教授，他们或在开学初的导师集体见面会上提出殷切期望，或在集体辅导课上谆谆教诲，让学生终生难忘。需要特别指出的是，刘广安教授、林乾教授、张生教授主持学生的论文开题答辩，张中秋教授、姜晓敏教授、顾元教授主持学生的论文预答辩，赵晓耕教授、郭成伟教授、曾尔恕教授、郑显文教授、焦利教授主持学生的毕业答辩，他们极其到位的点评与中肯的修改建议，为论文的最后形成起到极其重要的作用，在这里表示特别的感谢！张生教授在预答辩之后，赵晓耕教授在毕业答辩之后，还专门就论文的进一步修改提出意见，实在让学生感激不尽！

感谢北京大学康树华教授。康老师是我国青少年法学与少年司法研究的先辈，一直为中国少年司法的发展呼与鼓，在八十七岁高龄时仍推出少年司法研究新作，令人景仰。我有幸在一次少年司法理论研讨会上与老人相识，后在承担最高法院少年司法研究课题中，我向康老师求助，他慷慨地提供了在市场上买不到的其早期著作，还在我考博时亲笔推荐。我本欲在毕业论文开题前征询康老师意见，但未及前往，老人却驾鹤西去，令人抱憾。感谢上海政法学院姚建龙教授、西南政法学院高维俭教授、广西大学教授张鸿巍教授。他们可谓中国大陆少年司法领域研究的三位青年俊杰，研究成果颇丰，为本书的研究提供了诸多借鉴。尤其是姚建龙教授关于中国少年司法研究的综述，高维俭教授关于美国少年司法研究的系列成果，成为本书研究的重要参考资料。特别要指出的是，受本人外语能力及外语资料所限，高维俭教授翻译的美国少年司法史相关成果，是作为本书的基本史料来运用的。幸运的是，我在工作中有幸与高维俭教授与姚建龙教授相识，毕业论文初稿完成后，两位教授分别提出了中肯的意见。在此予以特别的谢意！

感谢法学院2012级博士一班法律史专业的同学们，恕我在这里不再一一列举他们的姓名。作为一位在职的学生，我在班内年龄较大，与他们这些青年才俊作为同学，实属我的荣幸。他们个个聪明、勤奋、阳光、向上，从不同方面给了我诸多“正能量”。班长王觐为班级事务忙前忙后，不厌其烦地将各类事务及时通知到我，让我在各项事务上未曾落下一步；陈鸣同学对秦汉史颇有研究，坚持读简，为我论文提供了秦汉的出土史料，在此，对他们表示特别的谢意！感谢2013届师兄许世英，作为张晋藩先生高足，他毕业后到青岛大学任教，与我同城而居。期间他就论文事宜多次提醒、催问，我才得以如期完成。感谢我的同门师兄余寅同、刘家楠与师妹李杰、师弟李振勇、赵京朝，同在崔老师门下，他们在学习上给了我诸多的帮助。寅同师兄还专门为我的宿舍问题向学校“维权”，实在令人感动。家楠师兄虽年龄小我十岁，但无论是学问还是灵性，都远在我之上。从论文题目、提纲拟定到资料收集，再到文稿审校，包括本书出版之前个别文句的最后修订，他步步尽心尽力，为我操心，实为师兄之典范。李杰师妹与我同级，我不在校期间的诸多学校事务，都由她代理，跑前跑后，从未叫苦。振勇师弟陪我在图书馆收集资料，京朝师弟帮我整理参考文献，都是不辞劳苦。天意作美，家楠师兄与李杰师妹在求学中相爱，毕业后在泉城共筑爱巢，诚挚地祝他们幸福！

作为一名在职人员，我要感谢单位及系统内的领导与同事。感谢最高人民法院党组副书记、常务副院长沈德咏一级大法官。我曾于2006年借调到最高人民法院少年法庭指导小组办公室工作，期间有幸跟随沈院长到上海、黑龙江、新疆等地参加相关会议。沈院长平易近人，当面传授如何提高文字水平的方法，令我受益终生。作为中国少年司法制度改革的参与者、推动者和见证者，沈院长对中国少年司法的深厚感情、深入思考与倾力推动，深深地鼓舞了我、感染了我。这也是我在读博期间虽然已经离开了少年审判岗位，仍然选择以少年司法为博士论文研究方向的重要原因。感谢最高人民法院审委会副部级专职委员胡云腾二级大法官。我在2012年再次借调到最高人民法院少年法庭指导小组办公室工作，参与了全国法院第六次少年法庭工作会议相关材料的起草，当时胡云腾大法官任最高人民法院研究室主任，是会议筹备的总负责人。作为学者型、专家型的领导，胡专委对我起草会议材料给予了充分的包容和精心的指导，让我得以顺利完成任务，并从中得到了很大成长。特别要感谢的是，在得知我博士论文即将出版邀请其作序之时，胡专委欣然应允并亲自提笔拨冗赐序，实在让我本人及拙著感到无限荣光！感谢最高人民法院研究室原主任邵文虹、副主任胡伟新、副巡视员马东、少年法庭指导小组办公室主任蒋明及李兵、岳琳、方芳，感谢他们给了我到最高法院少年法庭指导小组办公室学习、锻炼的机会！感谢他们对我借调期间的大力帮助和无微不至的关照。感谢最高人民法院刑四庭周峰庭长，第四巡回法庭李广宇副庭长。在我借调工作期间，两位领导担任最高人民法院少年法庭指导小组成员，先后带领我到地方法院进行调研。除了工作中对我的关照之外，两位领导在为人、治学、工作等方面的教诲与示范令我受益匪浅。感谢最高人民法院刑五庭副庭长马岩。借调在京期间，马庭长给予我兄长般的关照。尤其是在参与筹备六少会期间，我就相关材料的起草多次求教于马庭长，虽不在其工作范围之内，纯是义务帮忙，马庭长每次都给予我悉心的指导，让我得以顺利完成任务。感谢最高人民法院审判管理办公室主任李亮，除了对我在京期间工作生活等方面的照顾之外，李亮主任在我考博及本书出版等问题上都予以了诸多帮助，在此致以特别谢意！感谢最高人民法院研究室各位领导和老师们，在这里，恕我无法一一列举你们的姓名，两次借调在研究室工作，你们给了我如同家人般的温暖，谢谢你们！

感谢“台湾高雄少年及家事法院”院长陈美燕。我有幸在2012年两岸三地少年司法交流会上与陈女士相识，后在收集论文资料时发邮件向其咨询，陈女士迅速回复，清晰而简洁地介绍了近代以来少年司法在台湾的发展历程，对民国之后少年司法发展的了解与把握有很大帮助。在此予以特别的谢意！

感谢山东省高级人民法院侯建军副院长、傅国庆副院长，济宁市中级人民法院冯爱冰院长，山东高院刑一庭谢萍庭长，罗莹副庭长，马磊副庭长，方琳琳法官。侯院长、傅院长先后分管山东少年审判工作，冯院长在出任院长之前在省高院与谢萍庭长等长期主抓少审工作，对我本人给予了很多关心、关照。尤其是在我两次借调到最高法院少年法庭指导小组办公室工作期间，作为“娘家人”，山东高院的领导们予以了鼎力支持和大力帮助，对于我顺利完成借调工作任务起到了重要作用。谢谢你们！

感谢青岛中级人民法院原院长祝华，原常务副院长高益民，副院长秦瑞基、初鲁宁、田孝民，原审委会专职委员朱玉光，政治部主任文冰峰，副主任杨文涛，副局级审判员崔巍、周玉川、左常生，教育处原处长綦典强，人事处原处长韩向东，副处长高琼，刑一庭原庭长刘世明，没有他们的鼎力支持，我就没有在职学习的机会。祝华院长曾任市委书记，大气而有担当；高益民副院长是博士，为我树立了榜样；秦瑞基副院长系青岛社科院研究哲学出身，他那深邃的哲学思想和辩证思维，以及坚持以人为本的理念，为形成本文的思路提供了很大帮助；田孝民副院长是中国政法大学早年的法学硕士，典型的学者型领导，他对论文的殷切关注与鼓励，为我完成写作提供了动力。朱玉光专委一直坚持办案与调研“两手抓两手硬”，多年来手把手地教我写各类文字材料，最终把我这个理工男“写”成了法学博士；感谢刘世明庭长及刑一庭的其他同事们，恕我不再一一列举他们的姓名。在“案多人少”的压力之下，他们的主动分担为我撰写论文提供了条件。现在，他们当中多人已经升迁履新，也有领导光荣退休享受幸福晚年，诚挚地祝福他们！

感谢苏衍峰、马源，他们是我的好朋友、好弟兄。在筹备论文初期，我先后借用他们二位的办公室，作为下班后晚间用功之地。两位老兄不仅欣然应允，还尽可能为我提供一切方便。没有他们的帮助，我将难觅一个离家很近而又安静的环境，我的论文也将很难如期完成。谢谢他们！

作为一个上有老下有小的人，我要感谢我的家人。父母给了我生命，并给予了我无限的关爱与期待。作为农民的儿子，我从父母身上学会了朴实、善良、争气和勤奋。父亲因病于 2006 年去世，没能见到我读博士的过程，本书算是给他老人家在天之灵的一份供祭。母亲同我一起生活，帮我照料家务多年。撰写论文的一年时间里，我夜里在单位加班，她的心痛与牵挂尽在眉宇，每天早上我上班时，她总是早早地为我备好办公室晚餐的水果，晚上只有等我回来，她才能放心入眠。妻子“嫁牛随牛”，一直无怨，对我的“重大决定”，她总是坚定地支持。当年结婚不久，我便进京求学，留她一个人在陌生的城市忍受着孤单。后来再次进京读博，她虽不再孤独，且也早已熟悉了生活的城市，但却要挑起照顾一家老小的重担。近十余年来，我三番五次地外出求学或借调到最高法院工作，硬是把这位当年的“女神”锻炼成了“女汉子”，我要好好感谢她！最后要感谢我的孩子。孩子的出生不仅给了我做爸爸的资格，更是给我的生活带来了无尽的幸福和快乐。更重要的是，孩子让我重新思考和规划人生，并让我在前行中充满了无穷的力量。说实话，之所以在职读博，孩子是最核心的动力。所以，这份“爸爸的作业”完成的如何，最终还要由孩子来检验。

感谢人民出版社为拙著提供了出版机会，感谢副编审张立女士为本书出版付出的辛苦努力！张立编辑专业、敬业，在编辑中从文句到标点，从引注到参考书目，从版面设计到纸张选用，她处处用心，一丝不苟，着实让人感动！

最后，我想说，虽然我已使出了“洪荒之力”，但能力所限，本书的稚嫩与粗浅是显而易见的，其中的不妥与错误更是难免，倘若由此给读者造成困扰与不便，还请及时指正与海涵。毕业后的两年内我虽曾试图改写、扩写，但总是力不从心，最终只作了少许文字修订，所以本书基本保持了毕业论文的原貌。从历史学的角度讲，这也权且算是对读博期间真实状态的记录与尊重吧。虽只是一纸文稿，但它与我的成长紧密相关。感谢在我成长道路上遇到的所有的人们！在这里我无法一一列举你们的姓名，但你们每一个人，早已融进我的心里，成为我人生历程的一部分。谢谢你们！

牛传勇

2017 年 7 月于青岛

责任编辑:张　立
版式设计:姚　菲
责任校对:陈艳华

图书在版编目(CIP)数据

少年司法论:传统土壤与近代萌生/牛传勇 著. —北京:人民出版社,
2017.8
(司法学研究丛书/曹文泽,崔永东主编)
ISBN 978 - 7 - 01 - 017966 - 7

Ⅰ.①少…　Ⅱ.①牛…　Ⅲ.①青少年犯罪-司法制度-研究-中国
Ⅳ.①D926.84

中国版本图书馆 CIP 数据核字(2017)第 180892 号

少年司法论:传统土壤与近代萌生

SHAONIAN SIFA LUN CHUANTONG TURANG YU JINDAI MENGSHENG

牛传勇　著

人民出版社 出版发行
(100706　北京市东城区隆福寺街 99 号)

北京龙之冉印务有限公司印刷　新华书店经销

2017 年 8 月第 1 版　2017 年 8 月北京第 1 次印刷
开本:710 毫米×1000 毫米 1/16　印张:18
字数:180 千字

ISBN 978 - 7 - 01 - 017966 - 7　定价:52.00 元

邮购地址 100706　北京市东城区隆福寺街 99 号
人民东方图书销售中心　电话 (010)65250042　65289539